W0360637

W. BRUCE CAMERON

Dalla parte di Bailey

Qua la Zampa!

Traduzione di
Duccio Viani

GIUNTI

Titolo originale:
A Dog's Purpose
Copyright © 2010 by W. Bruce Cameron

www.giunti.it

© 2011, 2017 Giunti Editore S.p.A.
Via Bolognese 165 – 50139 Firenze – Italia
Piazza Virgilio 4 – 20123 Milano – Italia

Prima edizione: giugno 2011

1

Un giorno mi resi conto che quelle cosette calde, piagnucolose e puzzolenti che si agitavano vicino a me erano i miei fratelli. Ci rimasi male.

Non ci vedevo ancora bene, riuscivo appena a distinguere ombre confuse, ma sapevo che quella sagoma grande e bellissima, con la lingua lunga e meravigliosa, era mia madre. Avevo capito come funzionava: quando l'aria fredda mi increspava il pelo, voleva dire che la mamma se n'era andata da qualche parte, ma quando tornava il caldo era l'ora di mangiare. Spesso, per trovare un posto dove poppare, dovevo scansare quello che, ora lo sapevo, era il muso di uno dei miei fratelli. Tutti cercavano di allontanarmi per rubare la mia parte di cibo – e la cosa mi innervosiva non poco. Non riuscivo proprio a capire a cosa servissero i fratelli. Quando la mamma mi leccava la pancia per farmi uscire strani liquidi da sotto la coda, io alzavo lo sguardo e le facevo l'occhiolino, implorandola in silenzio di sbarazzarsi degli altri cuccioli. La volevo tutta per me.

Piano piano iniziai a mettere a fuoco gli altri cani e, anche se a malincuore, accettai la loro presenza nella tana. Presto il mio naso mi disse che avevo una sorella e due fratelli. Quando si trattava di azzuffarsi, Sorella era un po' meno interessata dei miei fratelli maschi. Uno, nella mia testa, lo chiamavo Svelto, perché, non so come, si muoveva sempre più in fretta di me. L'altro l'avevo ribattezzato Affamato, perché ogni volta che la mamma si allontanava lui attaccava a guaire e poi poppava quasi con disperazione, come se non ne avesse mai abbastanza. Affamato era quello che dormiva più di tutti e spesso io e i miei fratelli gli balzavamo addosso per dargli morsi sul muso.

La nostra tana era scavata sotto le radici nere di un albero ed era fresca e buia anche nelle ore più calde della giornata. La prima volta che, con passo esitante, provai a mettere il naso fuori alla luce del sole, ero con Sorella e Svelto. Lui ovviamente corse subito davanti a tutti. Il nostro albero era appollaiato sulle rive di un ruscello e per me fu una gioia vedere Svelto che capitombolava giù dalla sponda, anche se io e Sorella non ruzzolammo certo con maggior grazia, nel tentativo di seguirlo. C'erano sassi scivolosi e un minuscolo rigagnolo da cui salivano odori fantastici, e seguimmo il sentiero bagnato accanto al ruscello fino a una grotta umida e fresca: un canale di scolo sotterraneo dalle pareti metalliche. L'istinto mi diceva che sarebbe stato un buon nascondiglio in caso di pericolo, ma la mamma – che non sembrava granché colpita dalla nostra scoperta – ci riportò nella tana senza tanti complimenti, quando ci accorgemmo che le nostre zampe non erano abbastanza forti per risalire l'argine.

Avevamo imparato la lezione: se scendevamo giù dalla sponda, poi non eravamo più capaci di tornare su da soli. E infatti, appena la mamma si allontanò dalla tana, noi scendemmo di nuovo. Stavolta venne anche Affamato, ma quando fummo nel canale di scarico si spaparanzò sul fango fresco e si addormentò.

Ci sembrava giusto andare in esplorazione, anche perché dovevamo trovare altre cose da mangiare. La mamma stava iniziando a perdere la pazienza con noi: si tirava su ancora prima che avessimo finito di poppare e potevo solo darne la colpa agli altri cuccioli. Se Affamato non fosse stato così ingordo, se Svelto non fosse stato così prepotente, se Sorella si fosse dimenata un po' meno, ero certo che la mamma sarebbe rimasta lì, ferma, in attesa che finissimo di riempirci la pancia. Del resto, quando era in piedi sopra di noi e io mi allungavo per raggiungerla, non mi bastava un guaito appena accennato per farla accucciare?

Spesso la mamma passava più tempo a leccare Affamato, mentre io ribollivo di rabbia per quell'ingiustizia.

Svelto e Sorella sembravano interessarsi molto di più l'uno all'altra che non al resto della famiglia: per punirli, li privavo della mia compagnia e mi infilavo tutto solo in fondo al canale di scolo. Un giorno, stavo annusando beato qualcosa di morto e decomposto, quando proprio davanti a me un animaletto saltò per aria di botto: una rana!

Tutto contento, balzai in avanti cercando di bloccarla con la zampa, ma la rana saltò di nuovo. Aveva paura, ma io volevo solo giocare e probabilmente non me la sarei nemmeno mangiata.

Svelto e Sorella sentirono la mia eccitazione e si precipitarono giù nel canale di scolo, buttandomi a terra mentre scivolavano sull'acqua limacciosa. La rana saltò e Svelto le si gettò addosso, usando la mia testa come trampolino. Mandai un ringhio, ma lui non sembrò nemmeno accorgersene.

Mentre Sorella e Svelto si azzuffavano per prendere la rana, lei riuscì ad atterrare in una pozza d'acqua e scappò via a balzi svelti e silenziosi. Sorella infilò il muso nella pozza e con uno starnuto ci spruzzò tutta l'acqua addosso. Svelto le montò sul dorso: della rana – la *mia* rana! – si era già dimenticato.

Me ne andai mogio mogio. Mi sembrava di vivere in una famiglia di ritardati.

Nei giorni che seguirono mi ritrovai a ripensare alla rana,

in genere mentre stavo per addormentarmi. Mi chiedevo che sapore avrebbe avuto.

Sempre più spesso, ogni volta che ci avvicinavamo, la mamma ci accoglieva con un ringhio sommesso. Quando, per la prima volta, mentre ci precipitavamo affamati verso di lei, fece schioccare i denti a mo' di avvertimento, pensai disperato che i miei fratelli avessero rovinato tutto. Poi Svelto le si avvicinò con cautela, pancia a terra, e la mamma fece per sfiorarlo col naso. Dopo che lui le diede una leccata sulla bocca, la mamma lo premiò rigurgitando del cibo, e noialtri corremmo subito da lei per approfittare dell'offerta. Svelto ci spinse via, ma avevamo imparato il trucco: le diedi un'annusata, una leccata sui denti, e la mamma mi diede da mangiare.

Ormai conoscevamo alla perfezione il letto del ruscello: non facevamo che seguire tracce in su e in giù, finché tutta l'area circostante non fu piena dei nostri odori. Io e Svelto passavamo la maggior parte del tempo a giocare – serissima occupazione, fra l'altro – e iniziavo a capire che per mio fratello le lotte dovevano sempre terminare con me steso a pancia in su e lui che mi mordeva il muso e la gola. Sorella non lo sfidava mai, ma io non avevo ancora ben capito se ero d'accordo con i ruoli che si erano ormai stabiliti nel nostro piccolo branco. Affamato ovviamente non si preoccupava per nulla della propria posizione sociale e così, quando mi sentivo frustrato, andavo da lui a masticargli un po' le orecchie.

Un pomeriggio, mentre osservavo mezzo addormentato Sorella e Svelto strappare a morsi un pezzo di stoffa che avevano trovato in giro, mi si drizzarono le orecchie all'improvviso: stava arrivando un animale di qualche tipo, una bestia grossa e rumorosa. Balzai in piedi, ma prima che riuscissi a correre giù nel letto del ruscello per indagare su quel rumore misterioso, mi ritrovai davanti la mamma, il corpo teso e in allarme. Restai sorpreso nel vedere che teneva Affamato tra i denti, come non ci portava più da settimane. Ci condusse fino al canale di scolo buio e si accucciò a terra, con le orecchie appiattite sulla testa. Il messaggio era chiaro e noi seguimmo il suo esempio, indietreggiando in silenzio.

Quando la bestia, avanzando a grandi passi lungo il ruscello, ci apparve davanti agli occhi, percepii la paura della mamma: le faceva drizzare il pelo sulla schiena. L'animale era grosso e camminava su due zampe, con un fumo acre che gli usciva dalla bocca mentre strascicava i piedi verso di noi.

Io lo fissavo, affascinato. Per motivi che ancora non potevo immaginare, ero irresistibilmente attratto da quella creatura. Sentii perfino il mio corpo tendersi, pronto a darsi lo slancio per andarle incontro, ma bastò un'occhiata della mamma per farmi cambiare idea. Era una bestia di cui aver paura, da evitare a ogni costo.

Era un uomo, ovviamente, il primo che avessi mai visto.

Non guardò neppure una volta nella nostra direzione. Si arrampicò sull'argine e scomparve dalla visuale. Dopo qualche istante la mamma strisciò fuori alla luce del sole, alzando la testa per accertarsi che il pericolo fosse passato. Sollevata, tornò dentro per dare a ognuno di noi una musata di rassicurazione.

Corsi fuori per vedere con i miei occhi, ma ci rimasi proprio male: tutto ciò che restava dell'uomo era un persistente odore di fumo nell'aria.

Giorni dopo, quando la mamma partì per la caccia, per la prima volta ci permise di andare con lei. Ci insegnò a svicolare tra i cespugli e a restare nascosti e silenziosi se passava qualche uomo. Ci mostrò come strappare i sacchetti di nylon dietro le case per scovare, in mezzo alle cartacce non commestibili, bocconi di carne, croste di pane, pezzi di formaggio, che masticavamo come potevamo. C'erano sapori esotici, odori meravigliosi, ma l'ansia della mamma era contagiosa e così mangiammo in fretta, senza gustare niente. Passò qualche secondo e Affamato vomitò tutto quello che aveva mangiato. Lì per lì mi sembrò molto buffo, finché anch'io non fui preso da violenti crampi allo stomaco.

La seconda volta andò meglio.

Anche se, al di fuori della nostra famiglia, non ne avevo mai visti con i miei occhi, avevo sempre saputo che nel mondo esistevano altri cani. A volte, quando eravamo fuori a caccia, ci abbaiavano contro da dietro gli steccati: probabilmente erano invidiosi, vedendoci scorrazzare liberi mentre loro dovevano stare rinchiusi. La mamma ovviamente non ci permetteva di avvicinarci agli sconosciuti. Svelto s'innervosiva sempre un po', come se si sentisse offeso dal fatto che qualcuno osasse sbraitarci contro mentre lui si accovacciava ai piedi di un albero.

Ogni tanto mi capitava addirittura di vedere un cane dentro una macchina! La prima volta restai lì a fissarlo inebetito: aveva la testa fuori dal finestrino e la lingua penzoloni. Vedendomi prese ad abbaiare festoso, ma io ero troppo sbalordito e riuscii solo a rizzare il muso per fiutare l'aria, invidioso e incredulo.

Ecco un'altra cosa che la mamma tendeva a evitare: macchine e camion, ma non capivo proprio come potessero essere pericolosi, visto che a volte trasportavano anche dei cani. Spesso un grosso camion rumoroso passava a raccogliere tutti i sacchi di cibo che la gente lasciava fuori per noi, dopodiché per un giorno o due i nostri pasti erano piuttosto magri. Non mi piaceva quel camion e nemmeno gli uomini ingordi che saltavano giù per portarsi via tutto quel ben di Dio, anche se bisogna dire che sia loro sia il camion avevano un odore paradisiaco.

Ora che andavamo a caccia, c'era meno tempo per giocare. La mamma ringhiava ogni volta che Affamato provava a leccarle le labbra sperando in un pasto e tutti noi recepimmo il messaggio. Uscivamo spesso, sempre di soppiatto, alla ricerca disperata di cibo. Mi sentivo stanco e debole, e non provavo nemmeno più a sfidare Svelto quando mi montava addosso, o mi spintonava col petto. Se voleva essere lui il capo, tanto meglio.

Ormai sotto l'albero c'era spazio a malapena per tutti e la mamma se ne andava per periodi sempre più lunghi. Qualcosa mi diceva che prima o poi non sarebbe più tornata.

Cominciavo a chiedermi se non fosse il caso di lasciare la tana.

Poi, un giorno, la nostra vita cambiò. Tutto cominciò quando Affamato, incespicando, cadde nel canale di scolo, invece di partire con noi per la caccia. Aveva il fiato grosso, la lingua di fuori. La mamma lo accarezzò col muso e se ne andò. Quando provai ad annusarlo, Affamato non aprì nemmeno gli occhi.

Sopra il canale passava una strada e su quella strada una volta avevamo trovato un grosso uccello morto: per un po' ci eravamo divertiti a sbranarlo, ma poi Svelto se lo era portato via di corsa. Nonostante il rischio di farci vedere, tendevamo a perlustrare quella strada in su e in giù, alla ricerca di altri uccelli morti. Ed è lì che eravamo quando tutt'a un tratto la mamma alzò la testa in allerta. L'avevamo sentito tutti: stava arrivando un camion.

Ma non era un camion qualsiasi: nei giorni precedenti quello stesso veicolo, facendo gli stessi rumori, era passato più volte avanti e indietro per la nostra strada, muovendosi lentamente, con aria quasi minacciosa, come se stesse dando la caccia proprio a noi.

La mamma si lanciò dentro il canale di scolo e noi la seguimmo ma, per qualche motivo che non capirò mai del tutto, io mi fermai e fissai quella macchina mostruosa, facendo passare qualche secondo prima di seguire la mamma nel nostro nascondiglio.

Ecco, furono quei pochi secondi a fare la differenza: mi avevano visto. Con un rombo basso e vibrante, il camion si fermò proprio sopra le nostre teste.

Il motore, prima di tacere, mandò un secco rumore metallico e poi sentimmo il suono di stivali sulla ghiaia.

La mamma emise un guaito sommesso.

Quando apparvero quei musi da entrambe le aperture del tunnel, la mamma si appiattì a terra, con il corpo rigido.

«Qui, bello» sussurrò uno di loro. Non avevo idea di cosa volesse dire, ma quel richiamo mi sembrò naturale come il soffio del vento, come se per tutta la vita non avessi fatto altro che ascoltare le voci degli uomini.

Mi accorsi solo in quel momento che entrambi portavano dei bastoni con un cappio legato all'estremità. Avevano un aspetto minaccioso e sentii che la mamma si stava facendo prendere dal panico. Raspando con le unghie, si lanciò a testa bassa, mirando allo spazio tra le gambe di uno degli uomini. Il bastone si abbassò, ci fu uno schiocco improvviso e poi vedemmo la mamma contorcersi e dimenarsi mentre l'uomo la trascinava fuori.

Io e Sorella indietreggiammo, mentre Svelto ringhiava, con i peli ritti sulla nuca. Poi tutti e tre ci rendemmo conto che, anche se la strada alle nostre spalle era chiusa, l'apertura del tunnel di fronte a noi adesso era scoperta. Ci lanciammo in avanti.

«Vanno da quella parte!» gridò l'uomo dietro di noi.

Una volta arrivati al ruscello, però, ci accorgemmo di non sapere che cosa fare. Io e Sorella ci fermammo dietro a Svelto: se voleva fare il capo, che ci tirasse lui fuori dai guai.

Della mamma nessuna traccia. I due uomini invece stavano

sulle due rive opposte, ognuno col proprio bastone in pugno. Svelto riuscì a schivarne uno, ma fu catturato dall'altro. Sorella approfittò della confusione per darsi alla fuga, con le zampe che alzavano schizzi d'acqua mentre se la svignava. Io rimasi immobile a fissare la strada.

In piedi sopra di me c'era una donna, la fronte corrugata e l'espressione gentile. «Qui, piccolo, non aver paura. Va tutto bene. Vieni, piccolo» disse.

Non scappai. Non mi mossi nemmeno. Lasciai fare, mentre mi passavano il cappio sul muso e lo stringevano intorno al collo. Il bastone mi guidò su fino alla sponda, dove un uomo mi prese per la collottola.

«Non c'è problema» mormorò la donna. «Liberatelo.»

«Ma così scapperà» la avvertì l'uomo.

«Lasciatelo.»

Da quello scambio di battute capii che era la donna quella che comandava, per quanto fosse più vecchia e più piccola di entrambi gli uomini. Bofonchiando contrariato, l'uomo mi tolse il laccio dal collo. La donna mi porse le mani: i palmi erano ruvidi e callosi, e odoravano di fiori. Li annusai, abbassando la testa. Quella donna trasmetteva un chiaro senso di interesse e affetto.

Quando mi passò le dita sul pelo, sentii un brivido per tutto il corpo. La mia coda sferzava l'aria come guidata da una volontà tutta sua e quando, prendendomi di sorpresa, lei mi sollevò prendendomi tra le braccia, io mi allungai per leccarle il muso, incantato dalle sue risate.

L'atmosfera si fece più cupa quando uno dei due uomini si avvicinò reggendo il corpo molle di Affamato. Lo mostrò alla donna, che borbottò qualcosa in tono triste. Poi lo portò fino al camion, dove la mamma e Svelto erano rinchiusi in una gabbia metallica, e lo avvicinò ai loro nasi. Tutti e due annusarono con cura il corpo di mio fratello morto: mi resi conto che quegli uomini volevano farci capire che cos'era successo ad Affamato. C'era un'atmosfera di tristezza mentre loro stavano lì, in silenzio, in mezzo alla strada, ma loro non potevano sapere che mio fratello era stato malato fin dalla nascita, senza speranza di sopravvivere a lungo.

Mi infilarono nella gabbia e la mamma diede un'annusata di disapprovazione all'odore della donna che mi era rimasto sul pelo. Il camion ripartì e fui di nuovo distratto dagli odori meravigliosi che si diffondevano nella gabbia mentre percorrevamo la strada. Ero su un camion! Abbaiai estasiato e la mamma e Svelto si voltarono, sorpresi dal mio improvviso entusiasmo. Non potevo farne a meno, era la cosa più emozionante che mi fosse mai capitata, meglio ancora di quando avevo quasi acchiappato quella rana.

Di Sorella non c'era più traccia, ma il destino ci avrebbe fatti incontrare di nuovo.

2

Dovunque fosse diretto il nostro camion, avevo la sensazione che una volta arrivati avremmo visto altri cani come noi. La gabbia in cui ci avevano rinchiusi era piena del loro odore: urine, feci e perfino sangue, mescolati a pelo e saliva. La mamma, acquattata, si aggrappava con le unghie per non scivolare sul pavimento della gabbia che sobbalzava bruscamente, mentre io e Svelto camminavamo avanti e indietro, con il naso a terra, fiutando uno per uno gli odori di tutti quei cani. Svelto cercava di marcare gli angoli della gabbia, ma ogni volta che provava a mettersi su tre zampe, arrivava un bel sobbalzo che lo mandava muso a terra. Una volta finì addirittura addosso alla mamma e si beccò un piccolo morso. Gli lanciai un'occhiata di rimprovero. Non vedeva quant'era triste nostra madre?

Alla fine, annoiato a forza di fiutare cani che nemmeno erano lì, spinsi il naso contro la griglia metallica e annusai il vento con ingordigia. Mi tornò in mente la prima volta che avevo ficcato il muso in quei succulenti sacchi della spazzatura, che fino a quel momento erano stati la nostra fonte principale di cibo. Là fuori c'erano migliaia di odori non identificabili e mi salirono al naso tutti insieme, in modo così violento che cominciai a starnutire.

Svelto prese posto sull'altro lato della gabbia e si accucciò.

Non venne a fare quello che facevo io perché non era stata un'idea sua. Appena starnutivo mi guardava minaccioso, come per avvertirmi che, se avessi voluto provarci di nuovo, avrei dovuto chiedergli il permesso. Tutte le volte che incrociavo il suo sguardo freddo, lanciavo un'occhiata significativa alla mamma, la quale, per quanto la vedessi intimidita dalla brutta esperienza, per me rimaneva il nostro capo.

Quando il camion si fermò, la donna scese e venne a parlarci, appoggiando i palmi delle mani sulla gabbia perché glieli leccassimo. La mamma restò ferma dov'era, ma Svelto, incantato proprio com'ero io, si mise accanto a me scodinzolando.

«Come siete carini. Avete fame, piccoli? Eh, avete fame?»

Eravamo parcheggiati davanti a un lungo edificio piatto. Tra le ruote del camion faceva capolino qualche rara erbaccia del deserto. «Ehi, Bobby!» urlò uno degli uomini.

La risposta alle sue grida fu stupefacente. Da dietro la casa si alzò un coro di forti latrati, così tanti che non riuscivo a contare i cani che li emettevano. Svelto si alzò sulle zampe posteriori, appoggiandosi a una parete della gabbia, come se in quel modo riuscisse a vederci meglio.

La confusione non si interruppe nemmeno quando un terzo uomo si affacciò da dietro la casa. Gli altri due sorrisero con aria sorniona. Quando ci vide si bloccò, le spalle incurvate.

«Oh, no, señora. Basta cani. Ne abbiamo troppi, ormai.» L'uomo trasmetteva un senso di rassegnazione e rimpianto, ma non avvertivo alcuna rabbia in lui.

La donna si girò e gli andò vicino. «Abbiamo due cuccioli e la loro mamma. Avranno tre mesi. Uno è scappato e un altro è morto.»

«Oh, no.»

«La madre era inferocita, poverina. È terrorizzata.»

«Señora, non c'è più posto.»

«Su, Bobby, lo so che non è vero. E poi, cosa dovremmo fare, lasciarli vivere come bestie selvagge? Sono cani, Bobby, cuccioli, non vedi?» La donna tornò verso la gabbia e io mi misi a scodinzolare per mostrarle che ero stato attento, persino affascinato, anche se non avevo capito un bel niente.

«Sì, Bobby, che differenza vuoi che facciano tre cani in più?» disse uno degli uomini, sempre con quel ghigno stampato in faccia.

«Carlos, compra un po' di macinato fresco e torna al ruscello. Vedi se riesci a trovare quello che è scappato» disse la donna.

L'uomo annuì, ridendo per l'espressione di Bobby. Capii che la donna era il capo di quella famiglia di umani e le diedi un'altra leccata alla mano: volevo essere io il suo preferito.

«Bravo, cucciolo, bravo» mi disse. Io saltavo di qua e di là, scodinzolando così forte che colpii Svelto dritto in faccia, ma lui si limitò ad allontanare la mia coda con aria irritata.

L'uomo chiamato Carlos odorava di carne piccante e di oli esotici che non riuscivo a individuare. Infilò un bastone nella gabbia e accalappiò la mamma, mentre io e Svelto li seguimmo senza farci pregare: fecero il giro della casa fino a un grande cancello. A quel punto i latrati si erano fatti assordanti e sentii un leggero brivido di paura: in quale situazione ci stavamo cacciando?

L'odore di Bobby aveva un che di agrumi, di arance, ma anche di terra, cuoio e cani. Aprì il cancello di uno spiraglio, sbarrando il passo col suo corpo. «Indietro! Indietro, ho detto, indietro! Forza!» ordinò. I latrati si acquietarono appena. Quando Bobby aprì completamente il cancello e Carlos spinse avanti la mamma, cessarono del tutto.

Ero così sconvolto da quello che mi trovai davanti che non

sentii nemmeno il piede di Bobby sulla schiena mentre mi spingeva nel recinto.

Cani.

C'erano cani dappertutto. Alcuni erano grossi come la mamma, o perfino di più, altri più piccoli, e tutti quanti scorrazzavano liberamente in un cortile enorme circondato da un'alta palizzata di legno. Zampettai verso un gruppo di cani dall'aria amichevole, non molto più vecchi di me, e quando fui vicino a loro mi fermai, fingendomi affascinato da qualcosa che avevo visto per terra. I tre cani di fronte a me avevano tutti il pelo di colore scuro ed erano femmine, e così feci una pisciatina di seduzione su un monticello di terra, prima di avvicinarmi per annusare educatamente i loro didietro.

Ero così felice per quella nuova situazione che avevo voglia di abbaiare, ma la mamma e Svelto non sembravano divertirsi altrettanto. Anzi, a dirla tutta, la mamma stava correndo avanti e indietro lungo il perimetro della palizzata, cercando una via d'uscita, il naso schiacciato a terra. Svelto si era avvicinato a un gruppo di maschi e adesso stava lì tutto rigido davanti a loro, con la coda che fremeva, mentre quelli facevano a turno per alzare la zampa su un palo della recinzione.

Uno dei maschi fece qualche passo e si mise dritto davanti a Svelto, mentre un altro gli girava attorno con aria aggressiva per annusarlo da dietro, e fu allora che il mio povero fratello cedette. Abbassò il sedere e, mentre si voltava verso il maschio dietro di lui, la sua coda si curvò infilandosi in mezzo alle zampe. Non fui per nulla sorpreso quando, pochi secondi dopo, lo vidi sdraiato a pancia all'aria, che si dimenava con disperata allegria. Capii che non era più lui il capo.

Intanto, un altro maschio stava piantato proprio al centro del cortile e osservava la mamma che correva in cerchio, disperata.

Qualcosa mi diceva che, tra tutti i cani del recinto, lui era quello a cui bisognava stare più attenti. E infatti, quando finalmente si mosse e si avvicinò alla palizzata con passo felpato, i cani che circondavano Svelto smisero di fare gli scemi e alzarono la testa in allerta.

Una volta giunto a una decina di metri dalla palizzata, il maschio solitario partì a corsa e si avventò sulla mamma, la quale si fermò, acquattata. Il maschio la bloccò con le spalle, la coda dritta come un fuso. Lei si lasciò annusare su e giù per tutto il corpo, sempre rannicchiata contro i pali.

Il mio primo impulso – e anche di Svelto, ne sono sicuro – fu di correre in suo aiuto, ma qualcosa mi disse che sarebbe stato un errore. Quel maschio era il Capo, con la C maiuscola, un mastino dall'ossatura robusta, col muso bruno e gli occhi umidi. La sottomissione della mamma era nell'ordine naturale delle cose.

Dopo un attento scrutinio, il Capo spruzzò la palizzata con un modesto getto di urina che la mamma esaminò con cura, quindi il maschio se ne andò via trotterellando, senza degnarla di un altro sguardo. Anche la mamma sembrava sollevata e senza farsi notare strisciò a nascondersi dietro un mucchio di traversine della ferrovia.

A tempo debito, il branco di maschi venne a dare una controllata anche a me, ma io mi accucciai basso basso e diedi loro una leccata sul muso, per far capire molto chiaramente che da me non avrebbero avuto il minimo problema: era mio fratello la testa calda. Volevo solo giocare con le tre femmine ed esplorare il cortile, che era disseminato di palle, ossi di gomma e ogni tipo di odori e distrazioni. Un getto d'acqua chiara scrosciava in una tinozza per darci ristoro quando volevamo e l'uomo di nome Carlos veniva in cortile una volta al giorno per ripulire la nostra sporcizia. A intervalli regolari ci mettevamo ad abbaiare tutti insieme, così, senza motivo, solo per il puro piacere di farlo.

E i pasti! Due volte al giorno, Bobby, Carlos, Señora e l'altro uomo si facevano largo in mezzo al branco, dividendoci in gruppi a seconda dell'età. Rovesciavano sacchi interi di cibo gustoso in grandi ciotole e noi ci infilavamo il muso, mangiando fino a scoppiare! Bobby restava a guardarci e quando pensava che uno dei cani – di solito la più piccola delle femmine – non stesse mangiando abbastanza, la prendeva da parte e le dava un'altra manciata di cibo, mandando via noialtri.

La mamma mangiava insieme ai cani adulti e ogni tanto mi capitava di sentire un ringhio provenire da quella parte, anche se quando mi giravo a guardare non vedevo altro che un gran scodinzolare. Qualunque cosa mangiassero aveva un odore meraviglioso, ma gli uomini si mettevano nel mezzo per fermarci se uno di noi più giovani cercava di avvicinarsi per dare una sbirciata.

La donna, Señora, si chinava e lasciava che le leccassimo la faccia, ci passava le mani sul pelo e rideva, rideva. Mi disse che il mio nome era Toby. Ero sicuro di essere di gran lunga il suo preferito: come potevo non esserlo? La mia migliore amica era una femmina dal pelo bruno di nome Coco, la stessa che mi aveva accolto il primo giorno. Coco e io stavamo tutto il giorno a fare la lotta, di solito in compagnia delle altre femmine e a volte anche di Svelto, che voleva sempre fare il gioco in cui lui alla fine era il capo. Però doveva stare attento a non essere aggressivo, perché appena diventava troppo turbolento uno dei maschi veniva a dargli una lezioncina. Quando accadeva, io facevo sempre finta di non conoscerlo.

Amavo il mio mondo, il Cortile. Adoravo correre nel fango vicino alla tinozza, alzando schizzi con le zampe che m'inzaccheravano il pelo. Mi piaceva quando ci mettevamo ad abbaiare tutti insieme, anche se spesso non ne capivo il motivo. Era una gioia inseguire Coco, dormire ammucchiato in mezzo agli altri cani, annusare le loro cacche. Quante volte mi capitava di crollare a terra esausto a forza di giocare, felice come un matto!

Anche i cani più vecchi giocavano. A volte potevi vedere perfino il Capo scorrazzare per il Cortile con un pezzo di stoffa in bocca, mentre gli altri lo seguivano facendo finta di non riuscire a stargli dietro. La mamma, invece, non giocava mai: si era scavata una buca dietro le traversine e passava la maggior parte del tempo sdraiata lì. Se andavo a vedere come stava, lei ringhiava, come se non mi avesse nemmeno riconosciuto.

Una sera, dopo cena, quando i cani erano tutti sazi e stavano spaparanzati qua e là per il Cortile, vidi la mamma emergere furtivamente dal suo nascondiglio e strisciare verso il cancello. Stavo addentando un osso di gomma per placare quel perenne desiderio di masticare qualcosa, ma mi fermai e la guardai con curiosità, seduta davanti al cancello. Era in arrivo qualcuno? Drizzai la testa pensando che, se ci fossero state visite, i cani si sarebbero già messi ad abbaiare.

Molte volte, la sera, Carlos, Bobby e gli altri uomini stavano seduti a un tavolino a chiacchierare, aprendo e passandosi una bottiglia da cui proveniva un acre odore chimico. Non quella sera, però: i cani erano soli nel Cortile.

La mamma alzò le zampe anteriori da terra, le spinse contro le assi del cancello di legno e prese in bocca il pomello metallico. Ero confuso: perché, mi chiesi, masticare una cosa del genere, quando il Cortile era pieno di ottimi ossi di gomma? Inclinò il capo a destra e a sinistra, evidentemente incapace di dare a quell'affare un bel morso come si deve. Lanciai un'occhiata a Svelto, ma dormiva sodo.

Poi, con mia grande sorpresa, il cancello si aprì con un clic. La mamma l'aveva aperto! Lasciò cadere le zampe a terra e spinse avanti col muso, fiutando prudente l'aria dall'altro lato della palizzata.

Quindi si voltò per guardarmi con gli occhi che luccicavano. Il messaggio era chiaro: mia madre se ne stava andando. Mi alzai per raggiungerla. Coco, sdraiata accanto a me, sollevò pigramente il capo, mi fece l'occhiolino, sospirò e si allungò di nuovo sulla sabbia.

Se me ne andavo, non avrei mai più rivisto Coco. Mi sentivo diviso tra l'obbedienza alla mamma, che mi aveva nutrito, istruito, si era presa cura di me, e la fedeltà al branco, compreso il mio inutile fratello Svelto.

La mamma non aspettò che mi decidessi. Se la svignò silenziosamente nel buio del tramonto. Se volevo raggiungerla dovevo darmi una mossa.

Corsi fuori dal cancello aperto.

Svelto non ci vide fuggire.

3

Non andai molto lontano. Tanto per cominciare non riuscivo a muovermi veloce come la mamma, e poi proprio di fronte alla casa c'era un filare di cespugli dove mi sentii obbligato a marcare il territorio. La mamma non mi aspettò, nemmeno si voltò indietro. L'ultima volta che la vidi stava facendo quello in cui era più brava: scivolare via nell'ombra, invisibile e silenziosa.

C'era stato un tempo, non molto prima, in cui tutto ciò che volevo dalla vita era rannicchiarmi addosso a lei, quando la sua lingua e il suo corpo caldo significavano per me più di ogni altra cosa. Ma in quel momento, mentre la guardavo sparire nel buio, mi resi conto che stava facendo solo quello che tutte le mamme dei cani devono fare prima o poi. L'avevo seguita d'istinto, ma in realtà il nostro rapporto era cambiato per sempre dal giorno in cui avevamo messo piede nel Cortile.

Stavo ancora facendo i miei bisogni, quando Señora uscì sul portico. Vedendomi, si fermò.

«Toby, come hai fatto a uscire?»

Se davvero volevo scappare avrei dovuto mettermi a correre *subito*, ma ovviamente non lo feci. Al contrario, mi misi a scodinzolare e saltai sulle gambe di Señora, cercando di leccarle la faccia. Il suo odore di fiori era ravvivato da un delizioso aroma di grasso di pollo. Mi lisciò le orecchie all'indietro e io la seguii, ipnotizzato dalle sue carezze, mentre camminava a passo svelto fino al cancello ancora aperto. Il branco dormiva immobile nel recinto. Mi diede un buffetto gentile e mi seguì dentro.

Nel momento in cui il cancello si richiuse, i cani si erano alzati e correvano verso di noi. Señora li accarezzò, parlando con voce dolce, mentre io fremevo, innervosito: non ero più al centro della sua attenzione.

Pochi giorni dopo, mentre facevo la lotta con Coco, la mamma tornò. Almeno, pensavo che fosse mia madre. Ero distratto da un nuovo gioco che avevo scoperto durante i nostri infiniti incontri di lotta: mi mettevo dietro a Coco e le montavo sulla schiena, stringendola con le zampe davanti. Era un gioco stupendo e non riuscivo proprio a capire perché Coco s'innervosisse tanto: non faceva che dimenarsi e mostrarmi i denti. Sembrava perfetto, perché non lo capiva?

Quando Bobby aprì il cancello, alzai gli occhi e lì davanti a me c'era lei, la mamma, incerta sulle zampe. Al colmo della gioia attraversai di corsa il Cortile, alla testa di una carica di cani, ma quando fui più vicino rallentai.

Era una femmina con gli stessi colori della mamma, con una macchia bianca su un occhio e la coda corta, proprio come lei: ma non era la mamma. Si accucciò e al nostro arrivo urinò con aria sottomessa. Le girai intorno insieme agli altri cani, ma fu Svelto ad andare dritto da lei per annusarle il didietro.

Bobby aveva la stessa aria sconfitta, le spalle cadenti, di quando ci aveva tirati giù dal camion la prima volta, ma restò accanto a lei, difendendola col proprio corpo.

«Andrà tutto bene, piccola» le disse.

Era Sorella. Mi ero quasi dimenticato di lei e in quel momento, mentre la ispezionavo, mi resi conto di quanto doveva essere diversa la vita dall'altra parte della palizzata. Era magra, con tutte le costole in vista e una ferita aperta sul fianco. Il fiato le puzzava di marcio e, quando si accucciò per fare pipì, dalla sua vescica uscì un odore disgustoso.

Svelto era contento matto, ma Sorella era troppo intimidita dal resto del branco per accettare il suo invito a giocare. Strisciò a terra di fronte al Capo e lasciò che tutti gli altri l'annusassero, senza nemmeno tentare di marcare il proprio territorio. Quando si allontanarono con aria sprezzante lasciandola lì, Sorella, furtiva, esaminò la ciotola del cibo e bevve un po' d'acqua. Sembrava che la stesse rubando.

Svelto non la mollava un attimo. Mi resi conto in quel momento che Sorella era sempre stata la sua preferita, più importante per lui perfino della mamma. Lo osservavo mentre la leccava, mentre si accucciava davanti a lei, ma non ero geloso: io avevo Coco.

Invece mi ingelosii quando vidi le attenzioni che Coco riceveva dagli altri maschi, i quali sembravano convinti di poter venire a giocare con lei come se io nemmeno ci fossi, e in effetti chi diceva che non potevano? Sapevo qual era la mia posizione nel branco ed ero felice per il senso di ordine e sicurezza che mi dava, ma volevo Coco tutta per me e non mi piaceva essere spintonato via in malo modo.

Adesso tutti i maschi sembravano voler giocare al gioco che avevo inventato io: si mettevano dietro a Coco e cercavano di montarle sulla schiena, ma con magra soddisfazione vidi che a Coco quel gioco non interessava, nemmeno con loro.

La mattina dopo l'arrivo di Sorella, Bobby venne in Cortile e prese me, Svelto, Sorella, Coco e un altro maschio e ci infilò tutti insieme in una gabbia sul cassone del camion. Stavamo stretti e c'era un gran rumore, ma adoravo il vento che soffiava forte e l'espressione di Svelto quando gli starnutivo in faccia.

Ero sbalordito: una femmina viaggiava nella cabina con Carlos e Bobby. Perché lei poteva stare davanti e io no? – mi chiedevo.

Ci fermammo accanto a un vecchio alberello rachitico, l'unica macchia d'ombra in un parcheggio rovente. Bobby entrò in un edificio con la femmina che viaggiava in cabina e Carlos venne allo sportello della gabbia. Ci alzammo tutti per andargli incontro, tranne Sorella.

«Vieni, Coco. Coco» fece Carlos. Sulle sue dita sentivo odore di arachidi e di bacche, oltre a qualcosa di dolce che non riuscivo a decifrare.

Ci mettemmo tutti ad abbaiare per l'invidia quando portarono Coco nell'edificio, poi continuammo ad abbaiare anche se non ce n'era più motivo. Un grosso uccello nero planò sull'albero sopra di noi e ci fissò come fossimo una manica di imbecilli, così per un po' abbaiammo anche a lui.

Bobby tornò al camion. «Toby» chiamò.

Tutto fiero, mi feci avanti, accettai di buon grado il cappio di pelle che m'infilò intorno al collo e saltai giù: per terra era così caldo che faceva male alle zampe. Non mi voltai nemmeno per dare un'ultima occhiata a quegli sfigati ancora nella gabbia ed entrai nell'edificio, incredibilmente fresco e profumato di cani e altri animali.

Bobby mi guidò per un corridoio, poi mi prese in braccio e mi mise su un tavolo tutto luccicante. Entrò una donna e io agitai la coda mentre mi passava le dita morbide e delicate sulle orecchie, sulla gola. Le sue mani avevano un forte odore chimico, ma i vestiti profumavano di altri animali, tra cui anche Coco.

«Lui come si chiama?» domandò.

«Toby» disse Bobby. Scodinzolai ancora più forte sentendo il mio nome.

«Quanti hai detto che ce ne sono, oggi?» Mentre parlava con Bobby, mi scopriva i denti per ammirarli.

«Tre maschi e tre femmine.»

«Bobby...» fece la donna. Agitai la coda perché avevo riconosciuto il suo nome.

«Lo so, lo so.»

«Si metterà nei guai» disse la donna. Mi toccava dappertutto e mi chiesi se fosse il caso di mugolare di piacere.

«Non ci sono vicini che si possano lamentare.»

«Ma ci sono le leggi.»

«La prego, dottoressa, non vada a dirlo.»

«No, non dirò niente. Va bene, Toby?»

Le leccai la mano.

«Bravo. Adesso ti faremo un'operazioncina e dopo starai meglio di prima.»

Bobby ridacchiò.

Poco dopo mi trovai in un'altra stanza, con le luci forti ma una frescura deliziosa, in cui c'era lo stesso odore chimico che proveniva dalla signora gentile. Bobby mi stringeva forte e io stavo fermo, sdraiato, intuendo in qualche modo che era questo che volevano da me. Era bello farsi stringere così e agitai la coda. Sentii un dolore breve e acuto dietro al collo, ma non mi lamentai, continuai a scodinzolare con maggior vigore per far capire che non m'importava.

Da lì non ricordo più niente, finché non mi ritrovai di nuovo nel Cortile! Aprii gli occhi e provai a tirarmi su, ma le zampe di dietro non volevano darmi retta. Avevo sete, ma ero troppo esausto per andare a bere. Appoggiai la testa e mi rimisi a dormire.

Al risveglio, mi accorsi subito di avere qualcosa intorno al collo, una specie di cono di plastica bianca, così ridicolo che temevo mi avrebbero cacciato dal branco. Riuscii a trascinarmi fino alla fontanella e bevvi un po'. Avevo lo stomaco in subbuglio e la parte di sotto mi faceva un gran male. Dagli odori nel Cortile capii che mi ero perso la cena, ma in quel momento non mi importava. Trovai un pezzo di terra fresca e mi buttai giù con un lamento. Svelto, sdraiato accanto a me, mi guardò: anche lui portava un assurdo collare come il mio.

Che cosa ci aveva fatto Bobby?

Le tre femmine che erano entrate insieme a noi nell'edificio con la signora gentile non si vedevano da nessuna parte. Il giorno dopo provai a esplorare il Cortile, zoppicante, annusando qua e là in cerca di Coco, ma sembrava che non fosse tornata insieme a noi.

A parte l'umiliazione per quello stupido collare, dovetti anche subire l'oltraggio di farmi annusare la parte che mi faceva male da tutti i maschi del branco. Il Capo mi buttò schiena a terra in malo modo e io restai lì, sdraiato e infelice, mentre lui e poi gli altri maschi mi fiutavano senza nascondere il proprio disprezzo.

Non provarono a fare lo stesso con le femmine, quando tornarono in Cortile pochi giorni dopo. Ero contentissimo di rivedere Coco, anche lei col collare di plastica, e Svelto faceva del suo meglio per consolare Sorella, per la quale tutta quella faccenda doveva essere stata un vero e proprio trauma.

Quando finalmente Carlos ci tolse i collari, mi accorsi che ero meno interessato al gioco che facevo sempre con Coco, quello in cui le montavo sulla schiena. Adesso avevo trovato un nuovo gioco: prendevo un osso di gomma e andavo zampettando da Coco, masticavo l'osso davanti a lei, lo lanciavo per aria e lo facevo cadere a terra. Lei, fingendo di non essere interessata, guardava da un'altra parte, ma poi quando lo spingevo in avanti col naso i suoi occhi tornavano a fissarsi sull'osso. Alla fine non resisteva e si lanciava per addentarlo, ma io ormai la conoscevo così bene che riuscivo ad afferrare l'osso prima di lei. Indietreggiavo ballonzolando e scodinzolando di gioia, e a volte lei mi inseguiva e ci mettevamo a correre in grandi cerchi: era la parte del gioco che preferivo. Altre volte sbadigliava, facendo l'annoiata, e allora mi avvicinavo di nuovo per stuzzicarla con l'osso di gomma, finché non ce la faceva più e tentava ancora una volta di afferrarlo. Quel gioco mi piaceva così tanto che mi capitava perfino di sognarlo.

A volte avevamo anche degli ossi veri, ma in quei casi ci comportavamo diversamente. Carlos entrava nel Cortile con una sacca tutta unta e lanciava deliziosi pezzi di carne bruciacchiata chiamandoci per nome. Non aveva capito che il primo toccava sempre al Capo, ma per me non era un problema. Non sempre mi capitava di avere un osso, però in quei casi Carlos diceva «Toby, Toby» e me lo passava, proprio sotto il naso degli altri cani. Quando avevi a che fare con gli umani, le regole erano diverse.

Una volta che Svelto aveva avuto un osso e io no, vidi una cosa straordinaria. Svelto era accovacciato dall'altra parte del Cortile e rosicchiava freneticamente, mentre dal suo trofeo salivano ondate di profumo da far girare la testa. Mi ero avvicinato furtivamente per guardarlo, pieno d'invidia, ed ero proprio lì davanti a lui quando arrivò il Capo.

Svelto s'irrigidì, allargò leggermente le zampe come per prepararsi a saltare in piedi. Quando il Capo si fece avanti, Svelto smise di rosicchiare e mandò un ringhio basso. Nessuno ringhiava al Capo, *mai*. Ma sentivo che Svelto aveva ragione: era il suo osso, gliel'aveva dato Carlos e nemmeno il Capo poteva prenderglielo.

Tuttavia quell'osso aveva un'aria così deliziosa che il Capo non riuscì a trattenersi. Spinse il naso in avanti e a quel punto Svelto reagì: un secco schioccare di denti, proprio in faccia al Capo! Svelto ringhiava, gli occhi come due fessure. Il Capo lo fissò, sembrava preso alla sprovvista dal suo gesto di ribellione e poi, con la testa regalmente alzata, si girò e alzò una zampa sulla palizzata, senza degnare Svelto di un altro sguardo.

Sapevo che se il Capo avesse voluto sarebbe stato in grado di portar via a Svelto il suo osso. Aveva quel potere, lo aveva esercitato già altre volte. Avevo visto cos'era successo quando, poco prima di salire sul camion per andare dalla signora gentile nella stanza fresca, i maschi si erano radunati intorno a una delle femmine, fiutandola e marcando il territorio con determinazione frenetica. Mi costa dire che c'ero anch'io in mezzo a loro, ma quella femmina aveva qualcosa di così irresistibile che nemmeno so descriverlo.

Appena un maschio cercava di annusarle il didietro, lei si metteva a sedere per terra. Teneva le orecchie abbassate in segno di sottomissione, ma ringhiava e ogni volta i maschi indietreggiavano come se fosse stata eletta Capo.

Eravamo così ammassati che era impossibile non spintonarci. Fu allora che scoppiò la rissa tra il Capo e il maschio più grosso del branco, un enorme cane nero e marrone che Bobby chiamava Rottie.

Il Capo si batteva da esperto lottatore: afferrò Rottie per la collottola e gli fece abbassare le spalle fino a terra. Noi ci allargammo per lasciar spazio ai contendenti, ma finì tutto in pochi secondi, quando Rottie si girò sulla schiena con fare servile. La confusione però aveva attirato Carlos, che si mise a gridare: «Ehi! Ehi! Basta così!». Stava in piedi in mezzo al Cortile, ignorato dai maschi, mentre Coco corse subito da lui per farsi accarezzare. Restò qualche minuto a guardarci, poi chiamò la femmina che aveva creato tutta quella confusione e la portò fuori dal recinto.

Non la rividi fino al mattino dopo, quando montammo tutti sul camion per andare dalla signora gentile nella stanza fresca. Era lei quella seduta davanti con gli umani.

Probabilmente, dopo aver finito di rosicchiare l'osso, Svelto doveva essersi pentito del suo gesto di sfida. A testa bassa e con la coda che si muoveva piano tra le zampe di dietro, si avvicinò al Capo con passo strascicato. Si acquattò per invitarlo a giocare, del tutto ignorato, dopodiché lo leccò sulla bocca. Doveva essere un modo sufficiente per scusarsi, perché il Capo accettò di giocare un po' con Svelto, lo fece ruzzolare a terra e si lasciò perfino mordere sul collo. Poi, tutt'a un tratto, se ne andò.

Era così che manteneva l'ordine: faceva stare ognuno al proprio posto, ma non approfittava della sua supremazia per rubare il cibo distribuito dagli uomini. Eravamo un branco felice, fino al giorno in cui arrivò Spike.

Da allora, niente fu più lo stesso.

4

Proprio quando iniziavo a pensare che la vita non avesse più misteri per me, tutto cambiò. Al tempo in cui scorrazzavamo liberi insieme alla mamma, avevo imparato a temere gli umani e a cercare il cibo tra i rifiuti, avevo capito perfino come tenere buono Svelto – almeno per quanto possibile con uno come lui. Poi arrivarono gli uomini e ci portarono nel Cortile, dove tutto era diverso.

Nel Cortile mi ero adattato in fretta alla vita di branco, avevo imparato a voler bene a Señora, a Carlos e a Bobby. Proprio quando i giochi tra me e Coco iniziavano a farsi diversi, più complicati, ci avevano portato da quella signora gentile nella stanza fresca e tutte le smanie che avevo provato fino al giorno prima erano scomparse. Passavo ancora buona parte del mio tempo a mordere e a farmi mordere da Coco, ma senza quello strano impulso che prima avvertivo di tanto in tanto.

E poi, quando la gerarchia del branco era ormai stabilita, quando avevo appena iniziato a mangiare dalla ciotola degli adulti, quando Carlos ci tirava gli ossi e Señora elargiva baci e prelibatezze, arrivò Spike.

Sentendo sbattere le portiere del camion di Bobby, ci mettemmo tutti ad abbaiare, anche se quel giorno faceva così caldo che alcuni di noi, sdraiati all'ombra, non si erano nemmeno presi la briga di alzarsi. Il cancello si aprì ed entrò Bobby, seguito da un grosso maschio tutto muscoli legato al bastone.

Vedersi correre incontro un intero branco di cani è una cosa che può far paura, ma il nuovo cane non indietreggiò di un centimetro. Era scuro di pelo e largo di spalle, come Rottie, e alto come il Capo. Gli mancava la coda, ma il corto moncone che restava non accennava a muoversi. Stava in piedi, il peso distribuito su tutte e quattro le zampe. Dal suo petto proveniva un sordo rimbombo.

«Buono, Spike. Qui.»

Dal modo in cui Bobby aveva detto «Spike», capii che quello doveva essere il suo nome. Decisi di lasciare che gli altri lo ispezionassero per bene prima di prendere ogni iniziativa.

Il Capo come al solito era rimasto indietro, ma in quel momento emerse dall'ombra fresca vicino al getto d'acqua e trotterellò verso il nuovo arrivato. Bobby tolse il cappio dal collo di Spike. «Ora fa' il bravo» disse.

Bobby era teso e il suo nervosismo contagiò tutto il branco. Senza sapere bene perché, mi sentii rizzare i peli sul collo. Il Capo e Spike si ispezionarono a vicenda, rigidi, senza fare un passo indietro, circondati dagli altri cani. Il muso di Spike era tutto una cicatrice: solchi e protuberanze a forma di lacrima punteggiavano di un grigio pallido il suo manto scuro.

C'era qualcosa in Spike che sembrava ipnotizzare noi tutti, mentre eravamo schierati contro di lui. Lì per lì la cosa mi spaventò, ma poi andò tutto come doveva andare. Spike lasciò che il Capo gli appoggiasse la testa sul dorso, anche se non piegò le zampe davanti né abbassò il ventre a terra. Al contrario, trotterellò fino alla palizzata, l'annusò con attenzione e poi alzò la zampa. Il Capo e gli altri maschi si misero subito in fila per imitarlo.

Da sopra il cancello apparve il volto di Señora e buona parte dell'ansia che avevo provato scomparve. Alcuni di noi si staccarono dal gruppo e corsero verso di lei, appoggiando le zampe sulla palizzata perché potesse accarezzarci il capo.

«Visto? Si troverà bene» disse Señora.

«Un cane come quello, addestrato per la lotta... Señora, non è come gli altri, niente affatto.»

«Farai il bravo, vero, Spike?» lo chiamò Señora. Guardai il nuovo cane, pieno di gelosia, ma lui per tutta risposta si limitò a lanciare un'occhiata come se niente fosse.

"Toby" avrei voluto che dicesse Señora. "Bravo, Toby." Invece disse: «Non esistono cani cattivi, Bobby, solo cattive persone. Hanno bisogno d'amore, tutto qui».

«A volte sono guastati dentro, Señora. E non ci si può fare un bel niente.»

Con fare assente, Señora abbassò la mano e diede una grattatina a Coco dietro le orecchie. Infilai freneticamente il naso sotto le sue dita, ma lei non sembrò nemmeno accorgersene.

Poco dopo, Coco era seduta davanti a me, tutta presa a masticare un osso di gomma. La ignoravo, ancora offeso: io, il preferito di Señora, ero stato trattato in modo così freddo e distaccato. Coco rotolò sulla schiena, palleggiando l'osso tra le zampe: se lo portava alla bocca e poi lo lasciava cadere, ma lo teneva così delicatamente che ero certo di riuscire a rubarglielo e allora mi lanciai! Ma Coco rotolò via da me e a quel punto cominciai a inseguirla per il Cortile, infuriato per quel rovesciamento dei ruoli.

Preso com'ero dal tentativo di strapparle quello stupido osso, che era mio di diritto, non vidi come ebbe inizio la rissa che tutti, credo, stavamo aspettando: me ne accorsi solo quand'era già scoppiata.

Di solito gli scontri col Capo duravano poco: il cane di rango più basso accettava la punizione che gli spettava per aver osato sfidare l'ordine costituito. Ma quell'orribile scontro, accompagnato da forti latrati e combattuto con accanimento selvaggio, sembrò durare per sempre. Il Capo provò come al solito a stringere Spike per la collottola, in modo da controllare il nemico senza fargli danni permanenti, ma Spike se lo scrollò di dosso, schioccando le fauci finché non strinse tra i denti il muso del Capo. Anche se aveva una ferita che sanguinava sotto l'orecchio, adesso Spike era in vantaggio sul Capo e lo costrinse ad abbassare la testa sempre più giù, verso terra.

Il branco restò a guardare impotente, ma in quel momento il cancello si spalancò ed entrò Bobby di corsa, tirandosi dietro una lunga canna per innaffiare. Un getto d'acqua inondò i due contendenti.

«Ehi! Basta, smettetela!» gridò.

Il Capo zoppicando fece per staccarsi, remissivo di fronte all'autorità di Bobby, ma Spike continuava a stargli addosso, ignorando l'umano. «Spike!» urlò Bobby. Puntò la canna e lo innaffiò dritto in faccia, col sangue che schizzava dappertutto. Alla fine Spike mollò la presa e agitò la testa per scrollarsi l'acqua di dosso, lanciando a Bobby uno sguardo assassino.

«Cos'è successo? È stato quello nuovo? *El combatiente*?» esclamò Carlos entrando nel recinto.

«*Sí. Este perro será el problema*» rispose Bobby.

Señora raggiunse gli uomini nel recinto e, dopo molte discussioni, chiamarono il Capo e gli medicarono le ferite con un liquido dall'odore pungente che associai subito alla signora gentile nella stanza fresca. Il Capo cercava di divincolarsi, ansimava, tirava fuori la lingua ogni volta che Carlos gli tamponava i tagli sul muso.

Non credevo che Spike avrebbe accettato lo stesso trattamento: invece quando gli medicarono la ferita sotto l'orecchio rimase immobile, senza protestare. Sembrava che in qualche modo ci fosse abituato, accettava quella roba dall'odore chimico come una cosa normale dopo uno scontro.

I giorni successivi furono una sofferenza. Nessuno sapeva più quale fosse il proprio posto, soprattutto i maschi.

Non avevamo dubbi: il leader adesso era Spike e ce lo fece capire sfidando uno alla volta ognuno di noi. Il Capo aveva fatto lo stesso, ma non in quel modo: per Spike, la minima infrazione doveva essere punita e in genere il castigo prevedeva un morso rapido e doloroso. Se giocando facevamo troppa confusione oppure sconfinavamo nel suo territorio, il Capo restava freddo, gli bastava uno sguardo o un ringhio sommesso per metterci in guardia. Spike invece passava buona parte delle sue giornate a pattugliare il Cortile e spesso ci azzannava senza nessun motivo. Emanava un'energia oscura, qualcosa di inquietante e malvagio.

Ogni volta che i maschi si sfidavano per ottenere una nuova posizione nel branco, Spike era lì e fin troppo spesso si lasciava coinvolgere, apparentemente incapace di resistere quando si trattava di gettarsi nella mischia. Serviva solo a confonderci e la tensione divenne così forte che tra di noi iniziarono a scoppiare piccole risse per faccende che non erano in discussione da tempo, come i turni per la ciotola o per chi poteva dormire nella zona del Cortile rinfrescata dall'acqua.

Quando io e Coco facevamo il nostro gioco in cui io masticavo l'osso di gomma e lei cercava di rubarmelo, Spike si avvicinava ringhiando e mi obbligava a mollare il mio trofeo. A volte portava l'osso nel suo angolo e il gioco era finito finché non riuscivo a trovarne un altro, altre volte si limitava a dargli una nasata sprezzante e lo lasciava lì per terra.

Quando veniva Carlos col suo sacco pieno di ossi veri, Spike non si scomodava nemmeno a correre per averne uno. Restava ad aspettare finché non c'erano più uomini nel Cortile e poi si prendeva quello che voleva. Lasciava in pace certi cani, come Rottie, il Capo e, stranamente, anche Svelto, ma ogni volta che io avevo la fortuna di affondare i denti in una delle prelibatezze di Carlos, accettavo con rassegnazione il fatto che presto sarebbe finita in bocca a Spike.

Era il nuovo ordine. Anche se facevamo un po' di fatica a capirne le regole, tutti sapevamo bene chi fosse a dettarle e ci adeguavamo. Per questo rimasi di sasso quando Svelto si ribellò.

Fu per via di Sorella, ovviamente. Come succedeva di rado, noi tre fratelli – io, Svelto e Sorella – eravamo insieme in un angolo, intenti a ispezionare un insetto strisciato da sotto la palizzata. Era rilassante trovarmi lì insieme a loro, riscoprire un rapporto libero e semplice, soprattutto dopo aver passato giornate così stressanti. Tanto era il piacere che finsi di non aver mai visto niente di più interessante di quel minuscolo insetto nero che alzava le sue microscopiche zampette come per sfidarci a combattere.

Distratti com'eravamo, nessuno di noi si accorse di Spike finché non ci fu addosso. Il suo assalto al didietro di Sorella fu così rapido e silenzioso che lei guaì per la paura.

Mi acquattai immediatamente – non avevamo fatto nulla! – mentre Svelto, non sopportando più le sue angherie, si rivoltò contro Spike scoprendo i denti. Sorella scappò via, ma io, spinto da una rabbia che non avevo mai provato, mi unii a Svelto nello scontro, tutti e due ringhiando, pronti a batterci.

Provai a mordere Spike sulla schiena, ma lui si girò e mi azzannò, e io incespicai all'indietro con le sue fauci strette intorno alla zampa, uggiolando.

Poco dopo Svelto si ritrovò bloccato a terra, ma non lo guardavo più: il dolore alla zampa era insopportabile e mi allontanai zoppicando, senza smettere di guaire. Coco, al mio fianco, mi leccava ansiosa, ma la ignorai e andai dritto verso il cancello.

Come previsto, pochi istanti dopo Bobby entrò nel recinto con in mano la canna per innaffiare. La rissa era finita. Svelto si era arreso e Sorella era nascosta dietro le traversine. Così fu la mia zampa ad attirare la sua attenzione.

Bobby s'inginocchiò accanto a me. «Buono, Toby. Va tutto bene» mi disse. Agitai debolmente la coda. Quando mi toccò la zampa, sentii un dolore straziante salire su fino alla spalla, ma gli leccai la faccia come per dirgli: "Lo so, non l'hai fatto apposta".

Señora venne con noi dalla signora gentile nella stanza fresca. Bobby mi teneva giù mentre lei m'infilava un ago dallo stesso odore chimico che avevo sentito l'altra volta e a quel punto la zampa smise di farmi tanto male. Restai lì sdraiato sul tavolo, mezzo addormentato, mentre la donna mi tirava la zampa, e intanto sentivo che parlava con Bobby e Señora. Percepivo la sua preoccupazione, sentivo il suo tono prudente, ma non aveva importanza ora che Señora mi accarezzava il pelo e Bobby mi stringeva forte a sé. Anche quando Señora trattenne il fiato, sentendo la signora gentile che diceva «danno permanente», io non alzai nemmeno la testa. Volevo solo restare lì sdraiato su quel tavolo per sempre, o almeno fino all'ora di cena.

Quando tornai nel Cortile avevo di nuovo addosso quello stupido cono di plastica e uno strano bozzolo intorno alla zampa ferita. Potevo camminare solo su tre zampe e Spike dovette trovarlo divertente, perché venne dritto da me e mi buttò a terra con un colpo di petto. "Bravo, Spike, fai pure, sei il cane più brutto che io abbia mai visto."

Mi faceva sempre male la zampa e avevo bisogno di dormire, e spesso Coco appoggiava la testa su di me. Bobby veniva due volte al giorno per darmi un boccone prelibato e io fingevo di non accorgermi che dentro il rotolo di carne c'era qualcosa di amaro. Anche se a volte, invece di ingoiarlo, aspettavo un po' e lo risputavo: una piccola compressa bianca.

Il giorno in cui vennero quegli uomini, portavo ancora lo stupido collare bianco. Sentendo un rumore di portiere che sbattevano nel vialetto, partimmo col nostro solito coro di latrati, anche se molti si zittirono quando Señora cominciò a gridare.

«No! No! Non potete portarmi via i miei cani!»

Era impossibile non sentire l'angoscia nella sua voce e io e Coco ci rannicchiammo l'uno contro l'altra, in allerta: cosa stava succedendo?

Il cancello si aprì di botto ed entrarono degli uomini con fare guardingo: avevano in mano i bastoni che avevamo già visto tante altre volte. Alcuni tenevano degli strani barattoli di metallo davanti a sé e portavano delle protezioni, come se temessero di essere attaccati.

Qualunque fosse il gioco, molti di noi avevano voglia di provarlo. Coco fu una delle prime ad avvicinarsi: la accalappiarono e non oppose resistenza quando la trascinarono fuori. Buona parte del branco la seguì mettendosi in fila, ma alcuni rimasero indietro: Sorella, Svelto, Spike, il Capo e anch'io, perché non avevo voglia di andare da loro zoppicando. Se volevano tanto giocare, che giocassero con Spike.

Sorella si mise a correre intorno al perimetro del recinto, come se si aspettasse di trovare un pertugio per scappare. Svelto all'inizio la inseguì, ma poi si fermò disperato, fissandola mentre correva senza meta, in preda al panico. Due uomini la strinsero in un angolo e la legarono con una corda. Svelto si lasciò prendere per andare con lei e il Capo si fece avanti con dignità quando lo chiamarono.

Spike invece si dimenava per non essere accalappiato, ringhiava selvaggiamente e cercava di azzannarli. Gli uomini urlarono e uno di loro spruzzò del liquido dal barattolo sul muso di Spike: l'odore di quella roba era così forte che, dalla parte opposta del Cortile, mi sentii bruciare il naso. Spike smise di dibattersi e crollò a terra, coprendosi il muso con le zampe. Lo trascinarono fuori e poi vennero da me.

«Bel cagnetto. Ti sei fatto male alla zampa, piccolo?» chiese uno di loro. Scodinzolai appena, abbassando un po' la testa per permettergli di infilarmi il cappio al collo, anche se ci volle un po' per colpa di quello stupido cono di plastica.

Una volta fuori dal recinto, fui turbato nel vedere Señora che piangeva dibattendosi, trattenuta da Carlos e Bobby. La sua tristezza entrò dentro di me e cominciai a tirare il guinzaglio: volevo andare da lei, consolarla.

Sul ciglio della strada erano parcheggiati dei camion, tutti pieni di cani del branco che abbaiavano. Lì non era come sul camion di Bobby: ognuno aveva la sua gabbia. Mi misero accanto a Rottie, i cui latrati bassi e potenti riempivano l'aria.

Non capivo cosa stesse succedendo. Lo capii ancor meno quando arrivammo a destinazione, in un posto che aveva un po' lo stesso odore della stanza fresca con la signora gentile, ma qui era caldo e pieno di cani in preda all'angoscia che facevano una confusione del diavolo. Ubbidii senza fare storie e fui un po' deluso quando mi infilarono in una gabbia insieme a Svelto e al Capo. Avrei preferito Coco, o perfino Sorella, anche se i miei compagni di gabbia sembravano abbastanza amichevoli.

Tutto quell'abbaiare mi assordava, ma in mezzo al frastuono riuscii a sentire l'inconfondibile ringhio di Spike in fase d'attacco, seguito dagli uggiolii di dolore di qualche cane sfortunato. Alcuni uomini urlarono e pochi minuti dopo vidi Spike, legato a un bastone, che veniva trascinato davanti a noi e scompariva in fondo a un corridoio.

Un uomo si fermò davanti alla nostra gabbia. «Cosa è successo, qui?» chiese.

L'altro uomo, quello che aveva appena portato via Spike, si fermò a sua volta e mi lanciò un'occhiata priva d'interesse. «E che ne so?»

Il primo uomo sembrava preoccupato e anche un po' triste, mentre nell'altro sentivo solo indifferenza. Il primo aprì la gabbia e mi toccò la zampa con delicatezza, spingendo via il muso di Svelto. «Con questo non c'è più nulla da fare.»

Cercai di fargli capire che ero molto meglio, come cane, senza quello stupido collare.

«Non lo prenderà nessuno» disse il primo.

«Ne abbiamo anche troppi» fece il secondo uomo.

Il primo infilò una mano dentro il cono di plastica e mi accarezzò le orecchie. Anche se mi sembrava di tradire Señora, gli leccai la mano. Aveva addosso l'odore di altri cani.

«D'accordo» disse il primo uomo.

Il secondo mi prese e mi aiutò a saltare a terra. M'infilò il cappio e mi portò in una minuscola stanza calda. Lì dentro c'era Spike chiuso in una gabbia, mentre altri due cani che non avevo mai visto gironzolavano liberi, cercando di stargli ben alla larga.

«Qui. Aspetta» disse il primo uomo dalla porta. Si chinò per togliermi il collare di plastica e una folata d'aria mi soffiò sul muso come un bacio. «Non li sopportano, questi affari.»

«E chi se ne frega» disse il secondo.

Uscirono chiudendosi la porta alle spalle. Uno dei cani che non avevo mai visto, una femmina molto vecchia, mi annusò il muso con scarso interesse. Spike non la smetteva di abbaiare e l'altro cane, un giovane maschio, sembrava agitato.

Mi accucciai a terra con un lamento. Sentii un forte sibilo e il giovane maschio cominciò a uggiolare.

All'improvviso, Spike crollò a terra con un tonfo, la lingua penzoloni. Lo guardai incuriosito, chiedendomi che cosa gli fosse successo. La vecchia femmina si accasciò lì accanto, con la testa appoggiata sulla gabbia di Spike: rimasi stupito vedendo che glielo lasciava fare. Il giovane maschio gemette e lo fissai impassibile, poi chiusi gli occhi. Mi sentivo sopraffatto da un senso di stanchezza opprimente, come quando ero appena un cucciolo e i miei fratelli mi montavano addosso e mi schiacciavano sotto il loro peso. Era proprio a quello che pensavo, mentre iniziavo a sprofondare in un sonno buio e silenzioso: a quando ero cucciolo. Poi ricordai tutte le corse con la mamma, le carezze di Señora, Coco e il Cortile.

E mi chiedevo: "Che senso ha avuto tutto questo?".

5

Era tutto nuovo e al tempo stesso familiare.

Familiare era la calda presenza di altri cuccioli che si dimenavano vicino a me. Familiare era il bisogno di farsi largo per raggiungere una tetta, e poi il latte gustoso e nutriente, la ricompensa di tutta quella fatica.

Osservando mia madre per la prima volta, però, vidi che aveva il pelo chiaro ed era più grossa di... sì, della mamma. I miei fratelli – sette in tutto! – erano chiari come lei. Guardandomi le zampe, vidi che s'intonavano perfettamente col resto della cucciolata.

Da qualche parte nelle vicinanze c'erano un sacco di cani che abbaiavano, sentivo il loro odore, ma non ero più nel Cortile. Quando mi avventurai fuori dalla tana la superficie sotto le mie zampe era dura e ruvida e, dopo appena una decina di metri, la mia esplorazione fu interrotta da un recinto metallico. Ero in una gabbia, con il soffitto a grata e il suolo di cemento.

Quando capii cosa significava tutto questo, fui còlto da un'immediata spossatezza. Mi trascinai di nuovo fino alla tana, mi arrampicai in cima ai miei fratelli che dormivano tutti ammucchiati e crollai.

Ero di nuovo un cuccioletto, capace a malapena di muovere i primi passi. Avevo una nuova famiglia, una nuova mamma, una nuova casa. Un uomo veniva a portar da mangiare a mia madre, che ingoiava ogni cosa in tutta fretta per tornare subito nella tana a tenerci caldi.

E il Cortile? E Señora, Svelto, Coco? Ricordavo chiaramente la mia vita, eppure adesso era tutto diverso, come se avessi ricominciato da capo. Era possibile?

Mi tornarono in mente i latrati rabbiosi di Spike e le domande che mi ero fatto addormentandomi nella stanza calda, quando mi ero chiesto che senso avesse avuto quell'esistenza. Non sembrano domande che può farsi un cane, ma mi ritrovai a pensarci spesso, di solito mentre mi addormentavo in uno di quegli irresistibili sonnellini. Perché? Perché ero di nuovo un cucciolo? Perché non riuscivo a liberarmi da quella fastidiosa sensazione di avere, in quanto cane, uno *scopo*, una missione da compiere?

La nostra gabbia non offriva molto alla vista e se è per questo nemmeno ai denti: in mancanza di meglio, noi fratelli ci mordicchiavamo a vicenda. Una volta acquisita maggiore consapevolezza, scoprimmo che nella gabbia alla nostra destra c'erano altri cuccioli, dei tipetti minuscoli e pieni d'energia, col pelo folto e maculato. Dall'altro lato c'era una femmina tutta sola, che si muoveva lentamente, con la pancia che le ciondolava e le mammelle gonfie. Aveva il pelo corto, bianco a macchie nere. Non andava molto in giro, né sembrava interessarsi granché a noi. Tra le gabbie c'erano una trentina di centimetri e così potevamo solo fiutare l'odore degli altri cani, anche se pensavamo che sarebbe stato divertente giocare con loro.

Dritto di fronte a noi, un'aiuola verde ci attirava con dolci profumi di terra umida ed erba fitta, ma la gabbia era chiusa col lucchetto e non c'era verso di uscire. Una palizzata di legno circondava la striscia d'erba e le gabbie dei cani.

L'uomo non assomigliava per niente a Bobby e a Carlos. Quando si avvicinava per darci da mangiare non rivolgeva la parola a nessuno di noi. Trasmetteva una sensazione di mite indifferenza, così diversa dalla gentilezza degli uomini che badavano a noi nel Cortile. Quando i cuccioli nella gabbia accanto alla nostra gli balzarono incontro, lui li spinse via dalla ciotola bofonchiando e lasciò avvicinare al cibo solo la madre. Noi eravamo meno coordinati nei nostri assalti e di solito non riuscivamo nemmeno a ruzzolare fino all'apertura della gabbia prima che se ne andasse. Nostra madre ci fece capire senza mezzi termini che quel cibo non era per noi.

A volte, è vero, l'uomo parlava muovendosi da una gabbia all'altra, ma non a noi. Si rivolgeva a un sottile oggetto metallico che teneva infilato tra la spalla e l'orecchio. «Yorkshire terrier, all'incirca una settimana» disse una volta, guardando i cani nella gabbia accanto alla nostra. «Golden Retriever, avranno già tre settimane, e poi c'è un dalmata femmina che sta per sfornarli da un momento all'altro.»

Decisi che, dopo il periodo trascorso nel Cortile, ero pronto a dominare gli altri cuccioli della famiglia e m'innervosì parecchio scoprire che loro non la pensavano allo stesso modo. Appena riuscivo ad afferrarne uno come faceva il Capo con Rottie, altri due o tre dei miei fratelli montavano addosso a me, senza capire minimamente il senso di quello che stavamo facendo. Poi, mentre me li scrollavo di dosso, il mio bersaglio iniziale si era già messo a fare la lotta con qualcun altro, come se fosse stato tutto un gioco. Quando provai a esibirmi in un ringhio minaccioso ne venne fuori un suono ridicolo e innocuo, e i miei fratelli risposero ringhiando a loro volta, tutti contenti.

Un giorno la femmina maculata accanto a noi attirò la nostra attenzione: ansimava camminando in su e in giù con passo nervoso. D'istinto ci rannicchiammo tutti vicino a nostra madre, che intanto osservava intensamente la vicina. La femmina strappò una coperta lacerando il tessuto coi denti, poi fece più volte il giro della gabbia prima di buttarsi giù con un sussulto.

Pochi istanti dopo restai di stucco vedendo un nuovo cucciolo sdraiato accanto a lei, tutto bianco e avvolto da una pellicola dall'aspetto viscido, una specie di sacco che la madre leccò subito via. Con un colpo di lingua fece girare il piccolo a pancia in giù e dopo un minuto quello avanzò barcollando fino alle mammelle della madre, il che mi ricordò che avevo fame.

Nostra madre, sospirando, ci lasciò poppare per un po', poi si alzò di scatto e se ne andò: uno dei miei fratelli rimase appeso a una tetta per un secondo prima di cadere. Gli saltai addosso per dargli una lezione, cosa che mi prese un sacco di tempo.

Quando guardai di nuovo in direzione della cagna maculata, vidi altri sei cuccioli! Sembravano magri e deboli, ma alla madre non importava. Li leccò, spingendoli verso il proprio fianco e poi rimase tranquillamente sdraiata mentre poppavano.

Arrivò l'uomo ed entrò nella gabbia dove i piccoli stavano dormendo, li osservò attentamente, poi si girò e andò via. Dopodiché aprì la gabbia alla nostra destra, quella con i cuccioli tutti pelosi, e li lasciò andare liberi sull'erba!

«No, tu no» disse alla madre, sbarrandole il passo quando cercò di seguirli. La richiuse dentro e mise per terra delle ciotole di cibo per i cuccioli, i quali ci si tuffarono e cominciarono a leccarsi a vicenda: erano così scemi che nel Cortile non sarebbero sopravvissuti neppure un giorno. La madre si sedette dietro la porta della gabbia e restò lì a guaire finché i piccoli non ebbero finito di mangiare, poi l'uomo la fece uscire per raggiungere la prole.

I cagnetti pelosi si avvicinarono alla nostra gabbia per darci un'annusatina: finalmente, dopo le ultime settimane passate gli uni accanto agli altri senza nemmeno toccarci, potevamo almeno fare naso-naso. Leccai via quella pappa appiccicosa dai loro musi, mentre uno dei miei fratelli mi stava appollaiato sulla testa.

L'uomo lasciò che i cuccioli scorrazzassero liberi e uscì da un cancello nella palizzata di legno, uguale a quello che usavano Carlos e Bobby per entrare nel Cortile. Guardai pieno d'invidia i piccoli mentre si avventuravano su quel minuscolo pezzo di terra verde, andavano a salutare gli altri cani ancora in gabbia e giocavano tra loro. Ero stanco di vivere rinchiuso, volevo uscire, esplorare il mondo. Qualunque fosse il mio scopo nella vita, non mi pareva proprio che potesse essere questo.

Dopo qualche ora l'uomo tornò, portandosi dietro un altro cane, identico in tutto e per tutto alla mamma dei cuccioli pelosi che scorrazzavano davanti a me, solo che si trattava di un maschio. Infilò la madre dentro la gabbia e ci spinse anche il maschio, poi li chiuse dentro insieme. Il maschio sembrava molto felice di vedere la femmina, ma quando provò a montarle addosso da dietro lei rispose con un ringhio.

L'uomo lasciò aperto il cancello alle sue spalle: scrutando quel pezzetto di mondo esterno che s'intravedeva dall'altra parte della palizzata, fui sorpreso da un senso di nostalgia. Se ci fossi stato io, lì fuori, a correre libero sull'erba, sapevo che sarei uscito subito dal cancello aperto, ma ovviamente i cuccioli, che in quel momento godevano di una simile opportunità, non fecero nulla del genere: erano troppo presi a fare la lotta.

La madre appoggiò le zampe anteriori sulla porta della gabbia e guaì piano mentre l'uomo spingeva uno per uno tutti i suoi cuccioli fuori dal cancello. Poco dopo se n'erano andati. La cagna percorreva la gabbia in su e in giù, ansando, mentre il maschio stava disteso a osservarla. Ero turbato, sentendo la sua pena. Venne la notte e la femmina permise al maschio di stendersi accanto a lei: in qualche modo sembravano conoscersi già.

Il maschio era lì dentro solo da pochi giorni, quando portarono via anche lui.

E poi venne il nostro turno di uscire! Ruzzolammo fuori tutti contenti, leccando il cibo che l'uomo aveva preparato per noi. Mentre mi riempivo la pancia, guardavo i miei fratelli che facevano i matti, come se non avessero mai visto niente di più emozionante di una fila di ciotole per cani.

Stavo annusando quell'erba profumata, quando l'uomo tornò per liberare nostra madre. I miei fratelli le saltarono subito addosso; io no, perché avevo trovato un verme morto. Poi l'uomo se ne andò e fu allora che cominciai a pensare al cancello.

Quell'uomo si comportava in modo strano. Non mi chiamava Toby. Non ci parlava nemmeno. Pensai alla mia prima mamma, a quando l'avevo vista per l'ultima volta, mentre fuggiva dal Cortile perché non poteva vivere con gli umani, nemmeno con una persona piena d'amore come Señora. Ma l'uomo, lui no, non ci amava per niente.

Il mio sguardo si fissò sul cancello.

Proprio lì accanto c'era un tavolo di legno. Arrampicandomi su uno sgabello, sarei riuscito a raggiungere il tavolo e da lì, allungandomi, avrei potuto prendere in bocca la manopola metallica, che non era rotonda come quella nel Cortile, ma era una barra di metallo, una maniglia.

Avevo dentini minuscoli, non molto utili per stringere quell'affare, ma feci del mio meglio per muoverlo come avevo visto fare alla mamma la notte in cui era fuggita dal Cortile. Persi l'equilibrio e ruzzolai a terra. Il cancello era ancora chiuso. Mi sedetti e abbaiai per la frustrazione, con una vocetta che era poco più di un lieve guaito. I miei fratelli corsero a saltarmi addosso come facevano sempre, ma io mi allontanai, irritato. Non ero certo dell'umore giusto per giocare!

Ci riprovai. Stavolta appoggiai le zampe sulla maniglia per non cadere, ma così facendo persi l'equilibrio e diedi una musata contro il cancello. Atterrai con un grugnito.

Rimasi a bocca aperta vedendo che il cancello si era aperto. Infilai il naso nello spiraglio e spinsi in avanti per aprirlo meglio. Ero libero!

Impaziente, scorrazzai per gli spazi aperti, inciampando sulle mie minuscole zampette. Una strada sterrata correva dritta davanti a me, con due solchi scavati nel terreno sabbioso. L'istinto mi disse che quella era la via da seguire.

Corsi solo per pochi metri e mi fermai, avvertendo qualcosa. Mi girai per lanciare un'occhiata a mia madre, seduta dietro al cancello aperto, che mi guardava. Ripensai alla mamma, laggiù nel Cortile, alla sua ultima occhiata prima di fuggire per il mondo. Capii che la mia nuova madre non sarebbe venuta con me. Sarebbe rimasta lì, con la famiglia. Da quel momento in poi sarei stato solo.

In fondo al sentiero sterrato trovai una strada e decisi di seguirla, se non altro perché era battuta dal vento che portava al mio naso nuovi e meravigliosi odori. Non era come il Cortile, sempre secco e polveroso: qui tutto profumava di foglie umide e mezze marce, di alberi, di pozze d'acqua. Mi lanciai in avanti, col sole in faccia, felice di essere libero e in cerca di avventure.

Molto prima di vederlo, udii arrivare un furgone, ma ero così occupato nel dare la caccia a uno stupefacente insetto alato che non alzai la testa finché non sentii sbattere la portiera. Un uomo dalla pelle abbronzata e piena di rughe e gli abiti sporchi si mise in ginocchio, tendendo le mani verso di me.

«Ehi! Vieni qui, piccolo!» mi chiamò.

Lo osservai, incerto.

«Ti sei perso, bello? Eh, ti sei perso?»

Scodinzolando, decisi che era un tipo a posto. Trotterellai da lui e mi prese tra le braccia, tenendomi alto sopra la testa, una mossa che non gradii troppo.

«Sei proprio carino. Sembri un Retriever di razza. Da dove vieni, bello?»

"Sì," decisi "mi chiamerò Bello." Ero tutto emozionato quando mi mise accanto a sé, sul sedile davanti!

L'uomo odorava di fumo e di qualcos'altro che mi faceva lacrimare gli occhi, e ripensai a quando Carlos e Bobby stavano seduti nel Cortile davanti a un tavolino e chiacchieravano passandosi una bottiglia. Rise quando provai ad arrampicarmi su di lui per leccargli la faccia e continuò a ridacchiare mentre m'infilavo in tutti gli angoli del furgone, godendomi quegli odori forti e insoliti.

Procedemmo per un po' sobbalzando, poi l'uomo fermò il furgone. «Ecco, qui staremo freschi» mi disse.

Si guardò intorno, privo d'espressione. Proprio davanti a noi c'era un edificio con tante porte, da una delle quali proveniva un forte odore chimico identico a quello che avvolgeva l'uomo.

«Mi fermo a bere un goccio» mi assicurò, tirando su i finestrini. Non mi resi conto che se ne stava andando finché non scese chiudendosi la portiera alle spalle, e restai a guardarlo, deluso, mentre entrava nell'edificio. E io?

Trovai una striscia di tessuto e mi sdraiai lì per un po' a masticarla, finché, preso dalla noia, non appoggiai la testa per dormire.

Quando mi svegliai faceva un caldo insopportabile. I raggi del sole entravano dritti, l'abitacolo era umido e non passava un filo d'aria. Con la lingua penzoloni cominciai a guaire, alzandomi sulle zampe di dietro per vedere dov'era andato l'uomo. Non se ne vedeva neanche l'ombra! Buttai giù le zampe, ustionate dalla portiera arroventata.

Non avevo mai sentito un caldo simile. Passò più o meno un'ora, mentre io camminavo avanti e indietro sul sedile rovente, ansimando come mai nella mia vita. Non mi reggevo più in piedi, gli occhi mi pulsavano. Ripensai alla fontanella nel Cortile, al latte di mia madre, allo spruzzo d'acqua della canna con cui Bobby interrompeva le risse tra cani.

Con lo sguardo annebbiato, mi accorsi che c'era qualcuno dall'altra parte del finestrino che mi guardava. Non era l'uomo, ma una donna dai lunghi capelli neri. Sembrava arrabbiata e indietreggiai.

Quando il suo volto scomparve, mi rimisi giù: stavo per svenire. Non avevo più le forze per muovermi. Sentivo una strana pesantezza agli arti, le zampe scosse da spasmi involontari.

E poi ci fu uno schianto e il furgone ondeggiò! Un sasso volò sopra la mia testa e cadde lì accanto, rimbalzando sul sedile e poi sul tappetino. Mi piombò addosso una doccia di vetri chiari e una ventata d'aria fresca mi baciò il muso. Alzai il naso per respirare.

Debole e indifeso, sentii delle mani che mi avvolgevano, sollevandomi in aria. Ero troppo esausto per oppormi e mi abbandonai col corpo molle.

«Povero cucciolino. Povero, povero cucciolo» mormorò la donna.

"Mi chiamo Bello" pensai.

6

In tutta la mia vita non avevo mai sentito niente di più buono del getto di liquido fresco e chiaro che mi strappò dal mio sonno senza sogni. La donna, in piedi sopra di me, teneva in mano una bottiglia d'acqua e mi stava delicatamente innaffiando con un dolce spruzzo. Rabbrividii di piacere mentre un rivolo d'acqua mi scendeva giù per il dorso e alzai la bocca per bere e morderlo, come quando cercavo di addentare la pioggerella che cadeva dal rubinetto sopra la ciotola, nel Cortile.

Lì accanto a lei c'era un uomo ed entrambi mi guardavano con espressione preoccupata.

«Pensi che si rimetterà?» chiese la donna.

«L'acqua sembra fare il suo dovere» rispose lui.

Entrambi mi osservavano con aria di sincera adorazione, la stessa che trasmetteva Señora quando stava appoggiata al cancello a guardarci giocare. Rotolai sul dorso per farmi scorrere l'acqua sulla pancia accaldata e la donna rise.

«Ma com'è carino questo cucciolo!» esclamò. «Sai di che razza è?»

«Sembrerebbe un Golden Retriever» osservò l'uomo.

«Oh, cucciolo» sussurrò la donna.

Sì, potevo essere Cucciolo, potevo essere Bello, potevo essere tutto quello che volevano. Quando la donna mi prese tra le braccia senza curarsi dell'alone umido che le stampavo sulla camicetta, la leccai finché non chiuse gli occhi ridendo.

«Adesso vieni a casa con me, piccolino. Voglio farti conoscere qualcuno.»

A quanto pareva, ormai ero diventato un cane da sedile davanti. Mentre guidava mi teneva in grembo e io alzai lo sguardo su di lei, pieno di gratitudine. Incuriosito dal nuovo ambiente, scesi dalle sue gambe ed esplorai l'interno dell'auto, sbalordito da quella ventata d'aria fresca e profumata che usciva da due aperture proprio davanti a me. Avevo ancora il pelo bagnato e l'aria era così fredda che cominciai a tremare. Alla fine mi arrampicai su un ripiano, dove un calore avvolgente come quello della mamma mi cullò finché non mi addormentai di nuovo.

Mi risvegliai quando l'auto si fermò e guardai con occhi assonnati la donna che si allungava per prendermi in braccio.

«Ma come sei carino» mormorò. Scendendo dalla macchina, mentre mi teneva stretto al petto, potevo sentire il suo cuore che batteva forte e avvertii in lei una sensazione di ansia. Con uno sbadiglio scacciai gli ultimi rimasugli del mio sonnellino. Dopo una breve sosta in mezzo all'erba per fare i miei bisogni, ero pronto ad affrontare qualunque sfida.

«Ethan!» chiamò. «Vieni, voglio presentarti qualcuno.»

Alzai gli occhi su di lei, incuriosito. Eravamo davanti a una grande casa bianca e mi chiedevo se ci fosse un canile sul retro o perlomeno un cortile. Non sentivo cani abbaiare, quindi forse ero io il primo.

Poi la porta di ingresso si spalancò e un essere umano mai visto prima corse fuori sul portico, saltellò giù per i gradini e si piantò nel prato.

Ci guardammo. Mi resi conto che era un piccolo di razza

umana, un maschio. Aprì la bocca in un enorme sorriso e spalancò le braccia: «Un cucciolo!» urlò e ci corremmo incontro, un vero colpo di fulmine. Io non riuscivo a smettere di leccarlo e lui non riusciva a smettere di ridere e insieme iniziammo a rotolarci nell'erba.

Non mi era mai venuto in mente prima, credo, che potesse esistere una cosa del genere, un bambino, ma adesso che ne avevo trovato uno mi sembrava l'invenzione più straordinaria del mondo. Odorava di fango e zucchero e di qualche animale di cui non avevo mai sentito il profumo, mentre sulle dita aveva un vago sentore di carne e gliele leccai avidamente.

«Possiamo tenerlo, mamma? Eh, possiamo tenerlo?» chiese il bambino, senza fiato dal troppo ridere.

La donna si accovacciò per accarezzarmi la testa. «Be', sai com'è tuo padre, Ethan. Vorrà essere sicuro che ti occuperai di lui.»

«Lo farò, lo giuro!»

«Che lo porterai fuori, gli darai da mangiare...»

«Tutti i giorni! Lo porterò fuori e gli darò da mangiare e lo spazzolerò e gli darò l'acqua...»

«E dovrai pulire quando fa la cacca in giardino.»

Stavolta il bambino non rispose.

«Ho comprato del cibo per cuccioli al negozio, diamogli da mangiare. Non crederai a quello che è successo, sono dovuta correre dal benzinaio a prendere dell'acqua. Poverino, era quasi morto dal caldo» raccontò la donna.

«Ti va di mangiare qualcosa? Eh? Vuoi la cena?» chiese il ragazzino.

Quelle parole non suonavano male.

Restai letteralmente sbalordito quando il bambino mi prese in braccio e mi portò dentro la casa!

All'interno, alcuni pavimenti erano morbidi e cosparsi dello stesso odore di animale che avevo sentito sul bambino, mentre altri erano lisci e duri, e scivolai sulle zampe mentre inseguivo il piccolo per la casa. Quando mi tirò su, la corrente d'amore tra di noi era così forte che sentii un vuoto in pancia, come quando avevo fame.

Ero sdraiato sul pavimento insieme al bambino, a fare la lotta per un pezzo di stoffa, quando percepii una vibrazione per tutta la casa e udii un rumore che ormai avevo imparato a riconoscere: lo sportello di un'auto che si chiudeva.

«È tornato papà» disse la donna di nome Mamma al ragazzino, che si chiamava Ethan.

Ethan si alzò in piedi mettendosi davanti alla porta, con Mamma accanto. Addentai il pezzo di tessuto e lo agitai in segno di vittoria, ma adesso, senza il bambino che lo tirava dall'altra parte, il gioco mi pareva molto meno interessante.

Si aprì una porta. «Ciao, papà!» esclamò il bambino.

Un uomo entrò nella stanza e diresse lo sguardo dall'uno all'altra. «Va bene, cosa succede?» chiese.

«Papà, mamma ha trovato un cucciolo...» disse il bambino.

«Era chiuso dentro una macchina, quasi morto dal caldo» aggiunse Mamma.

«Possiamo tenerlo, papà? È davvero il cucciolo più buono del mondo!»

Decisi di approfittare di quella momentanea assenza di controllo per avventarmi sulle scarpe del bambino e mordergli i lacci.

«Non so, non è un buon momento» disse il padre. «Lo sai quant'è impegnativo avere un cane?»

Diedi uno strattone a uno dei lacci e quello cedette, scivolando via dalla scarpa.

Cercai di scappare, ma il laccio rimase impigliato ai suoi piedi e mi tirò indietro, facendomi finire zampe all'aria.

Ringhiando, mi tuffai di nuovo sui lacci e li addentai scuotendoli con furia.

«Me ne occuperò io, lo porterò fuori, gli darò da mangiare e lo laverò» stava dicendo il bambino. «Papà, è il miglior cucciolo del mondo!»

Dopo essere uscito vittorioso dalla battaglia contro i lacci, pensai fosse un buon momento per fare una pausa e così mi accovacciai a terra, depositai una cacchetta e già che c'ero feci anche una pisciatina.

Accidenti, come si agitarono tutti quanti!

Più tardi, mentre giocavamo fuori, il bambino mi disse che mi chiamavo Bailey. «Qui, Bailey! Bailey!» mi chiamava, dandosi pacche sulle ginocchia. Appena trotterellavo verso di lui, scappava via e iniziavamo a rincorrerci per tutto il giardino.

Non c'erano altri cani, quel posto era tutto per me!

Dopo un altro pasto, il bambino mi portò dentro casa. «Bailey, voglio presentarti la nostra gatta, Smokey.»

Stringendomi forte al petto, Ethan si girò per farmi vedere, accovacciato proprio al centro della stanza, un animale marrone e grigio, che spalancò gli occhi appena mi vide. Ecco l'odore che stavo cercando di individuare! Era più grosso di me, con orecchie minuscole che sembravano divertenti da mordicchiare. Tentai di divincolarmi per andare a conoscere il mio nuovo compagno di giochi, ma Ethan mi stringeva forte.

«Smokey, questo è Bailey» disse il bambino.

Alla fine mi mise per terra e io corsi a dare una leccatina alla gatta, ma quella mi mostrò una fila di denti aguzzi e minacciosi e mi soffiò addosso, inarcando la schiena e gonfiando la coda che teneva dritta per aria. Mi fermai, perplesso. Non aveva voglia di giocare? L'odore acre che si alzava da sotto la sua coda era delizioso. Provai ad avvicinarmi piano per darle un'annusata amichevole al didietro, ma lei mandò un sibilo e alzò una zampa, tirando fuori le unghie.

«No, Smokey, fa' la brava. Buona, Smokey.»

Smokey lanciò a Ethan uno sguardo minaccioso. Io, spinto dal tono incoraggiante del bambino, uggiolai con fare amichevole, ma lei non si lasciava avvicinare e mi tirò pure una zampata sul naso quando cercai di leccarle il muso.

Va bene, ero disposto a giocare con lei quando voleva, ma ora avevo cose più importanti di cui occuparmi che una gatta con la puzza sotto il naso. Nei giorni seguenti imparai qual era il mio posto in famiglia.

Per qualche motivo, ogni volta che mi accovacciavo per alleggerirmi un po', tutti in quella casa diventavano pazzi, mi prendevano e correvano fuori dalla porta, mi mettevano sull'erba e restavano a guardarmi finché non mi riprendevo dallo shock e riuscivo a finire i miei bisogni, al che mi facevano così tanti complimenti che mi chiesi se non fosse quello il mio ruolo. Le loro lodi, però, erano del tutto incoerenti. Avevano sistemato dei fogli di carta per farmeli strappare a morsi: se facevo le mie cose lì sopra, mi dicevano «bravo cane», ma lo dicevano con sollievo, non con vero piacere. E poi, a volte, quando eravamo in casa tutti insieme, appena accennavo a fare *esattamente la stessa cosa*, loro si arrabbiavano di nuovo!

«No!» urlavano Mamma o il bambino se bagnavo per terra. «Bravo!» esultavano quando facevo pipì sull'erba. «Ok, va bene» dicevano se urinavo sui fogli di carta. Non riuscivo proprio a capire cosa diavolo avessero in testa.

Papà il più delle volte mi ignorava, anche se sentivo che gli faceva piacere quando gli montavo sulle ginocchia la mattina, per fargli compagnia mentre mangiava. Mi guardava con mite affetto, niente a che vedere con la venerazione incondizionata di Ethan, la stessa che Mamma e Papà nutrivano per il loro piccolo. Ogni tanto, la sera, Papà sedeva a tavola col bambino e parlavano piano, concentrati, mentre fumi dall'odore pungente riempivano l'aria. Papà lasciava che mi accoccolassi ai suoi piedi, dal momento che i piedi del bambino erano troppo alti rispetto a terra perché potessi raggiungerli.

«Guarda, Bailey, abbiamo costruito un aeroplano» disse Ethan dopo una di quelle riunioni, porgendomi un giocattolo. Gli odori chimici mi facevano lacrimare gli occhi e non provai nemmeno a morderlo. Facendo strani versi con la bocca, il ragazzo corse per tutta la casa sollevando il giocattolo, mentre io lo inseguivo cercando di addentargli le caviglie. Poi mise quella cosa su uno scaffale insieme ad altri giocattoli che avevano lo stesso vago odore chimico, e a quel punto lui e Papà decidevano sempre di costruirne un altro.

Per la maggior parte del tempo, tuttavia, il mio lavoro consisteva nel giocare col bambino. Avevo una scatola con dentro un morbido cuscino, dove il bambino mi metteva a dormire la sera. Avevo capito che dovevo restare lì finché Mamma e Papà non venivano a dargli la buonanotte, poi il bambino mi lasciava salire sul suo letto a dormire. Di notte, se mi annoiavo, potevo sempre mordicchiarlo un po'. Di giorno correvamo in su e in giù per la strada e giocavamo con gli altri bambini, maschi e femmine, che abitavano nel vicinato.

Feci amicizia con un'altra giovane femmina di cane con cui fare la lotta: si chiamava Marshmallow, aveva il pelo lungo, bianco e marrone, e viveva con una bambina di nome Chelsea. Chelsea mi piaceva: si metteva sempre in ginocchio e mi lasciava tirare i suoi lunghi capelli castani.

Quando vivevo nel Cortile, Señora mi voleva bene, ma adesso mi rendevo conto che si trattava di un amore generico, rivolto a tutti i cani del branco. Señora mi chiamava Toby, ma non pronunciava il mio nome come faceva il bambino quando, di notte, mi sussurrava nell'orecchio: «Bailey, Bailey, Bailey». Il bambino amava me, eravamo il centro del mondo l'uno per l'altro.

Vivendo nel Cortile, avevo imparato come aprire un cancello. Ora tutto questo mi aveva portato dritto al bambino, e amare il bambino, vivere insieme a lui davano un senso a tutta la mia vita. Stavamo sempre insieme, dal mattino quando ci svegliavamo fino all'ora di andare a letto.

Ma poi, inevitabilmente, tutto cambiò.

7

Una delle mie attività preferite era imparare nuovi «trucchi», come li chiamava Ethan: lui mi parlava con tono incoraggiante e poi mi dava delle cose buone da mangiare. «Seduto», per esempio, era uno di questi. Lui mi diceva «Seduto, Bailey», mi premeva sul sedere per abbassarlo a terra e poi mi dava un biscotto per cani.

Altre volte giocavamo a «gattaiola»: andavamo fuori nel «garage», il posto dove Papà teneva la macchina, e il bambino mi faceva uscire in cortile passando per uno sportello di plastica ricavato nella porta laterale. Dopodiché mi chiamava, io infilavo il muso nello sportello e lui mi dava un altro biscotto per cani!

Un mattino, il gioco della gattaiola prese un significato del tutto diverso. Il bambino si era alzato presto, poco dopo l'alba, e Mamma correva su e giù per tutte le stanze della casa.

«Occupati tu di Bailey!» gridò Mamma a un certo punto. Io, che stavo dando una bella ripassata a uno dei miei giocattoli da masticare, alzai gli occhi e vidi la gatta Smokey, seduta sul bancone, che mi guardava con la sua solita, insopportabile aria di sufficienza. Raccolsi il giocattolo e lo agitai ben bene, per mostrare a Smokey cosa si perdeva a fare tanto la spocchiosa.

«Bailey!» mi chiamò Ethan. Teneva il mio letto tra le braccia e io lo seguii incuriosito fino al garage. Che gioco era mai questo?

«Gattaiola» mi disse. Gli annusai le tasche, ma non sentivo odore di biscotti per cani. Dato che il gioco della gattaiola, dal mio punto di vista, era tutto basato sui biscotti, decisi di tornare indietro e alzai la zampa su una bicicletta.

«Bailey!» C'era un tono d'impazienza nella sua voce e lo guardai perplesso. «Dormirai qui, va bene, Bailey? Fa' il bravo. Se devi fare un bisogno, esci dalla gattaiola, capito? Gattaiola, Bailey. Io adesso devo andare a scuola. D'accordo? Ti voglio bene, Bailey.»

Mi abbracciò e io gli mollai una leccata nell'orecchio. Quando si voltò, io ovviamente feci per seguirlo, ma una volta arrivato sulla porta di casa mi impedì di entrare. «No, Bailey. Resta in garage finché non torno. Hai capito, Bailey? Fai il bravo.»

E detto questo mi chiuse la porta in faccia.

Resta? Gattaiola? Bravo? Avevo sentito spesso quelle parole, ma cosa c'entravano l'una con l'altra? E poi, che diavolo di gioco era «resta»?

Non aveva il minimo senso. Annusai un po' in giro per il garage, pieno di odori meravigliosi, ma non ero dell'umore giusto per andare in esplorazione: volevo il mio bambino. Abbaiai, ma la porta di casa restò chiusa, così mi misi a raspare. Niente.

Sentii dei bambini che urlavano sul davanti della casa, perciò corsi subito alla grande porta del garage, sperando che si sollevasse come faceva a volte quando il bambino si piazzava lì davanti, ma non successe un bel niente. Arrivò una specie di camion facendo un gran fracasso e raccolse le voci dei bambini portandole via con sé. Pochi minuti dopo sentii la macchina di Mamma che se ne andava. A quel punto il mondo, di solito così pieno di vita, di divertimento, di confusione, divenne insopportabilmente silenzioso.

Restai lì per un po' ad abbaiare, ma senza risultati, anche se proprio dietro la porta sentivo l'odore di Smokey che gongolava per la mia tragica situazione. Grattai alla porta. Masticai un po' di scarpe. Sbranai il mio letto. Trovai un sacco dell'immondizia pieno di vestiti e lo strappai come faceva la mia prima mamma quando cercavamo cibo tra i rifiuti, poi sparsi i vestiti per tutto il garage. Feci pipì in un angolo e la cacca in un altro angolo. Ribaltai un bidone di plastica e mangiai dei pezzi di pollo, un po' di spaghetti e una focaccina, poi leccai un barattolo di pesce che aveva lo stesso odore dell'alito di Smokey. Mangiai della carta. Rovesciai la mia ciotola dell'acqua e la mordicchiai.

Non c'era niente da fare.

Dopo quello che mi era sembrato il giorno più lungo della mia vita, sentii la macchina di Mamma entrare nel vialetto. La portiera si chiuse e udii dei piedi che correvano per tutta la casa.

«Bailey!» gridò il bambino, aprendo la porta.

Mi avventai su Ethan, immensamente felice che quella follia fosse finita per sempre. Ma lui restò fermo a fissare il garage.

«Oh, Bailey» disse. Sembrava triste.

Elettrizzato, gli passai accanto di corsa e schizzai su e giù per la casa, sfrecciando da un mobile all'altro. Vedendo Smokey mi lanciai all'inseguimento, la rincorsi su per le scale e mi misi ad abbaiare quando s'infilò sotto il letto di Mamma e Papà.

«Bailey!» mi chiamò Mamma con voce severa.

«Cattivo, Bailey» disse il bambino, brusco.

Ero sconvolto da quelle accuse assurde. Cattivo? Mi avevano rinchiuso per sbaglio in garage, eppure ero pronto a perdonarli. Allora perché adesso mi rimbrottavano agitando il dito?

Pochi minuti dopo ero di nuovo in garage, a dare una mano

al bambino mentre raccoglieva tutte le cose con cui avevo giocato e ne infilava la maggior parte nel bidone della spazzatura che avevo rovesciato per terra. Poi venne Mamma a smistare i vestiti e ne portò alcuni in casa, ma nessuno mi elogiò per aver scoperto dov'erano nascosti.

«Gattaiola» disse il bambino con tono duro, ma non mi diede nemmeno un biscotto. Iniziavo a pensare che «gattaiola» equivalesse a «cattivo», il che era molto seccante, per non dire di peggio.

Doveva essere stata una pessima giornata per tutti ed ero più che disposto a lasciarmi alle spalle quegli incidenti di percorso, ma quando Papà tornò a casa, Ethan e Mamma andarono subito a parlargli e lui attaccò a urlare: capii che doveva avercela con me. Me la svignai in soggiorno, ignorando l'espressione maligna di Smokey.

Papà e il bambino uscirono subito dopo cena. La madre restò seduta al tavolo fissando i giornali e non si mosse nemmeno quando andai da lei per metterle in grembo una meravigliosa palla tutta bagnata di saliva. «Bailey, che schifo!» si limitò a dire.

Una volta tornato a casa con Papà, Ethan mi chiamò in garage e mi mostrò una grande scatola di legno. Si infilò dentro e io lo seguii, anche se faceva un gran caldo e ci stavamo stretti stretti. «Cuccia, Bailey. Questa è la tua cuccia.»

Non capivo cosa c'entrasse quella scatola con me, ma quando spuntarono i biscotti per cani fui ben felice di giocare a «cuccia». «Cuccia» voleva dire: «entra nella scatola e mangia i biscotti». Facemmo il trucco della cuccia e poi anche quello della gattaiola, mentre Papà si aggirava per il garage riponendo le cose in alto sugli scaffali e legando il bidone di plastica con una corda. Ero così felice che i biscotti fossero tornati a far parte del gioco della gattaiola!

Quando il bambino fu stanco di insegnarmi nuovi trucchi, entrammo in casa e facemmo la lotta sul pavimento. «È ora di andare a nanna» disse Mamma.

«Mamma, ti prego, posso restare alzato ancora un po'?»

«Domattina abbiamo scuola tutti e due, Ethan. Dài la buonanotte a Bailey.»

Di solito quando parlavano in quel modo non ci facevo caso, ma quella volta alzai la testa sentendo pronunciare il mio nome e percepii un cambiamento d'umore nel bambino. Trasmetteva tristezza e rammarico mentre si alzava, con le spalle curve.

«Va bene. Bailey, è ora di andare a letto.»

Sapevo cos'era il letto, ma a quanto pareva dovevamo fare prima una deviazione, perché il bambino mi portò in garage per provare ancora il trucco della «cuccia». Per me non era un problema, ma restai di sasso quando, pochi minuti dopo, Ethan mi chiuse in garage tutto solo.

Abbaiai cercando di raccapezzarmi. Era perché avevo sbranato il mio letto? Ma tanto non ci dormivo mai, era solo per figura. Davvero si aspettavano che passassi tutta la notte in garage? No, non era possibile.

O sì?

Ero così angosciato che non potevo fare a meno di guaire. Il pensiero del bambino tutto solo a letto senza di me mi metteva così tanta tristezza che avevo voglia di masticare delle scarpe. Uggiolavo sempre più forte, dando libero sfogo alla mia frustrazione.

Dopo dieci, quindici minuti di strazio ininterrotto, la porta del garage si aprì di uno spiraglio. «Bailey» sussurrò il bambino.

Corsi da lui, rincuorato. Entrò piano, senza far rumore, aveva con sé una coperta e un cuscino. «Buono. Cuccia, cuccia» mi disse. Scivolò nella cuccia e sistemò la coperta sulla sottile imbottitura all'interno. Mi infilai accanto a lui: avevamo tutti e due le zampe di fuori. Appoggiai la testa sul suo petto con un sospiro mentre mi accarezzava le orecchie.

«Bravo, Bailey» sussurrò.

Poco dopo Mamma e Papà aprirono la porta e restarono lì a guardarci. Agitai la coda ma non mi alzai, per non svegliare il bambino. Alla fine Papà venne da noi e prese in braccio Ethan, mentre Mamma mi chiamò con la mano, e ci misero a letto dentro casa.

Il giorno dopo, come se non avessimo imparato niente dai nostri errori, ero di nuovo in garage! Questa volta c'erano molte meno cose da fare, anche se riuscii, con qualche sforzo, a strappare l'imbottitura della cuccia e a farla a pezzi come si deve. Buttai a terra il bidone dell'immondizia, ma non fui in grado di togliere il coperchio. Sugli scaffali non c'era niente di masticabile, o meglio, niente alla mia portata.

A un certo punto mi avventai contro lo sportello della gattaiola e infilando il naso nell'apertura sentii l'aroma gustoso di un temporale in arrivo. Qui non era come il Cortile, dove ogni giorno la polvere secca e sabbiosa ci allappava la lingua: il bambino viveva in un posto più fresco e umido, e adoravo il modo in cui, quando pioveva, gli odori si mescolavano tutti per poi diventare più forti. Cullata da quei profumi stuzzicanti, la mia mente iniziò a viaggiare lontano, finché all'improvviso, quasi per caso, mi ritrovai in giardino: non c'era stato nemmeno bisogno che Ethan mi spingesse!

Estasiato, mi misi a scorrazzare nell'erba abbaiando. Era come se la gattaiola fosse stata messa lì apposta per farmi uscire in giardino! Mi accovacciai e feci i miei bisogni: stavo iniziando a capire che mi piaceva molto di più farli all'aperto piuttosto che in casa e non solo per la mancanza di sceneggiate. Dopo averla fatta, era una gioia pulirsi le zampe sul prato e poi fiutare l'odore che avevo lasciato sui fili d'erba. Ed era molto più gratificante marcare il territorio su un albero che non – per esempio – su una gamba del divano.

Più tardi, quando la pioggia fredda passò da una lieve spruzzata a grossi goccioloni, scoprii che la gattaiola funzionava in entrambe le direzioni! Avrei voluto che il bambino fosse a casa, per fargli vedere il nuovo trucco che avevo imparato tutto da solo.

Finito il temporale, scavai una buca, morsicai un po' la canna per innaffiare e abbaiai a Smokey che, seduta sul davanzale, fingeva di non sentirmi nemmeno. Quando un grande autobus arancione si fermò davanti a casa e sputò fuori Ethan, Chelsea e un sacco di altri piccoli del vicinato, io ero nel giardino sul retro, con le zampe sulla staccionata, e il bambino corse da me ridendo.

Da allora non andai praticamente più nella cuccia, se non quando sentivo Mamma e Papà che urlavano. Ethan allora veniva in garage, s'infilava nella cuccia insieme a me e mi prendeva tra le braccia, e io restavo fermo fermo per tutto il tempo che voleva. Era quello il senso della mia vita da cane: consolare il bambino ogni volta che aveva bisogno di me.

C'erano famiglie che andavano via dal vicinato e altre che arrivavano. Quando Drake e Todd si trasferirono poche case più in là, per me fu davvero una buona notizia. Drake era più grande e più grosso di Ethan, ma Todd aveva la sua stessa età e divennero subito amici. Avevano una sorella di nome Linda che era ancora più piccola e, quando nessuno guardava, mi dava delle cosette dolci da mangiare.

Todd era diverso da Ethan. Gli piaceva andare al ruscello e giocare con i fiammiferi, dando fuoco a giocattoli di plastica tipo le bambole di Linda. Anche Ethan partecipava ai suoi giochi, ma non rideva tanto quanto Todd e di solito restava a guardare le cose che bruciavano.

Un giorno, quando Todd annunciò che aveva dei petardi, Ethan era tutto emozionato. Non avevo mai visto un petardo e mi spaventai per il lampo di luce, il rumore e quell'improvviso odore di fumo che saliva dalla bambola, o meglio, da quei pochi pezzi che riuscii a trovare dopo lo scoppio. Incalzato da Todd, Ethan andò in casa e tornò con uno dei giocattoli che aveva costruito con suo padre. Ci infilarono dentro un petardo, lo lanciarono per aria e quello esplose.

«Figo!» gridò Todd. Ma Ethan restò zitto zitto, fissando imbronciato i pezzetti di plastica che galleggiavano sul pelo dell'acqua. Sentivo in lui un groviglio confuso di emozioni. Quando Todd lanciò per aria una manciata di petardi, uno mi atterrò accanto ed esplose. Corsi subito dal bambino in cerca di conforto e lui mi abbracciò e mi portò dentro casa.

Avere accesso così facilmente al giardino presentava i suoi vantaggi. Il bambino non sempre si ricordava di chiudere il cancello e quindi a volte ero libero di passeggiare per il vicinato. Trotterellavo fuori e andavo a far visita al cane bianco e marrone di nome Marshmallow che viveva in una grande gabbia metallica proprio accanto a casa di Chelsea. Marcavo per bene tutti i suoi alberi e, di quando in quando, attratto da un odore al tempo stesso sconosciuto e familiare, mi allontanavo col naso per aria e partivo per mille avventure. A volte, nel corso dei miei vagabondaggi, mi dimenticavo completamente del bambino e mi tornava in mente il giorno in cui alcuni di noi erano stati portati via dal Cortile, in quella stanza fresca con la signora gentile: la cagna sul sedile anteriore del furgone aveva un odore stuzzicante, simile a quello che adesso mi attirava lontano.

A un certo punto ne perdevo le tracce e lì, ricordandomi chi ero, mi voltavo e tornavo a casa a passo svelto. La sera, quando il pulmino riportava Ethan a casa, andavamo a trovare Chelsea e Marshmallow, e la madre di Chelsea dava la merenda a Ethan, ma lui la divideva sempre con me. Altre volte, Ethan tornava a casa sulla macchina di Mamma. E altre volte ancora, nessuno in casa si alzava per andare a scuola e dovevo mettermi ad abbaiare per svegliarli tutti!

Un giorno, nel mio vagabondare, mi allontanai più del solito, così quando mi diressi di nuovo verso casa era ormai pomeriggio tardi. Ero in ansia: il mio orologio interno mi diceva che il pulmino di Ethan era già tornato.

Tagliando per il ruscello, arrivai proprio dietro al giardino di Todd. Stava giocando sulle rive fangose e vedendomi mi chiamò.

«Ehi, Bailey! Qui, bello» disse, tendendo le mani.

Lo guardai, sospettoso. C'era qualcosa di diverso in Todd, qualcosa di cui non mi fidavo.

«Su, bello, vieni» disse, battendo la mano sulla gamba. Si girò e andò verso casa.

Cosa potevo fare? Abbassai la testa e lo seguii.

8

Todd mi fece entrare dalla porta sul retro, chiudendosela alle spalle senza far rumore. Alcune finestre erano oscurate e la stanza aveva un che di cupo e inquietante. Todd mi guidò oltre la cucina, dove sua madre era seduta davanti alla luce tremolante della tv. Capii dal comportamento di Todd che dovevo fare piano, e mossi appena la coda quando sentii l'odore di sua madre, un aroma chimico simile a quello dell'uomo che mi aveva raccolto per strada e mi chiamava Bello.

Sua madre non ci vide, ma Linda sì. Si tirò su dritta a sedere quando le passammo davanti in soggiorno. Anche lei stava guardando la tv, ma scivolò giù dal divano e ci invitò a seguirla nel corridoio.

«No» sibilò Todd.

Quella parola sì che la conoscevo. Mi acquattai, sentendo il veleno nella voce di Todd.

Linda alzò la mano per farmela leccare, ma Todd la spinse via. «Lasciami in pace.» Aprì una porta ed entrai, fiutando i vestiti sparsi per terra. Era una stanza piccola con un letto. Chiuse a chiave la porta dietro di noi.

Trovai una crosta di pane e la mangiai in fretta, tanto per fare un po' di pulizia. Todd s'infilò le mani in tasca. «Bene» disse. «Bene, e ora... ora...»

Si sedette alla scrivania e aprì un cassetto. Sentii che dovevano esserci dei petardi, lì dentro: quell'odore pungente era inconfondibile. «Non so dov'è Bailey» stava dicendo a bassa voce. «Non l'ho visto.»

Scodinzolai sentendolo pronunciare il mio nome, poi con uno sbadiglio crollai a terra, esausto per la mia lunga avventura.

Bussarono appena alla porta e Todd saltò in piedi come se gli avessero dato la scossa. Anch'io balzai su e mi misi alle sue spalle mentre con tono arrabbiato sussurrava qualcosa a Linda, dietro la porta: non la vedevo, il corridoio era immerso nell'oscurità, ma potevo sentire il suo odore. Chissà perché, sembrava al tempo stesso spaventata e preoccupata, e la sua ansia mi contagiò. Cominciai ad ansimare appena, sbadigliando nervosamente. Ero troppo agitato per rimettermi giù.

Finirono di parlare, poi Todd sbatté la porta e la richiuse a chiave. Lo guardai andare alla scrivania, rovistare nel cassetto e tirarne fuori un piccolo oggetto a forma di cilindro. Sembrava eccitato e ansioso. Tolse il cappuccio e lo annusò, mentre forti vapori chimici invadevano la stanza. Ricordavo quell'odore, era lo stesso che mi allappava la lingua quando il bambino e Papà si sedevano a tavola a giocare con i loro aeroplani.

Me lo ficcò sotto il naso, ma io sapevo già che non volevo avvicinarmi a quell'affare e così spostai bruscamente il capo. Avvertii in Todd un lampo di rabbia. Iniziavo a spaventarmi. Raccolse un pezzo di stoffa e ci versò sopra il liquido chiaro del tubetto, ripiegando e strizzando il tessuto finché non fu tutto ricoperto da uno strato appiccicaticcio.

Proprio in quel momento sentii il grido lamentoso di Ethan che entrava dalla finestra aperta. «Bayleeeeey!» Mi stava chiamando. Corsi verso la finestra e saltai su, ma era troppo alta per me, così abbaiai, frustrato.

Sentii un dolore acuto al didietro quando Todd lo colpì con la mano aperta. «No! Cattivo! Non si abbaia!»

Di nuovo avvertii l'intensità della sua furia, forte come i vapori che salivano dallo straccio che teneva in mano.

«Todd?» chiamò una donna da dentro casa.

Mi lanciò un'occhiata cattiva. «Sta' qui. Qui» sibilò. Uscì chiudendosi la porta alle spalle.

Con gli occhi lacrimanti per i fumi che appestavano l'aria, camminavo su e giù per la stanza, in apprensione. Il bambino mi stava chiamando e non capivo che diritto avesse Todd di tenermi rinchiuso lì, come se fossi in garage.

Poi un rumore sordo mi fece drizzare le orecchie. Linda stava aprendo la porta, con in mano un biscotto molliccio. «Qui, Bailey» sussurrò. «Da bravo.»

In realtà l'unica cosa che volevo era andarmene da lì, ma non ero mica scemo e così mi mangiai il biscotto. Linda spalancò la porta. «Vieni» disse con tono d'urgenza e tanto mi bastò. La seguii di corsa giù per il corridoio, scesi le scale e trottai fino alla porta. Lei la spinse e una folata d'aria fresca spazzò via quegli orribili vapori dalla mia testa.

La macchina di Mamma si allontanava, in fondo alla strada, col bambino che si spenzolava dal finestrino gridando: «Bailey!». Li inseguii, più veloce che potevo. Le luci posteriori della macchina lampeggiarono, Ethan scese e corse verso di me. «Oh, Bailey, dove sei stato?» disse, affondando il viso nel mio pelo. «Cattivo, cane cattivo!»

Sapevo che essere un cane cattivo era sbagliato, ma l'amore che trasmetteva il bambino era troppo forte e non potei fare a meno di pensare che, almeno in questo caso, essere un cane cattivo era una cosa buona.

Poco tempo dopo la mia avventura a casa di Todd, mi portarono in macchina a trovare un uomo in una stanza pulita e fresca. Mi resi conto di essere già stato in un posto simile. Papà accompagnò me e Ethan, e dal suo atteggiamento ebbi l'impressione che mi stessero in qualche modo punendo, ma non mi sembrava per niente giusto. Se c'era qualcuno che doveva stare in una stanza fresca, secondo me, quello era Todd. Ad ogni modo, scodinzolai e restai giù, fermo fermo, mentre m'infilavano un ago sotto il pelo, dietro la testa.

Quando mi svegliai, ero tutto indolenzito: conoscevo quella sensazione. E poi indossavo uno stupido collare di plastica: ancora una volta, mi ritrovavo con la testa incassata in fondo a un cono. Chiaramente, Smokey trovava la faccenda molto divertente, quindi feci tutto il possibile per ignorarla. Anzi, non c'era niente di meglio che stare sdraiato sul fresco cemento del garage per qualche giorno, con le zampe di dietro allargate.

Mi tolsero il collare e tornai a essere me stesso, ma adesso mi interessava meno inseguire odori esotici fuori dal giardino, anche se, quando il cancello restava aperto, ero sempre ben felice di esplorare il vicinato e vedere che cosa combinavano gli altri cani. Però cercavo di girare alla larga da casa di Todd e se mi capitava di vedere lui o suo fratello Drake che giocavano al ruscello, facevo di tutto per evitarli, svicolando nell'ombra come mi aveva insegnato la mia prima mamma.

Ogni giorno imparavo parole nuove. Oltre a essere un bravo cane e a volte un cattivo cane, sempre più spesso mi dicevano che ero un «grosso» cane, il che in pratica significava che facevo sempre più fatica a infilarmi comodamente nel letto del bambino. Imparai che «neve», che somigliava un po' a «bevi» ma era gridato con molta più gioia, voleva dire che il mondo era ricoperto da un manto bianco e freddo. A volte montavamo su uno slittino e scendevamo per una lunga strada ripida e io cercavo di restare a bordo insieme a Ethan finché non ci rovesciavamo. «Primavera», invece, significava caldo e giornate più lunghe: Mamma, in quel periodo, passava tutti i fine settimana a scavare buche in giardino e a piantare fiori. Dalla terra smossa salivano odori così splendidi che, quando erano tutti a scuola, io – per far capire a Mamma quanto li apprezzavo – sradicavo tutti i fiori e masticavo i germogli amarognoli, ma poi li risputavo sempre.

Quel giorno, chissà perché, mi dissero di nuovo che ero un cane cattivo e dovetti perfino passare tutta la sera in garage, invece che sdraiato ai piedi di Ethan mentre lui lavorava su dei pezzi di carta.

Poi, un giorno, i bambini del grande pulmino arancione fecero così tanto rumore che sentii le loro grida ancora prima che arrivassero davanti a casa.

Il bambino saltò giù tutto felice e mi corse incontro, così eccitato che mi misi a correre in cerchio, abbaiando senza sapere perché. Andammo a casa di Chelsea a giocare con Marshmallow e anche Mamma era contenta quando tornò a casa. Da allora, Ethan non andò più a scuola e potevamo stare tranquilli a letto invece di alzarci per fare colazione con Papà. Finalmente la vita era tornata alla normalità!

Ero felice. Un giorno facemmo un lungo viaggio in macchina e all'arrivo dissero che eravamo alla «Fattoria», un posto tutto nuovo, con animali e odori completamente sconosciuti.

Quando la macchina entrò nel vialetto, due umani più vecchi uscirono da una grande casa bianca. Ethan li chiamò «Nonno e Nonna» e così fece Mamma, anche se più tardi la sentii che li chiamava «Mamma e Papà», ma pensai che stesse solo facendo confusione.

C'erano così tante cose da fare alla Fattoria che io e il bambino passammo i primi giorni a correre da una parte all'altra.

Un cavallo enorme mi fissava da dietro una palizzata mentre mi avvicinavo, ma non sembrava aver voglia di giocare e si limitava a guardarmi con espressione assente, senza scomporsi nemmeno quando mi infilai sotto la staccionata per abbaiargli contro. C'era una famiglia di anatre che mi faceva proprio imbestialire: ogni volta che mi avvicinavo quelle si buttavano nell'acqua e partivano a nuoto, ma poi, appena mi stancavo di abbaiare, mamma anatra tornava verso di me e dovevo ricominciare tutto da capo.

Nella classifica delle cose che contavano di più per me e il mio bambino, le anatre erano agli ultimi posti, insieme a Smokey.

Papà se ne andò pochi giorni dopo, ma Mamma restò con noi alla Fattoria per tutta l'estate. Era felice. Ethan dormiva nella veranda chiusa davanti alla casa e io dormivo insieme a lui, e a nessuno venne in mente di cambiare quella sistemazione. A Nonno piaceva stare seduto in poltrona a grattarmi le orecchie, mentre Nonna non faceva che allungarmi cose buone da mangiare. L'amore che emanavano mi riempiva di gioia fino a scoppiare.

Non c'era un giardino, ma solo un grande campo aperto, con una palizzata messa lì perché potessi andare e venire ogni volta che volevo, come una specie di lunghissima gattaiola, solo senza sportello. Il cavallo, che in realtà era una cavalla e si chiamava Fiamma, restava sempre dietro la palizzata e passava le giornate a mangiare erba, anche se non la vedevo mai vomitare. La cacca che depositava sul prato aveva un buon odore e a prima vista sembrava appetitosa, ma quando provai ad assaggiarla era secca e priva di sapore, quindi la mangiai solo un paio di volte.

Ero libero di andare dove mi pareva: potevo esplorare i boschi dall'altra parte dello steccato o correre giù allo stagno per giocare, oppure fare semplicemente tutto quello che mi veniva in mente. Di solito restavo vicino a casa, perché Nonna stava sempre a cucinare pasti deliziosi a ogni ora del giorno e aveva bisogno che fossi a disposizione per assaggiare i suoi intrugli e assicurarle che fossero commestibili. Ero ben lieto di fare la mia parte.

Al bambino piaceva spingere la barca a remi nello stagno, gettare un verme in acqua e poi tirarne fuori un pesciolino guizzante perché io potessi abbaiare. Dopodiché lo liberava.

«È troppo piccolo, Bailey,» diceva ogni volta «ma uno di questi giorni ne prenderemo uno grosso, vedrai.»

Alla fine scoprii, con grande fastidio, che nella Fattoria c'era un gatto nero che viveva in un grande edificio cadente chiamato «granaio». Ogni volta che decidevo di entrare là dentro per dargli un'annusata, lo vedevo che mi guardava, rannicchiato nel buio. Sembrava aver paura di me, quindi era molto meglio di Smokey, come d'altronde tutto il resto in quel posto.

Un giorno, tra gli alberi del bosco, mi sembrò di vedere il gatto nero. Partii subito all'inseguimento, ma lui zampettava piano, con un'andatura ciondolante. Quando mi avvicinai, vidi che non era affatto un gatto, ma una creatura mai vista, con strisce bianche lungo il dorso. Tutto contento, mi misi ad abbaiare, al che l'animale si girò e mi guardò serio, con la sua coda nera e soffice ritta per aria. Vedendo che non scappava, immaginai che volesse giocare, ma appena saltai in avanti per fare a zampate, la bestia fece una cosa stranissima: si girò dall'altra parte, come per andarsene, sempre con la coda dritta.

Un attimo dopo, mi ritrovai avvolto da una nuvola di fetore insopportabile che mi faceva pizzicare gli occhi e le labbra. Accecato e uggiolante, battei in ritirata, chiedendomi cosa diavolo fosse successo.

«Puzzola!» esclamò Nonno quando grattai alla porta. «Ah, non t'azzardare a entrare, Bailey!»

«Bailey, hai trovato una puzzola?» chiese Mamma da dietro la zanzariera. «Oddio, sì!»

Non avevo mai sentito quella parola, «puzzola», ma sapevo che laggiù nel bosco era successo qualcosa di molto strano e ancor più strano fu quello che accadde dopo: storcendo il naso, il bambino mi portò sul prato, prese una canna per innaffiare e cominciò a spruzzarmi con l'acqua. Poi mi tenne ferma la testa mentre Nonna raccoglieva dei pomodori dall'orto e ne spremeva il succo aspro sul mio pelo che diventò tutto rosso.

Non riuscivo a capire l'utilità di tutto questo, tanto meno quando poco dopo mi sottoposero a una pratica umiliante che, m'informò Ethan, si chiamava «fare il bagno». Mi strofinarono una saponetta profumata sul pelo bagnato finché il mio odore non divenne un misto tra quello di Mamma e un pomodoro.

Non mi ero mai sentito così mortificato in vita mia. Quando fui asciutto, mi confinarono nella veranda e Ethan, che dormiva insieme a me, mi buttò fuori dal letto a calci.

«Puzzi, Bailey» disse.

Assalito così su tutti i fronti, mi sdraiai per terra e provai a dormire, nonostante il miscuglio di odori che aleggiava intorno a me. Quando finalmente arrivò il mattino, corsi giù allo stagno e mi rotolai su un pesce morto che era stato spinto a riva, ma neanche questo servì a molto: puzzavo ancora di profumo.

Ansioso di capire cosa fosse successo, tornai nel bosco alla ricerca del simil-gatto, per trovare una spiegazione. Ormai conoscevo il suo odore e non mi fu difficile localizzarlo, ma appena provai a dargli un'annusata, successe la stessa identica cosa: mi colpì con una zaffata di puzzo accecante, sparata proprio dal suo didietro!

Non sapevo come chiarire quel malinteso e mi chiedevo se non avrei fatto meglio a ignorare la bestia, per farle pagare tutte le umiliazioni che avevo dovuto subire.

E fu proprio quello che decisi di fare quando, una volta tornato a casa, mi sottoposero di nuovo all'intero ciclo di lavaggi e ammolli nel succo di pomodoro. Era quella la mia vita, adesso? Tutti i giorni a bagno negli ortaggi, strigliato con saponette puzzolenti, senza il permesso di entrare in casa nemmeno quando Nonna cucinava?

«Bailey, sei proprio scemo!» mi rimproverò Ethan mentre mi strigliava in giardino.

«Non dire "scemo". È una brutta parola» fece Nonna. «Digli... digli che è un citrullo, come mi diceva sempre la mia mamma da piccola quando facevo qualcosa di male.»

Il ragazzo mi guardò con occhi severi. «Bailey, sei un cane citrullo. Sei un cane molto citrullo.» Poi si mise a ridere e anche Nonna rise, ma io ero così triste che riuscivo a malapena a muovere la coda.

Per fortuna, più o meno quando quegli odori insoliti iniziarono a dissolversi, la famiglia smise di comportarsi in modo così strano e mi permisero di nuovo di entrare in casa. A volte il bambino mi chiamava ancora «cane citrullo», ma mai con rabbia, più come se mi avesse trovato un altro nome.

«Ti va di andare a pesca, cane citrullo?» mi chiedeva, quindi salivamo sulla barca a remi e per qualche ora tiravamo fuori i pesciolini dall'acqua.

Un giorno, verso la fine dell'estate, faceva più fresco del solito e noi eravamo in barca. Ethan aveva un cappuccio attaccato al collo della maglietta. Tutt'a un tratto saltò su. «Ne ho preso uno grosso, Bailey! Ma grosso grosso!»

Di fronte a tanta eccitazione, saltai su anch'io, abbaiando.

Per più di un minuto stette lì, ridendo felice, a tirare la canna, e poi lo vidi, un pesce grosso come un gatto, venire in superficie proprio accanto alla barca! Io e Ethan ci sporgemmo in avanti per guardarlo, la barca oscillò e poi con un urlo il bambino cadde in acqua!

Saltai sul bordo e fissai l'acqua verde cupo. Riuscivo a individuare il bambino che a poco a poco scompariva alla vista e le bollicine che salivano in superficie portandomi il suo odore, ma non sembrava riemergere. Senza un attimo di esitazione, mi tuffai vicino a lui, con gli occhi aperti mentre mi addentravo nell'acqua, cercando di seguire la scia di bollicine giù nella fredda oscurità.

9

Non riuscivo a vedere quasi nulla laggiù, in mezzo all'acqua che mi premeva contro le orecchie e rallentava la mia discesa affannosa. Sentivo il bambino, però, che affondava lentamente sotto di me. Nuotai ancora più forte e alla fine lo vidi: era come quando avevo visto la mamma per la prima volta, un'immagine sfocata tra ombre scure. Mi diedi una spinta in avanti, spalancando i denti, e quando fui proprio sopra di lui riuscii a stringere in bocca il suo cappuccio. Alzai la testa e, trascinandomelo dietro, risalii più in fretta che potevo fino alla superficie dello stagno, illuminata dal sole.

Riemergemmo, nell'aria fresca. «Bailey!» gridò il bambino ridendo. «Stavi cercando di salvarmi, amico?» Allungò un braccio per aggrapparsi alla barca. Freneticamente, provai a salirgli sulle spalle per montare su e tirarlo in salvo.

Stava ancora ridendo. «Bailey, no, cane citrullo! Smettila!» Mi spinse via e gli nuotai intorno, cercando di non allontanarmi.

«Devo riprendere la canna, Bailey, mi è caduta la canna. Sto bene! Tu vai, sto bene. Vai!» Il bambino fece un gesto verso la riva, come per tirare una palla in quella direzione. Sembrava volesse dirmi di uscire dallo stagno, così dopo un po' uscii fuori dall'acqua e mi diressi verso il piccolo terreno sabbioso vicino al piccolo molo.

«Bravo, Bailey» disse con tono incoraggiante.

Mi girai e vidi i suoi piedi dritti per aria e un istante dopo era scomparso nell'acqua. Con un guaito feci subito dietrofront e nuotai più veloce che potevo, con le spalle che per lo sforzo si sollevavano dall'acqua. Quando trovai la scia di bolle, mi misi a seguire il suo odore. Stavolta era molto più difficile restare sott'acqua, perché non avevo preso lo slancio tuffandomi dalla barca, e proprio mentre mi dirigevo verso il fondo dello stagno sentii che il ragazzo stava risalendo e cambiai direzione.

«Bailey!» mi chiamò tutto allegro, buttando la canna in barca. «Sei proprio un bravo cane, Bailey.»

Nuotai al suo fianco mentre tirava la barca fino alla riva sabbiosa. Ero così sollevato che, quando si chinò per trascinarla a terra, gli leccai tutta la faccia.

«Hai davvero cercato di salvarmi, amico.» Mi sedetti con la lingua di fuori e lui mi accarezzò il muso. Il sole e le sue carezze mi rinfrancavano.

Il giorno dopo, il bambino portò Nonno giù al molo. Faceva molto più caldo del giorno prima. Corsi davanti a loro per vedere se la famiglia di anatre era al solito posto, al centro dello stagno. Il bambino portava un'altra maglietta col cappuccio e tutti e tre corremmo fino in fondo al molo e guardammo l'acqua verde sotto di noi. Le anatre nuotarono subito nella nostra direzione per vedere cosa stavamo facendo e io finsi di saperlo.

«Si tuffa sott'acqua, te lo giuro» disse il bambino.

«Ci crederò quando lo vedrò» rispose Nonno.

Tornammo indietro fino alla riva. Nonno mi prese per il collare. «Vai!» gridò.

Il bambino prese a correre e solo dopo qualche istante Nonno mi lasciò perché potessi seguirlo. Ethan si lanciò dal bordo del molo alzando un enorme spruzzo e le anatre starnazzarono lamentose, scivolando sulle onde. Corsi fino alla fine del molo e abbaiai, poi mi voltai a guardare Nonno.

«Vallo a prendere, Bailey!» mi incalzò.

Guardai giù l'acqua schiumosa in cui il bambino era scomparso, poi mi girai di nuovo verso Nonno. Era vecchio e si muoveva lentamente, ma non riuscivo a credere che fosse così sciocco da non fare niente. Abbaiai di nuovo.

«Vai!» mi disse Nonno.

Tutt'a un tratto capii e lo guardai incredulo. Dovevo fare tutto io in quella famiglia? Abbaiai un'ultima volta e mi tuffai dal bordo del molo, poi nuotai giù verso il fondo, dove sentivo che Ethan giaceva immobile. Gli strinsi il colletto tra i denti e tornai su, verso l'aria.

«Visto? Mi ha salvato!» esclamò il bambino una volta in superficie.

«Bravo, Bailey!» gridarono all'unisono Nonno e il bambino. Le loro lodi mi riempivano così tanto di piacere che partii all'inseguimento delle anatre, che nuotarono via starnazzando come stupide. Mi mancava tanto così a strappar via le penne della coda a un paio di loro, quando battendo le ali si alzarono in un breve volo: dal mio punto di vista, avevo vinto.

Passammo il resto del pomeriggio a giocare a «salvami». A poco a poco la mia ansia diminuiva, mentre mi rendevo conto che il bambino era perfettamente in grado di pensare a se stesso, laggiù nello stagno, ma la sua soddisfazione quando lo trascinavo in superficie era tale che ogni volta mi tuffavo dietro di lui. Le anatre alla fine uscirono dall'acqua e si accovacciarono sulla riva a guardarci, perplesse. Perché non volassero sugli alberi come gli altri uccelli, questo non l'avevo mai capito.

Non vedevo nessun motivo per andarcene dalla Fattoria, ma quando pochi giorni più tardi Papà tornò e Mamma cominciò a fare avanti e indietro da una stanza all'altra, aprendo cassetti e tirando fuori la roba, ebbi la sensazione che stavamo per traslocare un'altra volta. Cominciai a camminare in su e in giù, pieno d'ansia, temendo che volessero lasciarmi lì. Solo quando il bambino gridò: «In macchina!», ebbi il permesso di montare e di mettere la testa fuori dal finestrino. Il cavallo, Fiamma, mi fissava con un'espressione di tremenda invidia – almeno, così la interpretai – e sia Nonna che Nonno mi abbracciarono.

Alla fine arrivammo a casa. Ero proprio contento di ritrovarmi tra i cani e i bambini del vicinato, ma rivedere Smokey, quello no, non mi faceva molto piacere. Giocavo con Marshmallow, inseguivamo le palle, facevamo la lotta... Ero così occupato a divertirmi che mi feci cogliere del tutto impreparato quando un mattino, pochi giorni dopo, ci alzammo presto e mi portarono in garage senza tanti discorsi. Corsi subito fuori dalla gattaiola e quello che vidi mi confermò che sia Mamma sia Ethan se ne stavano andando. Ethan stava salendo col resto dei bambini sul solito pulmino arancione.

Era del tutto inaccettabile. Rimasi un po' ad abbaiare e Marshmallow mi rispose dal fondo della strada, così cominciammo ad abbaiarci l'un l'altra, ma non fu utile come si potrebbe pensare. Di umore nerissimo, tornai in garage e annusai sdegnato la cuccia. Decisi che non avrei passato la giornata lì dentro, nemmeno se fosse stato il posto più morbido del mondo.

Vidi le zampe di Smokey da sotto la porta e, con un sospiro di frustrazione, infilai il naso nella fessura per fiutare il suo odore. Non emanava molta simpatia.

Ormai, essendo un cane grosso, raggiungevo facilmente la maniglia della porta e mi resi conto che potevo trarre qualche vantaggio da quella sfortunata situazione. Appoggiai le zampe alla porta, presi la maniglia in bocca e girai.

Non successe niente, ma alla fine, a forza di provare, con un clic appena accennato la porta si aprì!

Smokey era seduta dall'altra parte. Probabilmente fino a un attimo prima stava ridendo, ma quando mi vide non rise più. Le sue pupille si fecero scure scure, si voltò e scappò via. Io ovviamente la inseguii, perdendo l'equilibrio mentre giravo l'angolo, e le abbaiai contro quando montò sul bancone.

In casa era molto meglio. La sera prima dalla porta era entrata una pizza, dentro una grande scatola piatta che era ancora appoggiata sul bancone. Mi fu facile tirarla giù coi denti, la buttai a terra e mangiai il delizioso cartone, facendo a brandelli le parti meno saporite, mentre Smokey mi guardava con finto disgusto. Poi mangiai un barattolo del suo cibo per gatti e leccai il metallo fino a farlo brillare.

Di solito non mi era permesso dormire sul divano, ma non vedevo alcun motivo per rispettare una regola simile: tutto era cambiato da quando mi trovavo in casa da solo. Mi sistemai per un bel sonnellino, con la testa su un cuscino soffice e i raggi del sole che mi scaldavano la schiena.

Più tardi mi resi conto con fastidio che il sole doveva essersi spostato e così bofonchiando cambiai posizione sul divano.

Non molto dopo sentii l'inconfondibile rumore della credenza di cucina che veniva aperta e corsi a vedere cosa stava succedendo. Smokey, sul bancone, si era allungata per aprire uno sportello, gesto che mi sembrò molto intraprendente da parte sua. La fissai intensamente mentre s'infilava nella credenza, annusando col suo minuscolo naso le deliziose prelibatezze all'interno. Poi abbassò lo sguardo su di me, come se stesse valutando.

Decisi di mordicchiarmi un po' l'attaccatura della coda e quando mi voltai di nuovo restai affascinato nel vedere Smokey che tirava zampate a un sacchetto di cibo. Lo colpì una, due volte, e al terzo colpo quello cadde giù dalla credenza, per terra!

Tirai un morso alla plastica: dentro c'erano delle cosette croccanti e salate, che mangiai in tutta fretta prima che Smokey venisse a reclamare la sua parte. Lei mi guardava impassibile dal suo piedistallo, poi con un'altra zampata tirò giù un secondo sacchetto pieno di rotolini dolci e soffici.

In quel momento capii che mi ero sempre sbagliato sul conto di Smokey. Provavo quasi rimorso per aver mangiato il suo cibo per gatti, ma non era mica colpa mia se non finiva i pasti quando glieli servivano, come facevamo tutti in famiglia. Cosa poteva aspettarsi?

Non riuscivo ad aprire la credenza da solo, mi sfuggiva la tecnica. Però riuscii ad agganciare una pagnotta e a tirarla giù dal bancone, separandola attentamente dal suo sacchetto, che mangiai a parte. Il bidone della spazzatura in cucina non era legato con una corda ed era facile da aprire, anche se lì dentro c'era della roba immangiabile: una specie di sabbia nera e amara che mi allappò la lingua quando provai a leccarla, insieme a gusci d'uova e contenitori di plastica. La plastica, a dire il vero, me la mangiai lo stesso.

Ero fuori ad aspettare quando arrivò il pulmino. Scesero Chelsea e Todd, ma non c'era traccia del bambino, quindi capii che sarebbe tornato a casa con Mamma. Rientrai in casa e tirai fuori delle scarpe dal guardaroba di Mamma, ma non le masticai molto perché mi era venuto un gran sonno dopo tutti gli spuntini che mi aveva regalato Smokey. Andai in soggiorno cercando di decidere se sdraiarmi sul divano, dove ormai la luce se n'era andata, o dormire nella chiazza di sole sul tappeto. Fu una decisione difficile e alla fine, quando scelsi il sole, mi sdraiai per terra un po' a disagio: non ero sicuro di aver fatto la scelta giusta.

Appena sentii sbattere le portiere della macchina di Mamma, attraversai tutta la casa precipitandomi in garage. Un attimo dopo, uscendo dalla gattaiola, andai verso la staccionata scodinzolando allegramente: nessuno avrebbe scoperto il mio segreto. Ethan corse dritto da me e andammo in giardino a giocare, mentre Mamma risaliva il vialetto con le scarpe che ticchettavano.

«Bailey, mi sei mancato! Ti sei divertito, oggi?» mi chiese il bambino grattandomi sotto il mento. Ci fissammo in adorazione.

«Ethan! Vieni a vedere cos'ha fatto Bailey!»

Sentendo pronunciare il mio nome con un tono così severo, le mie orecchie si abbassarono all'istante. Non sapevo bene come, ma io e Smokey eravamo stati beccati.

Entrammo in casa e mi avvicinai a Mamma scodinzolando a più non posso per farmi perdonare. Teneva in mano uno dei sacchetti sbranati.

«La porta del garage era aperta. Guarda cos'ha fatto» disse Mamma. «Bailey, sei un cane cattivo. Cattivo.»

Chinai la testa. Tecnicamente io non avevo fatto niente di male, ma mi resi conto che Mamma era arrabbiata con me. E anche Ethan, soprattutto quando dovette raccogliere i pezzi di plastica dal pavimento.

«Come diavolo avrà fatto a salire sul bancone? Deve essere saltato» disse Mamma.

«Sei cattivo, Bailey. Sei un cane cattivo cattivo» ripeté Ethan.

Arrivò Smokey con passo rilassato e saltò languidamente sul bancone. Le lanciai un'occhiata triste: anche lei era cattiva, un gatto cattivo cattivo.

E invece, incredibilmente, nessuno disse niente a Smokey per aver fatto da istigatrice. Anzi, tutto il contrario: le riempirono perfino la ciotola di altro cibo per gatti! Restai seduto fiducioso, convinto che a me sarebbe spettato almeno un biscotto, ma tutti non facevano che rivolgermi sguardi arrabbiati.

Mamma spingeva uno straccio per terra mentre il bambino andava a portare un sacco dell'immondizia in garage.

«Bailey, hai fatto proprio una brutta cosa» mi sussurrò di nuovo il bambino passandomi accanto. A quanto pareva, per gli altri era molto più difficile di quanto non fosse per me lasciarsi alle spalle quel banale incidente.

Ero ancora in cucina quando sentii Mamma, dal retro della casa, che strillava: «Bailey!».

Doveva aver trovato le scarpe.

10

Nei due anni successivi mi resi conto che, quando i bambini giocavano tutti insieme, spesso Todd veniva escluso. Se si avvicinava, gli altri sembravano a disagio, un cambiamento d'umore che io e Marshmallow avvertivamo nettamente, come se fosse un grido d'allarme. Di solito le femmine gli voltavano le spalle, mentre i maschi lo facevano partecipare ai loro giochi con molta riluttanza. Da tempo Ethan non andava più a casa di Todd.

Il fratello più grande di Todd, Drake, non si faceva quasi mai vedere fuori, se non per montare in macchina e andarsene. Invece presto Linda imparò ad andare in bicicletta e quasi tutti i giorni veniva giù per la strada pedalando, per giocare con le altre bambine della sua età.

Io seguivo l'esempio del bambino e non mi avvicinavo più a Todd, anche se una notte in cui nevicava, mentre ero fuori in giardino a fare i miei bisogni prima di andare a letto, sentii il suo odore dietro la palizzata, da qualche parte tra gli alberi. Lanciai un latrato di avvertimento e fui molto soddisfatto sentendo che scappava via.

Non mi piaceva troppo quella storia della scuola tutte le mattine. Preferivo quando arrivava l'estate e Ethan era in vacanza e andavamo alla Fattoria a vivere con Nonno e Nonna.

Tutte le volte, appena arrivato alla Fattoria, mi mettevo a

correre ovunque per vedere cos'era cambiato e cosa era rimasto uguale, marcando il territorio e ricucendo i rapporti con Fiamma il cavallo, col misterioso gatto nero nel granaio e con le anatre, che avevano deciso sconsideratamente di sfornare un'altra nidiata di pulcini. Spesso nei boschi mi capitava di sentire l'odore della puzzola ma, ricordando il nostro spiacevole incontro, avevo deciso di non inseguirla più. Se mi voleva, sapeva dove trovarmi.

A volte Nonno andava in città in macchina e io e il bambino lo accompagnavamo. Non ci avevo messo molto a imparare a memoria l'intero itinerario: prima c'era un odore di umido, mescolato a quello inconfondibile delle stupide anatre, poi un delizioso aroma di pesce marcio, seguito dopo qualche minuto da un odore pungente che riempiva la macchina.

«Bleah» diceva spesso Ethan a quel punto.

«È il ranch delle capre» rispondeva sempre Nonno.

Con la testa fuori dal finestrino scrutavo le capre, responsabili di quelle meravigliose fragranze, e gli abbaiavo contro, anche se erano così sceme che non fuggivano mai terrorizzate. Restavano lì a fissarmi inebetite come Fiamma il cavallo.

Poco dopo il ranch delle capre, la macchina prendeva a sobbalzare violentemente mentre passavamo sopra a un ponte di legno e lì cominciavo a scodinzolare, perché mi piaceva andare in città e quel rimbombare di colpi voleva dire che eravamo quasi arrivati.

Nonno andava volentieri in un posto dove rimaneva seduto mentre un uomo giocava con i suoi capelli, ma Ethan si annoiava presto e allora ci mettevamo a camminare su e giù per la strada, guardando le vetrine nella speranza di incontrare dei cani: immaginavo fosse per quello che eravamo venuti in città. Il posto migliore per trovare altri cani era il parco, un grande terreno pieno d'erba dove la gente stava seduta su delle coperte. C'era anche uno stagno, ma il bambino non voleva che ci facessi il bagno.

Da qualsiasi punto della città potevo sentire l'odore del ranch delle capre: se mi fossi perso, sarebbe bastato muovermi fiutando l'aria finché la traccia non si faceva più forte per capire che quella era la strada di casa.

Un giorno, mentre eravamo nel parco, un bambino più grande stava lanciando un giocattolo di plastica per farlo riacchiappare dal suo cane. Il cane era una femmina, piccola e dai modi sbrigativi: se mi avvicinavo non mi considerava nemmeno, aveva occhi solo per il suo giocattolo, un disco sottile e di colore acceso. Il disco si alzava per aria e lei lo afferrava con un balzo prima che toccasse terra: piuttosto impressionante, se uno è appassionato di quel genere di cose.

«Che ne dici, Bailey? Vuoi farlo anche tu, eh?» mi chiese Ethan. Aveva gli occhi che brillavano guardando il cane che afferrava il disco di plastica. Appena tornati a casa, andò dritto in camera sua a costruire quello che chiamò il «flip».

«È un misto tra un boomerang, un frisbee e un pallone» spiegò a Nonno. «Vola due volte più lontano, perché la palla gli dà peso, vedi?»

Annusai quell'affare, che era stato un'ottima palla da football prima che Ethan la tagliasse e chiedesse a Nonna di ricucirla. «Andiamo, Bailey!» gridò il bambino.

Corremmo fuori. «Quanti soldi si possono guadagnare con un'invenzione del genere?» chiese a Nonno.

«Prima vediamo se vola» osservò Nonno.

«Va bene. Pronto, Bailey? Sei pronto?»

Immaginai volesse dire che stava per succedere qualcosa e mi misi in guardia. Il bambino piegò il braccio all'indietro e lanciò il flip per aria, ma quello girò su se stesso e cadde giù, come se avesse colpito qualcosa.

Scesi trotterellando dal portico e gli diedi un'annusata un po' dubbiosa.

«Riporta il flip, Bailey!» esclamò il bambino.

Con circospezione, lo presi in bocca. Ripensando al cagnetto che inseguiva l'elegante disco volante nel parco, sentii una fitta d'invidia. Lo riportai al bambino e lo sputai per terra davanti a lui.

«Non è aerodinamico» stava dicendo Nonno. «Troppa resistenza.»

«Devo solo lanciarlo nel modo giusto» rispose Ethan.

Nonno tornò dentro casa e nell'ora successiva il bambino continuò a fare pratica con il flip in giardino e io ogni volta glielo dovevo riportare. Sentivo montare la disperazione dentro di lui, così a un certo punto, quando lo lanciò per l'ennesima volta e quello cadde pesantemente a terra, invece del flip gli portai un bastoncino. «No, Bailey» disse mogio. «Il flip. Prendi il flip.»

Abbaiai scodinzolando, per fargli capire che il bastone poteva essere molto divertente, se solo ci avesse provato.

«Bailey! Il flip!»

E poi qualcuno disse: «Ciao».

Era una bambina dell'età di Ethan. Mi avvicinai scodinzolando e lei mi accarezzò la testa. In una mano portava un cestino coperto con un fazzoletto, con dentro qualcosa dall'odore dolce che ebbe subito tutta la mia attenzione. Mi sedetti cercando di sembrare il più attraente possibile per farmi consegnare quello che teneva nel cestino. «Come ti chiami, cagnolina?»

«È un maschio» disse Ethan. «Si chiama Bailey.»

Sentendo il mio nome, mi girai verso il bambino e vidi che si comportava in modo strano. Era come se avesse paura, ma non proprio, anche se nel vederla aveva fatto mezzo passo indietro. Guardai di nuovo la bambina, che mi piaceva molto per via dei dolci che portava nel cestino.

«Io abito in fondo alla strada. La mia mamma ha preparato dei brownie per la tua famiglia. Uh...» fece lei, indicando la bicicletta.

«Ah» disse il bambino.

Io ero sempre concentrato sul cestino.

«E insomma...» disse la bambina.

«Vado a chiamare Nonna» fece il bambino. Si girò ed entrò in casa, ma io scelsi di restare lì con la bambina e i suoi biscotti per cani.

«Ehi, Bailey, sei un bravo cane? Sì che sei bravo» mi disse lei.

Bravo ma, scoprii, non così tanto da meritare un biscotto. Dopo un minuto diedi un colpetto col naso al cestino per riportarla sull'argomento. Aveva i capelli chiari e se li lisciava aspettando che tornasse Ethan. Anche lei sembrava vagamente spaventata, ma non vedevo nulla di allarmante in giro, se non un povero cane affamato che aveva urgente bisogno di un biscotto.

«Hannah!» esclamò Nonna uscendo di casa. «Che piacere vederti.»

«Salve, signora Morgan.»

«Vieni pure, entra. A cosa dobbiamo la tua visita?»

«Mia mamma ha preparato dei brownie.»

«Ma che carino da parte sua. Ethan, probabilmente non ti ricordi, ma tu e Hannah giocavate sempre insieme, da piccoli. Ha solo un anno meno di te.»

«Non mi ricordo» fece Ethan tirando un calcio al tappeto.

Continuava a comportarsi in modo strano, ma io mi sentivo in dovere di tenere d'occhio il cestino dei dolcetti per me, che Nonna aveva appoggiato su un tavolo. Nonno era sulla sua sedia che leggeva un libro e fece per infilare una mano nel cestino, guardando da sopra gli occhiali.

«Non ti rovinare l'appetito!» sibilò Nonna. Lui ritirò prontamente la mano e ci scambiammo uno sguardo addolorato.

Passò ancora qualche minuto, ma non successe granché, perlomeno sul fronte dolcetti. Era soprattutto Nonna a parlare, mentre Ethan rimaneva in piedi con le mani in tasca e Hannah stava seduta sul divano senza guardarlo. Alla fine Ethan chiese a Hannah se voleva vedere il flip. Sentendo quella parola spaventosa, agitai debolmente la coda e lo guardai, incredulo. Credevo che quel capitolo della nostra vita fosse ormai chiuso.

Uscimmo tutti in giardino. Ethan mostrò il flip a Hannah, ma quando provò a lanciarlo, quello cadde di nuovo a terra come un uccello morto.

«Mi sa che devo fare qualche modifica» disse Ethan.

M'incamminai verso il flip, ma non lo raccolsi, nella speranza che il bambino avesse deciso di mettere fine una volta per tutte a quella seccante faccenda.

Hannah rimase ancora un po'. Andammo allo stagno a guardare le stupide anatre, accarezzò Fiamma sul naso e facemmo un altro paio di lanci col flip. Poi lei montò sulla bicicletta e io le andai dietro mentre pedalava giù per il vialetto, ma il bambino mi fece un fischio e tornai su di corsa.

Qualcosa mi diceva che avrei rivisto ancora quella bambina.

In seguito, la stessa estate, quando credevo fosse ancora troppo presto per tornare a casa e ricominciare con la storia della scuola, Mamma mise tutta la roba in macchina. Io e Ethan restammo davanti all'auto mentre Nonno e Nonna prendevano posto sui sedili.

«Io faccio il navigatore» disse Nonno.

«Ti addormenterai prima ancora di essere usciti dalla contea» rispose Nonna.

«Allora, Ethan. Ormai sei grande. Fai il bravo e chiama se ci sono problemi.»

Ethan si divincolò dall'abbraccio della madre. «Lo so» disse.

«Torniamo tra due giorni. Se hai bisogno di qualcosa, puoi chiedere al signor Huntley, qui accanto. In frigo c'è un pasticcio di carne già pronto, lo devi solo riscaldare.»

«Lo so!» disse Ethan.

«E tu, Bailey, bada a Ethan, d'accordo?»

Scodinzolai tutto allegro, senza capire un accidenti. Facevamo un viaggio in macchina o no?

«Stavo sempre da solo, quando avevo la sua età» disse Nonno.

Percepivo ansia e preoccupazione in Mamma, ma alla fine si mise dietro al volante. «Ti voglio bene, Ethan.»

Ethan borbottò qualcosa tirando calci alla polvere.

La macchina scese per il vialetto, e io e Ethan la guardammo allontanarsi tutti seri. «Andiamo, Bailey!» gridò, appena l'auto fu uscita dalla visuale. E corremmo in casa.

All'improvviso tutto divenne più divertente. Il bambino mangiò qualcosa per pranzo e alla fine posò il piatto a terra per farmelo leccare! Andammo nel granaio e si arrampicò sulle travi mentre io abbaiavo da sotto e quando saltò su un covone di fieno gli balzai addosso. Un'ombra color inchiostro nell'angolo mi disse che il gatto ci stava tenendo d'occhio, ma quando trotterellai lì per indagare, lui scivolò via svanendo nel nulla.

Provai disagio quando vidi Ethan che apriva il lucchetto dell'armadio dei fucili, una cosa che non faceva mai quando c'era Nonno. Le armi mi innervosivano, mi facevano ripensare a quando Todd aveva lanciato un petardo e quello mi era caduto così vicino che avevo sentito uno scoppio sulla pelle. Ma

Ethan era così eccitato che non potevo fare a meno di saltellargli intorno. Sistemò delle lattine sulla staccionata, poi sparò e le lattine volarono via. Non riuscivo a capire il rapporto tra le lattine e lo scoppio fragoroso del fucile, ma sapevo che doveva essere tutto collegato e, a giudicare dalla reazione del bambino, estremamente divertente. Fiamma, con un nitrito, trottò fino all'angolo opposto del suo recinto, per allontanarsi da tutta quella confusione.

Poi Ethan per cena riscaldò un pollo succulento. Ci sedemmo in soggiorno e accese la tv. Mentre mangiava dal piatto che teneva in grembo, ogni tanto mi lanciava qualche pezzo di pelle. *Questo sì* che era divertente, lo capivo benissimo anch'io.

In quell'istante, non m'interessava se Mamma fosse tornata o meno.

Dopo aver leccato il piatto che Ethan aveva lasciato per terra, decisi di sperimentare le nuove regole in vigore e montai sulla comoda poltrona di Nonno, guardandomi alle spalle in attesa del solito comando: «Giù!». Ma il bambino continuò a fissare la tv e allora mi acciambellai per fare un pisolino.

Ancora mezzo addormentato, sentii il telefono squillare e il bambino che diceva «letto», ma quando riattaccò non andò a letto: si rimise a sedere sul divano per continuare a guardare la tv.

Dormivo sodo, quando fui risvegliato dall'improvvisa sensazione che qualcosa non andava. Il bambino era seduto dritto e rigido, con la testa voltata di lato.

«Hai sentito un rumore?» mi sussurrò.

Mi chiesi se il tono d'urgenza nella sua voce significava che il mio sonnellino era finito. Decisi che aveva solo bisogno di tranquillizzarsi e così, per dargli l'esempio, abbassai di nuovo la testa sul morbido cuscino.

Dall'interno della casa si sentì un tonfo attutito. «Bailey!» sibilò il bambino.

Va bene, la faccenda era seria. Sceso dalla poltrona, mi stiracchiai e lo guardai in attesa. Allungò una mano per accarezzarmi il capo, trasmettendomi la sua paura. «Ehi?» chiamò. «C'è qualcuno?»

Si immobilizzò e io con lui: situazione di massima allerta. Non ero del tutto sicuro di cosa stesse succedendo, ma sapevo che eravamo in presenza di una minaccia di qualche tipo. Quando un altro colpo lo fece saltare per aria, col terrore che gli sprizzava da tutti i pori, mi preparai ad affrontare il problema, chi o qualunque cosa fosse. Sentivo rizzarsi i peli sul mio dorso e lanciai un basso ringhio d'avvertimento.

Al mio ringhio, il bambino attraversò la stanza senza fare rumore. Io gli andai dietro, sempre in allerta, e lo guardai mentre apriva l'armadio delle armi, per la seconda volta in un giorno solo.

11

Stringendo il fucile di Nonno nelle mani tremanti, il bambino avanzò lentamente su per le scale e percorse il corridoio fino alla camera di Mamma. Io gli stavo alle costole. Ethan controllò in bagno e sotto il letto, e aprendo di botto la porta del guardaroba lanciò un «Ah!» che per poco non mi fece venire un colpo. Ripetemmo la stessa ispezione in camera di Nonno e Nonna, e anche nella stanzina con il divano dove Nonna andava a dormire quando Nonno, di notte, faceva quello strano rumore che sembrava una sega elettrica. Prima di partire per il viaggio in macchina, Nonna aveva passato un sacco di tempo lì dentro a lavorare sul flip, cercando di aggiustarlo secondo le indicazioni di Ethan: la chiamavano «la stanza del cucito».

Il bambino ispezionò tutta la casa, sempre tenendo il fucile davanti a sé, provò tutte le maniglie e controllò ogni finestra. Passando per il soggiorno m'incamminai speranzoso verso la poltrona di Nonno, ma Ethan ancora non si era stancato di esplorare la casa e così, con un sospiro di stanchezza, lo accompagnai a esaminare la tenda della doccia.

Alla fine tornò in camera di Mamma. Dopo aver trafficato con la maniglia, trascinò il comò davanti alla porta. Mise il fucile per terra al suo fianco e mi fece salire sul letto. Mentre si stringeva forte a me, ripensai alle volte in cui Mamma e Papà attaccavano a urlare e lui veniva a dormire nella cuccia in garage. Emanava la stessa sensazione di terrore solitario. Lo leccai cercando di confortarlo come potevo: in fondo se stavamo insieme che cosa poteva succedere?

Il mattino dopo dormimmo fino a tardi e poi ci facemmo una colazione da favola. Mangiai croste di toast, leccai le uova strapazzate e finii il latte che Ethan aveva lasciato. Che giornata fantastica! Ethan mise dell'altro cibo in un sacchetto, insieme a una bottiglia di plastica che aveva riempito d'acqua, e infilò tutto quanto nel suo zaino. Uscivamo per una passeggiata? A volte io e Ethan andavamo a camminare e lui portava dei panini per dividerli con me. Ultimamente tutte le nostre passeggiate sembravano condurre in direzione della casa della bambina: avevo sentito il suo odore nella cassetta della posta. Il bambino restava lì per un po', immobile, fissando la casa, dopodiché ci voltavamo e tornavamo indietro.

La paura della notte precedente si era volatilizzata. Fischiettando, Ethan andò a prendersi cura di Fiamma, che si avvicinò pigramente per mangiare nel recipiente pieno di semi secchi e insapori, o qualunque cosa ruminasse quando non mangiava tutta quell'erba per vomitare.

Rimasi sorpreso, tuttavia, vedendo che il bambino prendeva una coperta e una sella dal granaio e le legava in groppa al cavallo. L'avevamo già fatto: Ethan si arrampicava e si metteva seduto sul dorso di Fiamma, ma le altre volte c'era sempre Nonno, e il cancello era chiuso col lucchetto. Invece stavolta il bambino aprì il cancello e montò in groppa, con un sorriso a trentadue denti.

«Andiamo, Bailey!» mi chiamò, dall'alto.

Lo seguii, un po' imbronciato. Non mi andava che adesso fosse Fiamma a ricevere tutte le attenzioni, non mi piaceva essere tanto lontano dal ragazzo, costretto a camminare accanto a quell'enorme creatura che, ormai l'avevo capito, era stupida non meno delle anatre. Ma soprattutto non gradii quando, alzando la coda, Fiamma mollò in mezzo alla strada una montagna di cacca che mi mancò per un pelo. Ci feci una pisciatina sopra, perché dopotutto ormai apparteneva a me, ma avrei potuto giurare che il cavallo l'avesse fatto apposta.

Presto lasciammo la strada e ci inoltrammo nei boschi, procedendo lungo un sentiero. Mi misi a inseguire un coniglio e l'avrei anche preso, se lui non mi avesse imbrogliato cambiando direzione all'improvviso. Fiutai più di una puzzola, ma il mio orgoglio m'impediva di muovere anche solo un passo in quella direzione. A una piccola pozza ci fermammo. Io e Fiamma bevemmo e il bambino mangiò il suo panino, lanciandomi le croste di pane.

«Non è fantastico, Bailey? Ti stai divertendo?»

Gli guardai le mani, chiedendomi se il suo tono interrogativo significasse che mi avrebbe lanciato ancora un po' del suo panino.

A parte il fatto di dover sopportare la presenza di Fiamma, in effetti mi stavo proprio divertendo. Certo, allontanarsi da quello stupido flip era già di per sé una ragione sufficiente per festeggiare, ma dopo qualche ora eravamo così lontani da casa che non ne sentivo nemmeno più l'odore.

Mi accorsi che Fiamma iniziava a essere stanca, ma dall'atteggiamento del bambino capivo che dovevamo ancora raggiungere la nostra meta. A un certo punto, Ethan disse: «Dove si va? Da questa parte? O di là? Te lo ricordi, Bailey? Sai dove siamo?».

Lo guardai, in attesa, e dopo un istante ripartimmo per un sentiero letteralmente invaso dagli odori di altri animali.

Avevo marcato così tante volte il territorio che mi facevano male le zampe a forza di rizzarle per aria. Fiamma si fermò e lasciò andare un enorme fiotto di urina; mi sembrava del tutto fuori luogo, dal momento che il suo odore avrebbe cancellato il mio e, fino a prova contraria, ero io il cane! La superai per togliermi quel tanfo dal naso.

Fu lì, arrivato in cima a una piccola salita, che vidi il serpente. Acciambellato al sole, tirava fuori ritmicamente la lingua. Mi bloccai di colpo, affascinato: non ne avevo mai visto uno prima.

Abbaiai senza suscitare la minima reazione. Tornai trotterellando dal bambino, che intanto aveva fatto ripartire Fiamma.

«Cosa c'è, Bailey? Cos'hai visto?»

Decisi che, qualunque cosa avesse detto, non era «va' a mordere il serpente». Scivolai di fianco a Fiamma, che avanzava impassibile, e mi chiesi come avrebbe reagito vedendo il serpente arrotolato ai suoi piedi.

In un primo momento non lo notò nemmeno, ma poi, mentre si avvicinava, il serpente tutt'a un tratto si ritirò alzando la testa, e fu allora che Fiamma lanciò un nitrito. Le sue zampe davanti si sollevarono dal suolo scalciando e il bambino volò giù dalla groppa. Corsi subito da lui, ma vidi che era tutto intero. Saltò in piedi. «Fiamma!» gridò.

Amareggiato, guardai il cavallo che scappava al galoppo, con gli zoccoli che alzavano nuvole di polvere. Quando il bambino partì di corsa, capii subito cosa dovevo fare e mi misi all'inseguimento, ma Fiamma non accennava a fermarsi e, vedendo che mi ero allontanato troppo da Ethan, feci marcia indietro e tornai da lui.

«Oh, no!» stava dicendo, ma non era rivolto a me. «Oddio. E adesso cosa facciamo, Bailey?»

Con mio completo sgomento, il bambino attaccò a piangere. Lo faceva sempre meno negli ultimi anni, il che rendeva la cosa tanto più sconvolgente. Riuscivo a percepire la sua disperazione e gli infilai il muso tra le mani cercando di consolarlo. La cosa migliore da fare – decisi – era tornare a casa e mangiare altro pollo.

Alla fine il bambino smise di piangere e si guardò intorno nel bosco, con gli occhi smarriti. «Ci siamo persi, Bailey.» Bevve un sorso d'acqua. «Va bene, forza. Andiamo.»

A quanto pareva, la nostra passeggiata non era finita, perché c'incamminammo in una direzione tutta nuova, non quella da cui eravamo venuti.

Facemmo un lungo giro per i boschi. A un certo punto fiutai il nostro odore, ma il bambino non ne voleva sapere di fermarsi. Ero così stanco che, quando uno scoiattolo schizzò proprio davanti a me, non mi degnai nemmeno di inseguirlo, ma continuai ad andare dietro al bambino: mi accorsi che anche lui iniziava a essere stanco. Quando il cielo cominciò a farsi scuro, ci sedemmo su un tronco e lui mangiò l'ultimo panino, stando ben attento a darmene un pezzo. «Mi dispiace tanto, Bailey.»

Appena prima che calasse il buio, Ethan si mise a giocare con dei rami. Li portava su un albero abbattuto, ammucchiandoli contro un monticello di fango e radici contorte. Sotto quel baldacchino fece un monticello di aghi di pino e sopra sistemò altri rami. Io lo guardavo incuriosito, pronto, nonostante la stanchezza, a correre dietro a un bastone se me lo avesse tirato, ma restò concentrato sulla sua opera.

Quando ormai non si vedeva più nulla, si rannicchiò sugli aghi di pino. «Vieni, Bailey! Qui!»

Strisciai dietro di lui. Mi ricordava la nostra cuccia. Pensai con rimpianto alla poltrona di Nonno, chiedendomi come mai non potessimo semplicemente tornare a casa e dormire lì. Ma presto il bambino cominciò a tremare, allora gli appoggiai la testa addosso e distesi la pancia sulla sua schiena, come facevo con i miei fratelli quando avevamo freddo.

«Bravo, Bailey» mi disse.

Poco dopo iniziò a respirare regolarmente e smise di tremare. Anche se non stavo proprio comodo, feci ben attenzione a restargli sdraiato addosso, per tenerlo il più caldo possibile durante la notte.

Eravamo già in piedi quando gli uccelli iniziarono a cantare e prima che fosse del tutto giorno ci eravamo rimessi in cammino. Annusai speranzoso lo zaino, ingannato dai suoi odori, ma quando il bambino mi ci fece mettere il muso dentro non trovai niente da mangiare.

«Lo conserviamo in caso dovessimo accendere un fuoco» mi disse. Io lo tradussi come "Ci servono altri panini" e scodinzolai, pienamente d'accordo.

Quel giorno la nostra avventura prese una piega del tutto nuova. La fame si tramutò in un dolore acuto allo stomaco e il bambino pianse di nuovo, singhiozzando per quasi un'ora. Sentivo l'angoscia impadronirsi di lui, seguita da un senso di tetra apatia che mi sembrò altrettanto preoccupante. Quando ci sedemmo e mi fissò con occhi spenti, gli mollai una leccata in pieno viso.

Ero in pensiero per il mio bambino. Dovevamo tornare a casa, e subito.

Arrivati a un ruscelletto, si buttò sulla pancia ed entrambi bevemmo avidamente. L'acqua donò a Ethan nuova energia e determinazione. Ripartimmo seguendo il corso del ruscello, che serpeggiava tra gli alberi fino a un prato pieno di insetti canterini. Il bambino alzò il viso al sole e accelerò il passo, con la speranza che montava dentro di lui, ma si rifece mogio quando, dopo più di un'ora, il ruscello s'infilò di nuovo nel bosco buio.

Passammo la notte stretti l'uno all'altro, come la notte precedente. Anche se avevo sentito l'odore di una carcassa nelle vicinanze, roba vecchia ma probabilmente commestibile, restai sempre accanto al mio bambino. Aveva bisogno più che mai del mio calore. Le forze lo stavano abbandonando, le sentivo venir meno.

Non avevo mai avuto tanta paura.

Il giorno dopo, mentre camminavamo, vidi che il bambino non faceva che inciampare. Sentii odore di sangue. Un ramo gli aveva sferzato il viso. Lo annusai.

«Vattene, Bailey!» mi urlò.

Sentivo rabbia, paura e dolore dentro di lui, ma non mi allontanai, restai dov'ero, e seppi di aver fatto la cosa giusta quando affondò il viso nel mio collo e riprese a piangere.

«Ci siamo persi, Bailey. Mi dispiace tanto» mormorò. Scodinzolai sentendo il mio nome.

A un certo punto il ruscello usciva dagli argini per diramarsi in un terreno paludoso e fummo costretti a camminare nel fango. Il bambino affondava fino al polpaccio: a ogni passo i suoi piedi facevano un rumore come di risucchio. Gli insetti scendevano in picchiata su di noi, infilandoci negli occhi e nelle orecchie.

In mezzo alla palude il bambino si fermò di colpo, con le spalle curve e un'espressione vuota, ed emise un sospiro lungo e profondo. Al colmo dell'angoscia, avanzai più in fretta che potevo sul terreno limaccioso e gli appoggiai una zampa sulla gamba. Non ce la faceva più. Una sensazione opprimente di sconfitta cresceva dentro di lui, si stava arrendendo. Stava perdendo la voglia di vivere, come mio fratello Affamato il giorno in cui si era disteso pancia a terra nel canale di scolo per non rialzarsi mai più.

Abbaiai ed entrambi sobbalzammo. Vidi un lampo ravvivare i suoi occhi inebetiti. Abbaiai di nuovo.

«D'accordo» borbottò. Senza energia, tirò fuori un piede dal fango e provò ad appoggiarlo, affondando di nuovo.

Ci volle più di mezza giornata per attraversare la palude. Quando raggiungemmo il ruscello dall'altra parte dell'acquitrino, le acque erano più rapide e profonde. Poco più avanti vi confluiva un altro torrente, e poi un altro ancora, e il bambino dovette prendere la rincorsa per saltarlo quando un albero caduto gli sbarrò il passo. A ogni balzo sembrava più stanco e alla fine decidemmo di riposarci un paio d'ore. Mi distesi accanto a lui, terrorizzato all'idea che non si svegliasse più, invece dopo un po' si tirò su lentamente.

«Sei un bravo cane, Bailey» mi disse con un filo di voce.

Era tardo pomeriggio quando arrivammo nel punto in cui il ruscello si gettava nel fiume. Il ragazzo restò a lungo immobile a fissare l'acqua scura, con lo sguardo smarrito, poi partimmo seguendo la corrente, addentrandoci tra l'erba alta e gli alberi fitti.

Stava calando la notte, quando fiutai un odore di uomini. Ormai Ethan sembrava camminare alla cieca, trascinando i piedi stanchi. Quando cadeva, ogni volta ci metteva di più a rialzarsi e non si accorse di niente mentre mi lanciavo in avanti, col naso a terra.

«Bailey» mormorò. «Dove vai?»

Credo non si fosse nemmeno reso conto che avevamo incrociato un sentiero. Stringeva gli occhi nella penombra cercando di non inciampare, e quando l'erba alta sotto i suoi piedi diventò una pista di terra battuta, per qualche secondo non avvertii alcuna reazione da parte sua.

Sentivo l'odore di molti uomini: tutti odori vecchi, ma inconfondibili come quelli dei bambini nella nostra strada, a casa.

Poi, tutt'a un tratto, Ethan si raddrizzò, trattenendo il respiro. «Ehi!» disse piano, mettendo a fuoco il sentiero.

Ora che avevo chiara la direzione da seguire, corsi in avanti per alcuni metri, sentendo la fatica svanire mentre nel bambino le emozioni si risvegliavano. Sia il sentiero che il fiume curvavano paralleli verso destra e io tenni il naso a terra, perché mi ero accorto che a ogni passo gli odori umani si facevano più forti e più recenti. Qualcuno era passato di lì non molto tempo prima.

Ethan si bloccò e tornai da lui. Era in piedi, con gli occhi fissi e la bocca aperta.

«Accidenti» disse.

Vidi un ponte che attraversava il fiume. In quel momento una figura uscì dall'ombra e camminò lungo il parapetto, scrutando l'acqua. Sentii che il cuore di Ethan batteva sempre più forte. L'emozione, però, si tramutò in timore e il bambino si nascose nell'ombra: mi fece ripensare a mia madre, a come reagiva quando incrociavamo degli umani mentre eravamo a caccia.

«Bailey, sta' buono» sussurrò.

Non sapevo cosa stesse succedendo, ma capivo perfettamente il suo stato d'animo: era lo stesso della sera in cui aveva preso il fucile e frugato in tutti gli angoli della casa. Lo guardai, in allerta.

«Ehi!» chiamò l'uomo dal ponte. Sentii che il bambino s'irrigidiva, pronto a scappare.

«Ehi!» gridò di nuovo. «Sei Ethan?»

12

L'uomo del ponte ci diede un passaggio in macchina fino a un grande edificio. Appena ci fermammo, Papà aprì la portiera e lui e Mamma abbracciarono Ethan. C'erano anche Nonno e Nonna, e tutti erano felici, ma non vidi nemmeno l'ombra di un biscotto per cani. Il bambino sedette su una sedia con delle ruote e un uomo lo spinse all'interno dell'edificio. Un attimo prima di entrare, Ethan si voltò per salutarmi con la mano: capii che non stava succedendo niente di grave, anche se separarmi da lui mi riempiva di ansia. Ma Nonno mi teneva forte per il collare, quindi non avevo molta scelta.

Nonno mi portò a fare un giro in macchina e mi fece sedere davanti. Ci fermammo in un posto dove dal finestrino gli porsero un sacchetto dall'odore celestiale. Mi diede da mangiare lì dentro, in macchina: scartava i panini uno alla volta e me li passava. Anche lui ne mangiò uno.

«Non dirlo a Nonna» mi fece.

Tornati a casa, fui sorpreso nel vedere Fiamma al solito posto, nel recinto, che mi guardava con la stessa faccia da schiaffi. Le abbaiai da dietro il finestrino, poi Nonno mi disse di smetterla.

Il bambino restò via una sola notte, ma era la prima volta da quando lo avevo incontrato che dormivo senza di lui, e così feci avanti e indietro nel corridoio per ore finché Papà non urlò: «Bailey, a cuccia!». Mi raggomitolai nel letto di Ethan e mi addormentai con la testa sul cuscino, dove il suo odore era più forte.

Il giorno dopo, quando Mamma riportò Ethan a casa, ero al colmo della gioia, ma l'umore del bambino sembrava cupo. Papà gli disse che era cattivo. Nonno disse qualcosa sull'armadio dei fucili. Erano tesi, ma nessuno disse una parola su Fiamma, che pure era stata la causa di tutte le nostre disgrazie! Non sapevano cosa fosse successo veramente e invece che col cavallo se la prendevano col bambino.

Anch'io ero arrabbiato: avevo voglia di uscire e dare un bel morso a quella bestia, ma ovviamente non lo feci, perché era troppo grossa per me.

La bambina venne a trovare Ethan e si sedettero sul portico. Non parlarono granché, si limitarono a borbottare qualche frase senza guardarsi.

«Hai avuto paura?» chiese lei.

«No» rispose il bambino.

«Io ne avrei avuta.»

«Be', io no.»

«Avevi freddo, la notte?»

«Sì, parecchio.»

«Ah.»

«Già.»

Seguivo la loro conversazione con le orecchie tese, nel caso qualcuno pronunciasse le parole «Bailey», «macchina», «biscotti». Ma non ne dissero neanche una e così abbassai la testa sospirando. Quando la bambina fece per accarezzarmi, mi girai sulla schiena per una bella grattatina alla pancia.

Avevo deciso che quella bambina mi piaceva, avrei voluto che venisse più spesso, portando i suoi meravigliosi dolcetti:

magari prima o poi si sarebbe decisa a darne qualcuno anche a me.

Non avevo nessuna voglia di ripartire, ma un giorno Mamma radunò le nostre cose e facemmo un lungo viaggio in macchina. Capii che la scuola stava per ricominciare. Quando ci fermammo nel vialetto di casa, alcuni bambini corsero da noi, e sul prato io e Marshmallow riprendemmo i contatti, dopodiché tornammo al nostro incontro di lotta lasciato in sospeso.

C'erano altri cani nel quartiere, ma Marshmallow era quella che mi piaceva di più, probabilmente perché la vedevo quasi tutti i giorni quando il bambino, dopo scuola, andava dalla mamma di Chelsea. Spesso, quando uscivo dal cancello e partivo per qualche avventura, accanto a me c'era anche Marshmallow, che mi accompagnava a ispezionare i bidoni dell'immondizia dei vicini.

Per questo mi allarmò sentire Chelsea, un giorno, che sporgendosi dalla macchina di sua madre gridava: «Marshmallow! Marshy! Qui, bella!». Chelsea venne da noi per parlare con Ethan e dopo un po' tutti i bambini del vicinato urlavano: «Marshmallow! Marshmallow!». Per me era chiaro che Marshmallow aveva fatto il cattivo cane ed era partita da sola per qualche avventura.

Vicino al ruscello le sue tracce erano più recenti, ma c'erano così tanti cani e bambini che non riuscivo a capire in che direzione fosse andata. Chelsea era triste e piangeva; mi faceva compassione e le appoggiai la testa in grembo. Lei mi strinse forte.

Tra tutti i bambini che davano una mano a cercare Marshmallow, Todd era uno di quelli che s'impegnavano di più. Curiosamente, fiutai l'odore di Marshmallow sui suoi pantaloni. Lo annusai attentamente, ma lui mi spinse via con un'occhiataccia. Aveva le scarpe coperte di fango e anche lì l'odore di Marshmallow era forte, insieme ad altri che non riuscivo a identificare.

«Andiamo, Bailey» mi disse il bambino quando vide la reazione di Todd alla mia ispezione.

Marshmallow non tornò mai a casa. Ripensavo alla mia prima mamma, uscita dal cancello e scappata via per il mondo senza mai guardarsi indietro. Ci sono cani così, che vogliono solo essere liberi di viaggiare, perché non hanno un bambino che li ama.

Quell'inverno, più o meno nello stesso periodo in cui Papà mise un albero in soggiorno per il periodo di «Buon Natale», Chelsea ricevette un nuovo cucciolo. La chiamarono Duchessa. Non si stancava mai di giocare, al punto che ogni tanto, stanco di farmi affondare quei dentini aguzzi nelle orecchie, buttavo lì un ringhio secco per farla smettere. Lei mi guardava sbattendo gli occhi con aria innocente e si allontanava per pochi secondi, giusto il tempo di decidere che non potevo fare sul serio, e mi si buttava addosso un'altra volta. Era molto irritante.

A primavera i bambini del vicinato continuavano a parlare di «go kart», e per la strada non facevano altro che segare e prendere a martellate pezzi di legno, ignorando del tutto i loro cani. Papà ogni sera veniva in garage e parlava col bambino, tutto affaccendato a fare chissà cosa. Provai perfino a infilarmi nel ripostiglio di Ethan per tirar fuori il tanto odiato flip, nella speranza di distrarlo, ma lui, troppo concentrato a giocare con i suoi pezzi di legno, non mi degnava di uno sguardo e non si sognava nemmeno di lanciarmeli perché li andassi a prendere.

«Hai visto il mio go kart, Bailey? Andrà come un razzo!»

Alla fine, il bambino aprì la porta del garage, si sedette sul go kart e scese giù per il vialetto come su una slitta. Io gli trotterellai dietro, pensando che ci eravamo dati tanta pena per un risultato così poco esaltante, ma arrivato in fondo al vialetto Ethan raccolse il go kart e lo riportò in garage per giocarci ancora!

Almeno quando c'era il flip avevo qualcosa da addentare.

In una giornata assolata e senza scuola, tutti i bambini del vicinato presero i loro go kart e li portarono su una lunga strada ripida a qualche isolato di distanza. Duchessa era ancora troppo piccola per seguire la processione, ma io andai col mio bambino, anche se la sua idea iniziale – lui seduto sul go kart mentre io lo tiravo lungo la strada – non mi aveva entusiasmato poi molto.

Tra i bambini c'erano anche Todd e il suo fratello maggiore, Drake, che ridevano facendo commenti sul go kart di Chelsea e io sentii che c'era rimasta male. Quando misero tutti i go kart in fila uno accanto all'altro in cima alla strada, Todd era proprio accanto a Ethan.

Non mi aspettavo affatto quello che successe dopo: qualcuno urlò «Via!» e i go kart partirono tutti insieme scendendo giù per la collina, più veloci, sempre più veloci. Drake corse dietro a Todd e diede una spinta al suo go kart, facendogli fare un balzo in avanti.

«Avete barato!» urlò Chelsea. Il suo go kart andava molto piano, mentre quello di Ethan guadagnava sempre più velocità e presto dovetti mettermi a correre per stargli dietro. Gli altri go kart uscirono di strada e dopo un po' rimasero solo quello di Todd, in testa, e quello di Ethan, che ormai gli era alle calcagna.

Io correvo senza freni, preso da un inebriante senso di libertà, galoppando giù per la collina dietro al mio bambino. Giù in fondo alla strada c'era un ragazzino di nome Billy, che reggeva una bandiera appesa a un bastone, e intuii che anche lui faceva parte di quanto stava accadendo. Ethan stava piegato in avanti, a testa bassa, ed era tutto così divertente che decisi di salire anch'io sul go kart insieme a lui. Mi diedi lo slancio e con un salto atterrai sulla coda del go kart, rischiando di ruzzolare giù. La forza del mio impatto ci fece guadagnare velocità: stavamo superando Todd! Billy agitò il bastone. Dietro di noi sentivo urla e applausi, mentre il go kart, finalmente arrivato in piano, rallentò per poi fermarsi.

«Bravo, Bailey» mi disse il bambino ridendo.

Tutti i go kart ci raggiunsero, seguiti dagli altri bambini che ridevano e gridavano. Billy si avvicinò e alzò al cielo la mano di Ethan, lasciando cadere il bastone con la bandiera. Io raccolsi il bastone e me lo portai in giro tutto baldanzoso, sfidando chiunque a prendermelo. Mi divertivo come un matto!

«Non è giusto!» urlò Todd.

La folla di bambini fece subito silenzio. Todd, in piedi davanti a Ethan, trasmetteva un senso di rabbia cocente.

«Hai vinto solo perché quello stupido cane è saltato sul tuo go kart. Sei squalificato» fece Drake, di fianco a Todd.

«E tu hai spinto tuo fratello!» gridò Chelsea.

«E allora?»

«Ti avrei ripreso comunque» disse Ethan.

«Tutti quelli che pensano che abbia ragione Todd, dicano sì» esclamò Billy.

Todd e suo fratello gridarono: «Sì!».

«Chi pensa che abbia vinto Ethan dica no.»

«No!» gridarono tutti i bambini, all'unisono. Spaventato da quel frastuono improvviso, lasciai cadere il bastone.

Todd fece un passo avanti e tirò un pugno a Ethan, che si abbassò e lo placcò alla vita. Caddero a terra entrambi.

«Se le danno!» urlò Billy.

Saltai su per difendere il mio bambino, ma Chelsea mi tenne per il collare. «No, Bailey. Fermo.»

Si rotolavano per terra, avvinghiati in uno stretto nodo di rabbia. Io mi dimenavo, cercando di liberarmi del collare, ma Chelsea lo stringeva forte. Iniziai ad abbaiare per la frustrazione.

Poco dopo Ethan era seduto a cavalcioni sopra Todd. Tutti e due avevano il fiato grosso. «Ti arrendi?» domandò Ethan.

Todd distolse lo sguardo, stringendo forte gli occhi. In lui sentivo umiliazione e odio in pari quantità. Alla fine annuì. Si alzarono con diffidenza, pulendosi i pantaloni sporchi di terra.

Percepii un accesso improvviso di rabbia nell'istante esatto in cui Drake si buttò in avanti, spintonando Ethan con tutt'e due le mani. Ethan vacillò, ma non cadde.

«Forza, Ethan, fatti sotto» ringhiò Drake.

Ci fu un lungo istante di silenzio, mentre Ethan osservava il ragazzo più grande, poi Billy si mise in mezzo. «No» disse.

«No» disse Chelsea.

«No» fecero alcuni degli altri bambini. «No.»

Drake restò a guardarci tutti per un minuto, poi sputò per terra e raccolse il go kart. I due fratelli se ne andarono senza dire una parola.

«Oggi gliel'abbiamo proprio fatta vedere, eh, Bailey?» mi disse Ethan. I bambini trascinarono i go kart su per la collina e poi scesero di nuovo giù: non fecero altro per tutto il giorno. Ethan lasciò il go kart a Chelsea, perché il suo aveva perso una ruota, e ogni volta lei mi faceva salire dietro.

Quella sera a cena, Ethan non faceva che parlare tutto eccitato, mentre Mamma e Papà ascoltavano sorridendo. Ci mise un sacco di tempo ad addormentarsi e anche quando finalmente riuscì a prendere sonno, era così agitato che decisi di scendere dal letto e dormire per terra. Perciò non mi ero ancora addormentato, quando sentii uno schianto al piano di sotto.

«Cos'è stato?» mi chiese il bambino, saltando a sedere dritto sul letto. Balzò sul pavimento mentre le luci nel corridoio si accendevano.

«Ethan, resta in camera tua» gli disse Papà. Era teso, arrabbiato e spaventato. «Bailey, vieni.»

Obbediente, scesi piano le scale con Papà che, muovendosi con prudenza, accese le luci nel soggiorno. «Chi c'è?» chiese, a voce alta.

Il vento soffiava attraverso le tende della finestra sul davanti, che di solito era sempre chiusa. «Non scendete a piedi nudi!» urlò Papà.

«Cosa è successo?» chiese Mamma.

«Qualcuno ha rotto la finestra con un sasso. Sta' indietro, Bailey.»

Sentivo la preoccupazione di Papà e annusai i frammenti sparsi per la stanza. Per terra c'era un sasso circondato da minuscole schegge di vetro. Avvicinai il naso e riconobbi immediatamente quell'odore.

Todd.

13

Quell'anno, a primavera, la gatta Smokey si ammalò. Se ne stava sdraiata a lamentarsi e non protestava quando le mettevo il naso in faccia per indagare sul suo strano comportamento. Mamma, preoccupatissima, portò Smokey a fare un giro in macchina e quando tornò a casa era triste, probabilmente perché portarsi un gatto in macchina non è poi così divertente.

Più o meno una settimana dopo, Smokey morì. Tutta la famiglia si riunì dopo cena nel giardino sul retro, dove Ethan aveva scavato una buca. Avvolsero il corpo di Smokey in una coperta, lo misero nella buca e lo coprirono di terra. Ethan, col martello, piantò un pezzo di legno nel suolo, proprio accanto al monticello di terra smossa, e lui e Mamma piansero un po'. Li accarezzai col muso, per ricordare loro che non c'era di che esser tristi: stavo bene e, senza falsa modestia, ero molto meglio di quanto Smokey non fosse mai stata.

Il giorno successivo, dopo che Mamma e il bambino furono andati a scuola, andai in giardino e dissotterrai Smokey, immaginando che non l'avessero fatto apposta a seppellire un gatto morto in ottimo stato.

Quell'estate non andammo alla Fattoria, neanche un giorno. Ethan e alcuni suoi amici del quartiere si alzavano ogni mattina e andavano nelle case della gente a tagliare i prati con dei tosaerba che facevano un fracasso del diavolo. Il bambino mi portava con sé, ma mi teneva sempre legato a un albero. Adoravo l'odore dell'erba appena tagliata, ma l'attività della falciatura in sé non m'interessava molto e sentivo che c'entrava col fatto che non eravamo andati alla Fattoria. Nonno e Nonna vennero a stare da noi per una settimana, ma non fu altrettanto divertente, tanto meno quando Papà e Nonno si scambiarono parole dure mentre erano in giardino a scartocciare pannocchie. Sentivo che erano tutti e due molto arrabbiati: forse perché avevano capito che i cartocci della pannocchia non sono commestibili? Io l'avevo già scoperto da solo, sia annusandoli che masticandoli. Da quel giorno Papà e Nonno sembravano sempre a disagio quando si trovavano insieme nella stessa stanza.

La scuola ricominciò e molte cose erano cambiate. Il bambino non andava più a trovare Chelsea appena tornato a casa. Adesso di solito era l'ultimo ad arrivare e quando la sera risaliva il vialetto, dopo che una macchina sconosciuta l'aveva mollato per strada, puzzava di terra, erba e sudore. Certe sere prendevamo la macchina e andavamo – così mi sembrò di capire – alla partita di football, dove io dovevo star seduto davanti a un grande prato, legato al guinzaglio vicino a Mamma e ad altra gente che urlava e fischiava senza motivo. I bambini facevano la lotta e si tiravano una palla, a volte correvano verso di me e altre volte giocavano dalla parte opposta del prato.

In certi momenti riuscivo a sentire l'odore di Ethan in mezzo a tutti quei ragazzi. Era un po' frustrante dover restare seduto lì senza poter entrare in campo a dare una svolta al gioco: a casa avevo imparato ad afferrare con la bocca il pallone da football di Ethan. Una volta, mentre giocavo con lui, morsi un po' troppo forte e la palla si sgonfiò fino a diventare un pezzo di cuoio rinsecchito, simile al flip. Da quel giorno, Ethan non mi lasciava più addentare la palla, ma avevo ancora il permesso di giocarci. Mamma però non lo sapeva e alle partite mi teneva forte per il guinzaglio. Se solo mi avesse lasciato andare a prendere la palla, sapevo che i ragazzi si sarebbero divertiti molto di più a correre dietro a me che non a inseguirsi tra loro, anche perché io andavo parecchio più veloce.

Il cucciolo di Chelsea, Duchessa, era cresciuto. Diventammo ottimi amici dopo che le ebbi insegnato come comportarsi quando aveva a che fare con me. Un giorno, trovando il cancello aperto, entrai per salutarla: portava uno di quei coni di plastica intorno al collo e sembrava un po' stordita. Quando mi vide agitò appena la coda da dentro la cuccia, ma non provò nemmeno ad alzarsi.

Arrivò un'altra estate e ancora niente Fattoria. Il bambino non faceva che tagliare l'erba con i suoi amici: credevo che si fosse tolto dalla testa quell'assurdità, ma evidentemente la cosa continuava a piacergli. Papà se ne andò per qualche giorno e mentre era via vennero a trovarci Nonno e Nonna. La loro macchina odorava di Fiamma, di fieno e di laghetto: restai lì ad annusarla, poi feci una pisciatina sulle ruote.

«Oh, santo cielo, come sei cresciuto!» disse Nonna a Ethan.

Quando le giornate si fecero più fresche, tornò il football e arrivò una magnifica sorpresa: Ethan poteva fare viaggi in macchina da solo! Questo cambiava le carte in tavola, perché adesso andavo quasi dappertutto insieme a lui: stavo sempre seduto davanti, col naso fuori dal finestrino, e lo aiutavo a guidare. Ora capivo perché tornava sempre così tardi: ogni sera, dopo la scuola, andava a giocare a football e mi lasciava legato a un palo con una ciotola d'acqua. Era una gran noia, ma almeno potevo stare vicino al mio bambino.

A volte, quando Ethan faceva un viaggio in macchina, si

dimenticava di portarmi con lui e allora mi mettevo seduto in giardino a ulularg li di tornare indietro. Di solito, quando cominciavo con quella solfa, Mamma usciva e mi parlava.

«Bailey, vuoi andare a fare una passeggiata?» mi chiedeva più volte, finché non ero così eccitato che cominciavo a ballonzolare in cerchio. Mi metteva il guinzaglio e pattugliavamo le strade, fermandoci ogni tre passi per marcare il territorio. Spesso, passando davanti a gruppi di bambini che giocavano, mi chiedevo come mai Ethan non facesse più come loro. A volte Mamma mi toglieva il guinzaglio e mi lasciava correre un po' insieme ai bambini.

Mamma mi piaceva un sacco. Solo di una cosa potevo lamentarmi: quando usciva dal bagno, chiudeva sempre il coperchio della mia ciotola dell'acqua preferita. Ethan invece lo lasciava sempre su, apposta per me.

Quell'estate, finita la scuola, Ethan e Mamma mi portarono a fare un viaggio in macchina fino alla Fattoria. Ero così felice di tornare! Fiamma finse di non riconoscermi e non ero sicuro che le anatre fossero sempre le stesse, ma per il resto sembrava non fosse cambiato nulla.

Quasi tutti i giorni Ethan lavorava con Nonno e altri uomini, martellando e segando delle assi. All'inizio pensai che stessero costruendo un altro go kart, ma dopo un mese o giù di lì fu chiaro che stavano tirando su un nuovo granaio, proprio accanto a quello vecchio che aveva un grande buco nel soffitto.

Fui il primo a vedere la donna che saliva per il vialetto e corsi giù per mettere in atto le necessarie misure di sicurezza. Quando fui abbastanza vicino da sentirne l'odore, mi accorsi che era la bambina, ma tanto cresciuta. Lei si ricordava di me e io strizzai gli occhi di piacere mentre mi grattava dietro le orecchie.

«Ehilà, Bailey! Ti sono mancata? Bravo, Bailey.»

Quando videro la bambina, gli uomini smisero di lavorare. Ethan, che proprio in quel momento stava uscendo dal vecchio granaio, si bloccò: sembrava sorpreso.

«Oh. Ciao. Hannah?»

«Ciao, Ethan.»

Nonno e gli altri uomini li guardavano con un ghigno in volto. Ethan lanciò loro un'occhiata da sopra le spalle e diventò tutto rosso, poi si avvicinò a noi due.

«Insomma, ciao» disse.

«Ciao.»

Distolsero lo sguardo. Hannah smise di grattarmi e io le diedi un colpetto col naso perché continuasse.

«Vieni in casa» disse Ethan.

Per tutto il resto dell'estate, dovunque andassimo a fare i nostri viaggi in macchina, sentivo l'odore della bambina, come se fosse stata seduta al mio posto. A volte veniva a cena da noi, e poi lei e Ethan si sedevano sul portico a chiacchierare e io mi sdraiavo lì vicino per dar loro un argomento interessante di cui parlare.

Una volta, mentre facevo la mia ben meritata siesta, mi svegliai avvertendo in entrambi un vago senso di allarme. Erano seduti sul divano, con i volti vicini vicini, il cuore che batteva forte: percepivo paura ed eccitazione. Dal rumore che fecero subito dopo, sembrava che stessero mangiando, ma non c'era odore di cibo. Non capendo bene cosa stesse succedendo, mi arrampicai sul divano e infilai il naso in mezzo a loro, nel punto in cui i loro visi erano attaccati, e scoppiarono a ridere tutti e due.

Il giorno in cui Mamma e Ethan dovevano tornare a casa per andare a scuola, l'aria era piena dell'odore di vernice del nuovo granaio. La bambina venne dai noi, e lei e Ethan andarono al molo, mettendosi seduti con i piedi nell'acqua. Parlavano, e la bambina piangeva. Si abbracciarono un sacco, senza lanciare bastoni né fare nessuna delle cose che la gente normalmente fa su un laghetto: non ero sicuro di cosa stesse succedendo. Una volta tornati alla macchina, ci furono altri abbracci e poi ce ne andammo, con Ethan che suonava il clacson.

A casa, le cose erano cambiate. Tanto per cominciare, adesso Papà aveva una camera tutta per sé, con un letto nuovo. Divideva il bagno con Ethan e, a dirla tutta, non è che mi piacesse granché entrare lì dentro dopo che c'era stato Papà. E poi, quando non era a giocare a football con i suoi amici, Ethan passava un sacco di tempo in camera sua a parlare al telefono e lo sentii più volte pronunciare il nome «Hannah».

Le foglie avevano iniziato a cadere dagli alberi il giorno in cui Ethan mi portò a fare un viaggio in macchina fino a un posto con tanti pulmini della scuola argentati: c'era un sacco di gente e da uno dei pulmini vedemmo scendere proprio lei, la bambina! Non saprei dire chi fosse più felice, se io o il bambino. Avrei voluto giocare con lei, ma Ethan voleva solo abbracciarla. Ero così emozionato per quella svolta inaspettata che non m'importava nemmeno di essere stato automaticamente retrocesso al ruolo di cane da sedile posteriore per il viaggio di ritorno.

Quella sera, mentre Ethan giocava a football con i suoi amici, ero fiero di stare con Hannah. Di certo non era mai stata in un posto meraviglioso come quel grande prato, così la tirai fino al punto in cui mi portava di solito Mamma per mostrarle dove sedersi.

Appena arrivati, spuntò Todd. Negli ultimi tempi non lo avevo visto molto, anche se sua sorella Linda continuava a fare su e giù per la nostra strada in bicicletta. «Ciao, Bailey» mi disse tutto amichevole, ma c'era ancora qualcosa in lui che decisamente non andava e quando mi porse la mano mi limitai ad annusarla.

«Conosci Bailey?» chiese la bambina, e io scodinzolai sentendo fare il mio nome.

«Siamo vecchi amici, vero? Bravo cane.»

Non avevo bisogno di sentirmi dire «bravo cane» da uno come Todd.

«Non vieni a scuola qui, vero? Vai alla East?» le chiese.

«No, sono venuta a trovare Ethan e la sua famiglia.»

«Sei una cugina o cosa?»

La folla si mise a urlare e mi girai per vedere cosa stesse succedendo, ma stavano solo facendo a botte come al solito. Ogni volta quella cosa mi lasciava interdetto.

«No, sono solo... un'amica.»

«Vuoi venire a divertirti un po'?» le chiese Todd.

«Prego?»

«Vuoi venire a divertirti con noi? Siamo un po' di amici. Questa partita è di una noia mortale.»

«No, io... preferisco aspettare Ethan.» Alzai la testa per guardarla. Sentivo che qualcosa la faceva stare in ansia e al tempo stesso, come mi era capitato già tante volte, percepivo la rabbia montare dentro Todd.

«Ethan!» Todd si voltò, sputando sull'erba. «Cos'è, state insieme?»

«Ecco...»

«Perché forse non lo sai, ma esce con Michelle Underwood.»

«Cosa?»

«Già. Lo sanno tutti.»

«Ah.»

«Eh, sì. Quindi, se pensi di farti una storia con lui, insomma, puoi levartelo dalla testa.» Todd si avvicinò alla bambina e lei si irrigidì: vidi che le stava accarezzando una spalla. La tensione era sempre più forte e mi alzai. Todd mi lanciò un'occhiata e quando i nostri sguardi si incrociarono sentii rizzarsi il pelo sul mio collo. Quasi involontariamente, dal profondo della gola mi uscì un ringhio basso.

«Bailey!» La ragazza saltò in piedi. «Cosa ti prende?»

«Già, Bailey, cos'hai? Sono *io*, non mi riconosci?» Si girò verso la bambina. «A proposito, io sono Todd.»

«Hannah.»

«Perché non leghi il cane e vieni con me? Ci divertiremo.»

«Ehm... Ecco, no. Non posso.»

«Perché no? Dài.»

«No, devo badare a Bailey.»

Todd alzò le spalle e la fissò. «Vabbe'. Come ti pare.»

La sua rabbia era così forte che ringhiai di nuovo e stavolta la bambina non disse niente. «Bene» fece Todd. «Chiedi a Ethan di Michelle, d'accordo?»

«Sì, d'accordo.»

«Chiediglielo.» Infilò le mani in tasca e si allontanò.

Quando Ethan tornò da noi, un'ora dopo o giù di lì, era tutto contento ed eccitato, ma la sua felicità svanì in un istante.

«Cosa c'è?»

«Chi è Michelle?»

Appoggiai una zampa sulla gamba di Ethan per fargli capire che, se voleva, ero disposto a giocare a palla con lui.

«Michelle? Chi?» Ethan si mise a ridere, ma la sua risata durò solo un secondo, come se si fosse strozzato. «Ehi, che ti prende?»

Mi fecero camminare in cerchio intorno al grande prato. Erano così presi dalla loro conversazione che non si accorsero di nulla, mentre ingollavo mezzo hot dog, un po' di popcorn e qualche avanzo di tramezzino al tonno.

«Non so di chi parli» continuava a ripetere Ethan. «Chi te l'ha detto?»

«Non mi ricordo come si chiama. Ma conosceva Bailey.»

M'immobilizzai, sentendo il mio nome: forse si erano arrabbiati per l'involucro di caramella che stavo masticando di nascosto?

«Tutti conoscono Bailey, viene sempre alle partite.»

Lo ingoiai in tutta fretta, ma evidentemente non era quello il problema. Dopo un altro giro intorno al prato, molto meno interessante dal momento che avevo già trovato tutto quanto ci fosse di vagamente commestibile, il bambino e la bambina si fermarono e si abbracciarono. Lo facevano in continuazione. «Sei tutto sudato» rise lei, spingendolo via.

«Vuoi fare un giro in macchina, Bailey?» chiese Ethan.

Ma certo che volevo! Tornati a casa, ricominciarono a parlottare a voce bassa e mi diedero da mangiare, dopodiché mi addormentai tutto soddisfatto sul pavimento del soggiorno mentre il bambino e la bambina, che finalmente avevano smesso di parlare, facevano la lotta sul divano.

Adesso avevamo una nuova gattaiola, che portava in giardino dalla porta sul retro e non dormivo più in garage. Ero molto contento di aver tolto alla famiglia quella brutta abitudine. Uscii a fare i miei bisogni e, con mia grande sorpresa, trovai un pezzo di carne in mezzo all'erba, vicino alla staccionata.

Aveva un profumo strano, un aroma pungente, amarognolo, che non avevo mai sentito. Cosa ancora più bizzarra, odorava di Todd.

Tirai su coi denti il pezzo di carne e lo portai nel patio sul retro. Lo lasciai cadere a terra, quel sapore amaro mi faceva venire la schiuma alla bocca. Poi mi sedetti e lo guardai. Aveva un sapore proprio cattivo, ma era un bel pezzo di carne. Se lo masticavo abbastanza in fretta, forse sarei riuscito a mandarlo giù senza nemmeno sentire l'amaro in bocca.

Gli diedi un colpetto col naso. Perché l'odore di Todd era così forte?

14

Il mattino dopo, quando Mamma uscì sul patio e mi vide, abbassai la testa, battendo il pavimento con la punta della coda. Chissà perché, anche se non avevo fatto niente di male, mi sentivo parecchio in colpa.

«Buongiorno, Bailey» disse. Poi vide il pezzo di carne. «E quello cos'è?»

Quando si chinò per osservarlo meglio, mi girai sul dorso per una grattatina alla pancia. Mi sembrava di aver passato tutta la notte a fissare quel pezzo di carne, ero esausto e avevo bisogno di conforto, che qualcuno mi dicesse che avevo fatto la cosa giusta, anche se non capivo perché. C'era qualcosa che non andava e quel qualcosa mi aveva addirittura impedito di approfittare di un pasto gratis.

«Da dove è arrivato, Bailey?» Mamma mi accarezzò leggermente la pancia, poi allungò la mano per prendere la carne. «Bleah» disse.

Mi tirai su, in allerta. Se me lo avesse dato da mangiare, voleva dire che era buono. Invece si girò e lo portò dentro casa. Feci per alzarmi sulle zampe di dietro. Adesso che me lo stava togliendo da sotto il naso, avevo cambiato idea: volevo mangiarlo a tutti i costi!

«No, Bailey, qualunque cosa sia è meglio se non lo mangi» disse Mamma e buttò la carne nella spazzatura.

Tornammo in quel posto con i grandi pulmini della scuola argentati. Durante il viaggio in macchina, Hannah stava seduta al mio posto e poi mi lasciarono un sacco di tempo da solo mentre lei e Ethan stavano fuori ad abbracciarsi. Quando il bambino tornò in macchina si sentiva triste e abbandonato, così, invece di mettere il naso fuori dal finestrino, gli appoggiai la testa in grembo.

La bambina tornò a trovarci il giorno dopo che tutta la famiglia, seduta intorno all'albero piantato dentro casa, aveva strappato la carta per «Buon Natale». Io ero di cattivo umore, perché Ethan aveva portato a Mamma una gattina nuova, bianca e nera, di nome Felix. Era proprio maleducata: non facevo in tempo a sedermi che lei si avventava sulla mia coda e spesso mi faceva gli agguati da dietro il divano, colpendomi con le sue minuscole zampette. Quando provavo a giocare con lei, si arrampicava sul mio naso, dando morsi coi suoi dentini aguzzi. Hannah, appena arrivata, dedicò fin troppe attenzioni alla gattina, anche se io la conoscevo da più tempo ed ero di gran lunga l'animale preferito.

Ma c'era una cosa che la gattina non poteva fare: uscire di casa. Il giardino era tutto ricoperto da uno spesso strato di neve e l'unica volta che Felix provò a infilare una zampa in quella roba bianca, corse subito dentro come se le avessero dato fuoco. Perciò, quando Hannah e Ethan ammassarono un grosso mucchio di neve nel giardino sul davanti e gli misero sopra un cappello, c'ero solo io con loro. Al bambino piaceva prendermi e trascinarmi in mezzo alla neve, e io glielo lasciavo fare, per il puro piacere di sentire le sue braccia intorno a me, come succedeva tutti i giorni quando era piccolo.

Mentre giocavamo con lo slittino, Hannah stava seduta dietro e io correvo accanto alla slitta abbaiando a più non posso e cercavo di strappare i guanti dalle mani del bambino.

Un pomeriggio di sole, l'aria era così fredda e pulita che potevo sentirne il sapore fino in fondo alla gola. Tutti i bambini del vicinato erano lì, sulla collina delle slitte, e Hannah e Ethan passavano più tempo a spingere i piccoli che a scendere col loro slittino. Dopo un po', stanco di correre su e giù per il pendio, mi misi in fondo alla discesa: fu allora che arrivò Todd in macchina.

Scendendo mi guardò, ma non disse niente né fece per accarezzarmi. Io restai sulle mie.

«Linda! Muoviti, è ora di andare a casa» gridò, col fiato che gli usciva dalla bocca in una nuvola di fumo bianco.

Linda, con tre dei suoi piccoli amici, stava discendendo il pendio su uno slittino a forma di disco. Ethan e Hannah la superarono sulla loro slitta, ridendo. «Non mi va!» urlò Linda in risposta.

«Subito! L'ha detto la mamma!»

Il bambino e Hannah si fermarono in fondo alla discesa, rotolando giù dalla slitta. Per un attimo restarono lì, uno sopra all'altra, ridacchiando. Todd li guardava.

A quel punto avvertii in lui una strana sensazione. Non era proprio rabbia: era qualcosa di peggio, di più oscuro, un'emozione che non avevo mai percepito. Lo capii dal modo in cui fissava Ethan e Hannah, col viso tirato.

Ethan e la bambina si alzarono, pulendosi via la neve a vicenda, e si avvicinarono a Todd stringendosi ancora fra le braccia. Irradiavano una tale quantità di amore e di gioia che non si accorsero dei fiotti di odio che sprizzavano da Todd.

«Ciao, Todd.»

«Ciao.»

«Lei è Hannah. Hannah, lui è Todd. Vive in fondo alla strada.»

Hannah gli porse la mano, sorridendo. «Piacere.»

Todd s'irrigidì appena. «Veramente ci siamo già conosciuti.»

Hannah piegò la testa di lato, scostandosi i capelli dagli occhi. «Davvero?»

«Quando?» fece Ethan.

«A una partita di football» disse Todd. Poi scoppiò in una breve risata.

Ethan scuoteva la testa senza capire, ma Hannah lo mise a fuoco. «Ah, sì, giusto» disse abbassando improvvisamente la voce.

«Cosa?» chiese Ethan.

«Devo portare a casa mia sorella. Linda!» gridò Todd mettendo le mani a coppa davanti alla bocca. «Vieni subito a casa!»

Linda si staccò dal gruppo dei suoi amici e con aria scoraggiata si trascinò nella neve.

«È... È lui quello con cui avevo parlato» disse Hannah a Ethan. Hannah ebbe un moto di preoccupazione e le lanciai un'occhiata incuriosita. Poi, sentendo la rabbia montare dentro Ethan, alzai la testa verso di lui.

«Cosa? Tu? Todd, sei stato tu a dire a Hannah che uscivo con Michelle? Non la conosco nemmeno, questa Michelle! Perché l'hai fatto?»

«Devo andare» borbottò Todd. «Monta in macchina, Linda» disse a sua sorella.

«No, aspetta un attimo» fece Ethan. Allungò una mano per fermarlo e Todd si divincolò.

«Ethan» mormorò Hannah, appoggiandogli un guanto sul braccio.

«Perché l'hai fatto, Todd? Perché hai mentito? Che problema hai?»

Anche se i conflitti e le emozioni che si agitavano dentro Todd erano così forti da sciogliere la neve sotto i suoi piedi, lui restò immobile, fissando Ethan senza dire una parola.

«È per questo che non hai amici, Todd. Perché non puoi essere come tutti gli altri? Devi sempre comportarti in questo modo» disse il bambino. La rabbia lo stava abbandonando, ma sentivo che era ancora turbato.

«Ethan» ripeté Hannah, più seccamente.

Todd, sempre in silenzio, montò in macchina sbattendo la portiera. Il suo viso, quando si girò a guardare Hannah e Ethan, era completamente privo d'espressione.

«Sei stato troppo duro» disse Hannah.

«Non lo conosci.»

«Non m'interessa» rispose lei. «Non dovevi dirgli che non ha amici.»

«Ma è vero. Fa sempre così. Come quando ha detto che un tipo gli aveva rubato l'iPod, e invece era tutta una balla.»

«Non è... C'è qualcosa di diverso in lui, vero? È nelle classi speciali?»

«Oh, no, è molto intelligente. Non è questo. È fatto così, punto e basta. Un tempo, da piccoli, eravamo amici. Ma aveva sempre degli strani modi di giocare, tipo tirare uova addosso ai bambini che aspettavano il pulmino per l'asilo. Io gli dissi che non volevo farlo – insomma, c'era anche sua sorella in mezzo a quei bambini – e allora lui schiacciò la scatola di uova che si era portato dietro. Sporcò tutto il vialetto di casa e dovetti ripulire con la canna prima che tornasse mio padre. Però a Bailey quella parte piacque molto.»

Scodinzolai sentendo il mio nome, lieto di pensare che forse adesso stavano parlando di me.

«Ci credo» rise Hannah accarezzandomi.

Hannah se ne andò. Pochi giorni dopo, dal cielo ricominciò a cadere la neve e il vento soffiava così forte che ce ne stavamo tutto il giorno chiusi in casa, seduti davanti al radiatore (almeno, è quello che facevo io). Quella notte dormii sotto le coperte di Ethan e ci rimasi anche quando divenne così caldo che non respiravo, ma era troppo piacevole starmene stretto accanto a lui come quando ero cucciolo.

Il mattino dopo, finalmente, la neve smise di cadere: io e Ethan uscimmo e passammo ore e ore a spalare il vialetto. La neve era pesante e profonda, e correre era faticoso: riuscivo appena a fare qualche salto prima di dovermi fermare per un riposino.

Subito dopo cena in cielo spuntò la luna, così luminosa che si vedeva come fosse giorno, e l'aria era piena dell'odore di fumo dei caminetti. Ethan era stanco e andò a letto presto, ma io uscii dalla gattaiola e restai un po' in giardino, col naso per aria a fiutare il vento, eccitato da quella luce così bizzarra e dall'aria frizzante della notte.

Quando scoprii che la neve vicino alla palizzata era ammucchiata a formare un enorme monticello, tutto contento mi arrampicai fino in cima e saltai dall'altra parte. Era la serata perfetta per un'avventura. Andai da Chelsea per vedere se Duchessa era disponibile, ma non c'era traccia della mia amica, a parte una macchia relativamente fresca di urina nella neve. Da bravo feci una pisciatina lì accanto per marcare il territorio.

Di solito quando partivo per le mie esplorazioni notturne, mi avventuravo lungo il corso del ruscello. Mi faceva ripensare alla vecchia vita, quando ero un cucciolo senza padrone e andavo a caccia con Svelto e Sorella, tra odori ogni volta più emozionanti. Ma adesso ero costretto a rimanere sulle strade libere dalla neve, risalendo i vialetti delle case per infilare il naso nello spiraglio tra l'asfalto e la porta del garage. Alcuni avevano già portato fuori i loro alberi di «Buon Natale» (quello di Ethan era ancora in casa, vicino alla finestra sul davanti, con appesi un sacco di gingilli e lucine colorate, messi lì perché Felix ci si potesse avventare). Quando mi trovai davanti tutti quegli alberi da interno stesi per terra lungo i vialetti sgombri, non potei fare a meno di marcarli col mio odore. Mi attardai per colpa di quella sfilza interminabile di alberi su cui fare pipì. Se non fosse stato per l'aroma dell'ennesimo alberello lasciato fuori, che mi spingeva ad andare avanti, sarei tornato prima a casa e forse sarei arrivato in tempo per impedire ciò che accadde.

Mi ritrovai davanti i fari di una macchina che rallentò per un attimo: quell'odore mi fece ripensare alla macchina di Mamma, quando lei e Ethan venivano a cercarmi perché mi ero allontanato troppo in una delle mie avventure, e provai un improvviso senso di colpa. Abbassando la testa, m'incamminai a passo svelto verso casa.

Quando infilai il vialetto spalato di fresco, fui colpito da varie cose, tutte fuori posto.

La porta d'ingresso era aperta e l'odore di casa fuoriusciva a zaffate, spinto dal calore dei radiatori nella gelida aria notturna. Tra le correnti fiutai un puzzo chimico, al tempo stesso pungente e familiare: era l'odore che sentivo sempre in quel posto dove ci fermavamo durante i nostri viaggi in macchina, quando Ethan si divertiva a infilare una grosso tubo nero nel retro dell'auto. E poi vidi un'ombra uscire di spalle dall'ingresso: all'inizio pensai fosse il bambino, ma appena si voltò per spargere tra i cespugli ancora un po' di quel liquido puzzolente, riconobbi il suo odore.

Era Todd. Scese i tre gradini del portico, tirò fuori dei pezzi di carta dalle tasche e li accese, col fuoco che tremolava davanti al suo viso dall'espressione gelida. Quando buttò i fogli infuocati, una fiammata blu divampò tra i cespugli.

Todd non mi vedeva, troppo concentrato a guardare il fuoco.

E io non abbaiai, non provai nemmeno a ringhiare, ma risalii il vialetto spinto da una furia silenziosa. Gli saltai addosso come se non avessi fatto altro in vita mia: sentivo crescere in me una potenza sconosciuta, come se fossi stato a capo di un branco.

Todd cadendo lanciò un urlo e mi sferrò un calcio sul muso. Io gli addentai il piede e lo strinsi forte, mentre lui gridava. Gli strappai i pantaloni e quando perse una scarpa sentii il sapore del sangue. Mi tirò un pugno, un altro, ma io non mollavo la presa sulla sua caviglia e, scuotendo il capo, sentii la carne lacerarsi di nuovo.

All'improvviso, distratto da un rumore che fendeva l'aria, voltai la testa verso casa e Todd riuscì a liberarsi. L'albero di «Buon Natale» aveva preso fuoco e un fumo denso e acre, uscito dalla porta d'ingresso, si spandeva nella notte. Il fischio elettronico era acuto e assordante e indietreggiai d'istinto.

Todd si alzò in piedi e si allontanò più veloce che poteva, zoppicando. Con la coda dell'occhio vidi che stava scappando, ma non m'importava più di lui. Suonai il mio allarme personale, abbaiando cercavo di attirare l'attenzione sulle fiamme che si diffondevano rapidamente per tutta la casa, salendo su per le scale verso la camera del bambino.

Corsi sul retro e mentre ero lì ad abbaiare, la porta sul patio si aprì e Mamma e Papà ne uscirono barcollando. Mamma tossiva.

«Ethan!» gridò.

Dalla porta si alzava un fumo nero. Mamma e Papà corsero verso il cancello e mi spinsero da una parte mentre correvano sulla neve dirigendosi all'ingresso anteriore. Guardavano la finestra della camera di Ethan.

«Ethan!» urlavano. «Ethan!»

Mi allontanai e corsi di nuovo verso il cancello sul retro. M'infilai attraverso la porta sul patio, con gli occhi e il naso pieni di fumo. Brancolando alla cieca cercavo di raggiungere le scale.

Il rumore del fuoco era forte come il vento quando andavamo in macchina coi finestrini abbassati. Il fumo era soffocante, ma fu il calore a respingermi. L'intensità del fuoco mi faceva bruciare il naso e le orecchie, e incapace di fare ancora un passo in avanti abbassai la testa e corsi fuori, dove l'aria fredda alleviò immediatamente il dolore.

Mamma e Papà stavano ancora urlando. Si erano accese delle luci nelle case di fronte e in quella a fianco, e vidi un vicino che guardava dalla finestra, parlando al telefono.

Ancora non c'era traccia del bambino.

«Ethan!» gridavano Mamma e Papà. «Ethan!»

15

In tutta la mia vita non avevo mai percepito tanta paura come quella che emanavano Mamma e Papà mentre urlavano verso la finestra del bambino. Mamma singhiozzava e Papà aveva la voce strozzata. Quando ricominciai ad abbaiare disperato nessuno mi disse di smettere.

Le mie orecchie colsero il lamento lontano di una sirena, ma più che altro sentivo i miei latrati, le urla di Mamma e Papà e, su tutto, il fragore del fuoco, così forte che sembrava rimbombare dentro tutto il mio corpo. I cespugli davanti a casa erano ancora in fiamme e nuvole di vapore salivano al cielo mentre la neve si scioglieva sfrigolando.

«Ethan! Ti prego!» gridò Papà con voce rotta.

Proprio in quel momento, sentii uno schianto provenire dalla finestra di Ethan e un oggetto cadde sulla neve insieme a una pioggia di vetri. Era il flip!

Corsi a prenderlo, per far vedere al bambino che sì, ce l'avevo. La sua testa apparve nel buco aperto dal flip, mentre nubi di fumo nero gli incorniciavano il viso.

«Mamma!» gridò, tossendo.

«Devi uscire subito, Ethan!» tuonò Papà.

«Non riesco ad aprire la finestra, è bloccata!»

«Salta!» rispose Papà.

«Devi saltare, tesoro!» gli urlò Mamma.

Il volto di Ethan scomparve di nuovo all'interno. «Così il fumo lo ucciderà, cosa sta facendo?» disse Papà.

«Ethan!» gridò Mamma.

Ci fu un altro schianto e la sedia del bambino volò fuori dalla finestra: un secondo dopo, Ethan si lanciò. Ma probabilmente era rimasto impigliato nelle schegge di legno e vetro perché, invece di saltare oltre i cespugli in fiamme, ci finì proprio nel mezzo.

«Ethan!» strillò Mamma.

Io abbaiavo senza tregua, mi ero completamente dimenticato del flip. Papà infilò un braccio nel fuoco per tirare fuori Ethan e lo trascinò sulla neve facendolo rotolare più volte. «Oddio! Dio...» Mamma singhiozzava.

Ethan, disteso nella neve a pancia in su, teneva gli occhi chiusi. «Stai bene, tesoro? Stai bene?» chiese Papà.

«La gamba» disse Ethan, con un colpo di tosse.

Fiutai l'odore della sua carne bruciata. Aveva il volto annerito e coperto di sudore. Mi avvicinai stringendo in bocca il flip e sentii tutto il dolore che lo straziava. Avrei voluto aiutarlo.

«Va' via, Bailey» disse Papà.

Il bambino aprì gli occhi e mi rivolse un sorriso fiacco. «No, va bene. Bravo, Bailey, hai preso il flip. Bravo.»

Agitai la coda. Ethan allungò una mano per accarezzarmi la testa e io lasciai cadere il flip, anche perché, a dirla tutta, non aveva un sapore molto buono. Teneva l'altra mano, sporca di sangue, piegata sul petto.

Iniziarono ad arrivare macchine e furgoni. Degli uomini corsero sul prato e cominciarono a spruzzare la casa con grandi tubi. Qualcuno portò uno strano letto per adagiarci sopra il bambino e lo infilò nel retro di un furgone. Cercai di salire insieme a lui, ma una donna, in piedi accanto alla portiera, mi spinse via. «No, mi spiace» disse.

«Fermo, Bailey, va tutto bene» fece il bambino.

Sapevo perfettamente come si giocava a «fermo», anche se era il trucco che mi piaceva di meno. Il bambino stava ancora male e avrei voluto rimanere con lui.

«Posso salire?» chiese Mamma.

«Certo, venga, le do una mano» rispose la donna.

Mamma si arrampicò sul retro del furgone. «Va tutto bene, Bailey.» Si avvicinò la madre di Chelsea e Mamma la guardò. «Laura? Potete occuparvi voi di Bailey?»

«Certo.»

La mamma di Chelsea mi prese per il collare. Le sue mani erano ricoperte dell'odore di Duchessa. Le mani di Papà, invece, puzzavano di fuoco e capii che stava soffrendo. Si infilò nel furgone insieme a Mamma e al bambino.

Quasi tutto il vicinato era per strada, ma non si vedeva nemmeno un cane. Il furgone partì e io lanciai un lungo ululato di dolore. E adesso, come facevo a sapere se il mio bambino stava bene?

La mamma di Chelsea si fece da parte, sempre reggendomi per il collare. Capii che non sapeva bene cosa fare. La maggior parte dei vicini si era radunata per strada, ma lei era rimasta davanti a casa e tutti si comportavano come se dovesse stare lì, invece di raggiungere i suoi amici.

«Si tratta chiaramente di incendio doloso» disse un uomo rivolto a una donna con una pistola alla cintola. Sapevo che le persone vestite così si chiamavano «la polizia». «I cespugli, l'albero, ha preso fuoco tutto contemporaneamente. Più punti di accensione, grandi quantità di combustibile. Sono fortunati a essere ancora vivi.»

«Tenente, guardi qua» esclamò un altro uomo. Anche lui aveva una pistola. Gli uomini con le giacche di plastica non portavano pistole e stavano ancora innaffiando la casa.

Esitando, la mamma di Chelsea si avvicinò per vedere cosa stavano guardando. Era la scarpa di Todd. Mi voltai, con aria colpevole, sperando che nessuno facesse caso a me.

«Ho trovato questa scarpa da ginnastica, sembra che ci sia del sangue» notò l'uomo, illuminando la neve con una torcia.

«Il ragazzo si è tagliato buttandosi dalla finestra» osservò qualcun altro.

«Sì, laggiù. Ma non qui. Qui ci sono solo orme di cane e questa scarpa.»

Sentendo la parola «cane», mi feci piccolo piccolo. La donna con la pistola tirò fuori una torcia e la puntò sulla neve. «Guarda, guarda» disse.

«È sangue» fece un altro.

«D'accordo. Voi due andate a vedere dove portano le tracce. E circondiamo l'area. Sergente?»

«Sissignora» disse un uomo avvicinandosi al gruppo.

«Abbiamo trovato tracce di sangue, voglio che tutta l'area sia isolata, per due metri e mezzo da ogni lato. Chiudete la strada al traffico e fate allontanare questa gente.»

La donna si tirò su e la mamma di Chelsea si abbassò, come se solo in quel momento si fosse accorta di me. «Stai bene, Bailey?» chiese accarezzandomi.

Scodinzolai.

Smise improvvisamente di accarezzarmi e si guardò la mano.

«Signora, lei vive qui?» chiese la donna con la pistola alla mamma di Chelsea.

«No, ma il cane sì.»

«Posso chiederle di... aspetti, lei è una vicina?»

«Abito due case più in là.»

«Ha visto nessuno gironzolare da queste parti, stasera?»

«No, stavo dormendo.»

«Va bene. Posso chiederle di raggiungere gli altri, laggiù? Oppure, se ha freddo, può fornirci i suoi dati e tornare a casa.»

«Sì, ma...» fece la madre di Chelsea.

«Sì?»

«Qualcuno potrebbe dare un'occhiata a Bailey? Mi sembra che stia sanguinando.»

Scodinzolai di nuovo.

«Certo» rispose la donna. «È docile?»

«Oh, sì.»

La donna si chinò. «Ti sei ferito? Come ti sei fatto male?» mi chiese piano. Tirò fuori una torcia e mi osservò attentamente il collo. Le diedi una leccatina, tanto per provare, e si mise a ridere.

«Ok, sì, è docile. Però non mi pare che il sangue sia suo. Signora, avremmo bisogno di esaminare meglio il cane, va bene?»

«Posso restare, se serve.»

«No, va bene così» disse la donna.

Mi portarono fino a una delle macchine, dove un uomo molto gentile prese delle forbici e, dopo avermi tagliato qualche pelo, lo infilò in un sacchetto di plastica.

«Quanto scommetti che è lo stesso sangue che abbiamo trovato sulla scarpa? Secondo me è andata così: il nostro amico a quattro zampe stanotte era di pattuglia e ha mollato un bel morso al piromane. Se abbiamo un sospettato, l'esame del DNA lo incastrerà» disse la donna all'uomo che mi stava tagliando il pelo.

«Tenente» disse un uomo, avvicinandosi. «So dove abita il piromane.»

«Cosa aspetta a dirlo?» rispose la donna.

«Il bastardo ha lasciato una scia di sangue che porta dritta fino a una casa in fondo alla strada. Dal marciapiede le tracce vanno fino alla porta laterale.»

«Direi che abbiamo abbastanza elementi per un mandato di perquisizione» fece la donna. «E potrei scommettere che, chiunque viva lì, ha un morso di cane sulla gamba.»

Nei giorni che seguirono, abitai a casa di Chelsea. Duchessa sembrava convinta che fossi lì per fornirle un compagno di giochi ventiquattr'ore su ventiquattro, ma io non riuscivo a scacciare la tensione che mi faceva camminare avanti e indietro, in attesa che Ethan tornasse a casa.

Il secondo giorno ricomparve Mamma. Mi disse che ero un bravo cane e, sentendo l'odore del bambino sui suoi vestiti, mi tirai un po' su di morale e giocai per un'oretta al gioco preferito di Duchessa, «prendi il calzino», mentre la madre di Chelsea offriva a Mamma un caffè dall'aroma forte.

«Ma cosa diavolo pensava di fare quel ragazzo? Perché dar fuoco alla vostra casa? Poteva ammazzarvi tutti.»

«Non lo so. Un tempo Ethan e Todd erano amici.»

Mi voltai sentendo il nome di Ethan e Duchessa ne approfittò per strapparmi il calzino di bocca.

«Sono sicuri che sia stato Todd? Pensavo che la polizia avesse detto che ci sarebbe voluto più tempo per analizzare il sangue.»

«Ha confessato appena l'hanno portato in centrale per interrogarlo» disse Mamma.

«E ha spiegato perché l'ha fatto?»

Duchessa mi faceva ciondolare il calzino davanti al muso, sfidandomi a prenderlo. Io distolsi lo sguardo di proposito.

«Dice che non sa perché l'ha fatto.»

«Cristo santo.»

Con un rapido affondo addentai il calzino. Duchessa puntò

le zampe ringhiando. La trascinai per tutta la stanza, ma non voleva lasciarlo andare.

«Bailey adesso è un eroe. A Todd hanno dovuto dare otto punti alla gamba.»

Sentendo fare il mio nome, sia io che Duchessa ci bloccammo. Erano in arrivo biscotti per cani? Il calzino restò ciondoloni in mezzo a noi.

«Vogliono fargli una foto da pubblicare sul giornale» disse Mamma.

«Per fortuna gli ho fatto il bagno» rispose la madre di Chelsea.

Cosa? Un altro bagno? Ma se l'avevo appena fatto! Lasciai cadere il calzino e Duchessa lo agitò tutta felice, portandolo in trionfo per il soggiorno in segno di vittoria.

«Ethan come sta?»

Mamma posò la tazzina di caffè. Sentendo il nome del bambino e il senso di angoscia e preoccupazione che proveniva da lei, mi avvicinai per appoggiarle la testa in grembo. Mi accarezzò.

«Hanno dovuto mettergli un ferro nella gamba e resteranno le... cicatrici.» Mamma si portò le mani alla faccia, coprendosi gli occhi.

«Mi dispiace... mi dispiace tanto» disse la madre di Chelsea.

Mamma stava piangendo. Le appoggiai una zampa sulla gamba per consolarla.

«Bravo, Bailey» disse.

Duchessa mi piantò in faccia il suo muso idiota, col calzino che le ciondolava dalla bocca. Le lanciai un ringhio sommesso e lei indietreggiò confusa.

«Su, fate i bravi» disse la madre di Chelsea.

Poco dopo offrì a Mamma un pezzo di torta, ma a noi cani non toccò un bel niente. Duchessa stava sdraiata sul dorso, reggendo il calzino sopra la bocca con le zampe, proprio come facevo io con Coco quando vivevamo nel Cortile. Mi pareva fossero passati secoli.

Vennero delle persone e mi sedetti in soggiorno con Mamma, strizzando gli occhi a quelle luci accecanti che sembravano fulmini senza tuono. Poi andammo fino a casa nostra, che adesso era coperta con teli di plastica che sventolavano all'aria, e lì ci furono altri lampi.

Una settimana dopo, Mamma mi portò a fare un viaggio in macchina e ci trasferimmo nell'«appartamento». Era una casa piccola, dentro un grande edificio pieno di altre case, e con un sacco di cani dappertutto. Per la maggior parte erano piccoli, ma di pomeriggio Mamma mi portava in un grande giardino di cemento per conoscerli. Lei si sedeva su una panchina e parlava con altre persone, mentre io correvo a farmi nuovi amici e a marcare il territorio.

L'appartamento non mi piaceva e nemmeno a Papà. Lui e Mamma urlavano molto più spesso di quando stavamo a casa. Era piccolo e, cosa ancora peggiore, il bambino non c'era. Spesso sia Papà che Mamma avevano addosso il suo odore, ma non viveva più con noi e avevo il cuore spezzato.

Dov'era il mio bambino?

16

Abitavamo ancora nell'appartamento il giorno in cui il bambino tornò. Ero acciambellato per terra, con la gattina Felix che mi dormiva addosso. All'inizio avevo cercato di mandarla via, ma dopo un po' mi ero arreso: a quanto pareva Felix era convinta che fossi sua madre. Un po' offensiva, come idea, ma dopotutto era un gatto e quindi, dal mio punto di vista, completamente idiota.

Avevo imparato a riconoscere le auto che entravano nel parcheggio dal suono del motore, così saltai subito in piedi sentendo arrivare la macchina di Mamma. Felix mi guardò confusa, mentre correvo alla finestra e appoggiavo le zampe sul davanzale per guardare Mamma che saliva le scale.

Ma ciò che vidi, laggiù nel parcheggio, fece fare al mio cuore un grosso balzo: era il bambino, che cercava a fatica di scendere dalla macchina. Mamma si era chinata per aiutarlo, ma lui ci mise qualche secondo prima di tenersi in piedi da solo.

Ero fuori di me dall'emozione, abbaiavo e giravo su me stesso, correvo dalla finestra alla porta cercando di uscire e poi di nuovo alla finestra per vedere cosa stava succedendo. Felix, terrorizzata, corse a rifugiarsi sotto il divano e rimase lì a fissarmi.

Quando sentii armeggiare alla serratura, mi misi davanti alla porta tremante di gioia. Mamma aprì appena e l'odore del bambino si sparse per tutta la stanza trasportato dalle correnti d'aria.

«Bailey, sta' indietro. Giù, Bailey, giù. Seduto.»

Non ce la facevo proprio. Appoggiai per un istante il sedere a terra, ma saltai subito in piedi. Mamma infilò la mano dentro la porta e mi prese per il collare, spingendomi indietro mentre apriva.

«Ciao, Bailey. Come stai, amico?» fece Ethan.

Mamma mi tenne lontano dal bambino mentre lui entrava con passo incerto, appoggiandosi a degli oggetti che, come avrei scoperto poco dopo, si chiamavano «stampelle». Andò fino al divano e si sedette, mentre io guaendo cercavo di sfilarmi il collare. Quando finalmente Mamma mi lasciò andare, attraversai la stanza in un solo balzo e atterrai sulle ginocchia del bambino, leccandogli tutta la faccia.

«Bailey!» disse Mamma con tono severo.

«No, va bene. Bailey, sei proprio un cane citrullo» mi lodò il bambino. «Come stai, eh? Anche tu mi sei mancato, Bailey.»

Ogni volta che diceva il mio nome mi sentivo percorrere da un brivido di piacere. Non ne avevo mai abbastanza delle sue mani che mi accarezzavano il pelo.

Gradualmente, nei due giorni che seguirono, cominciai a capire che il bambino aveva qualcosa che non andava. Aveva dolori mai provati prima e camminava a fatica e con difficoltà. Emanava un senso di nera tristezza, accompagnata da una rabbia cupa che esplodeva nei momenti più inaspettati, mentre era seduto sul divano a guardare fuori dalla finestra.

Nelle prime settimane il bambino usciva tutti i giorni per andare a fare un viaggio in macchina con Mamma. Quando tornava a casa era sempre stanco e sudato, e di solito andava dritto a fare un pisolino. Venne il caldo, gli alberi mettevano le prime foglie e Mamma doveva andare a lavorare, così io e il bambino ce ne stavamo da soli nell'appartamento, insieme a Felix che passava le sue giornate tentando di escogitare un modo per uscire dalla porta. Non avevo idea di cosa pensasse di ottenere, una volta fuori, ma quella era una regola stabilita dal bambino, quindi non si discuteva. Il problema, con Felix, era che non seguiva mai le regole, il che mi faceva uscire dai gangheri. Stava sempre a farsi le unghie sullo stipite della porta del soggiorno, ma *l'unica volta* che provai a farci una pisciatina sopra, tutti si misero a urlare. Non finiva mai la sua cena, ma nessuno mi ringraziava quando le ripulivo il piatto, anzi era un'altra occasione per sgridarmi. Una parte di me voleva che i suoi piani di fuga andassero a buon fine, così non avrei più dovuto sopportarla. D'altro canto, era sempre disposta a fare un po' di lotta, bastava che non mi scatenassi troppo. A volte giocava con me a inseguire la palla, quando Ethan la lanciava nel corridoio, e in genere lasciava che fossi io a prenderla per riportarla indietro, il che mi pareva molto sportivo da parte sua. Non è che avesse molta scelta, a dirla tutta, dal momento che ero il cane di casa.

Non era divertente come alla Fattoria e nemmeno come a casa, ma adesso ero felice di vivere nell'appartamento, perché il bambino stava quasi sempre con me.

«Credo sia arrivato il momento di tornare a scuola» disse Mamma, una sera a cena. Conoscevo la parola «scuola» e guardai il bambino, che aveva incrociato le braccia.

C'era rabbia dentro di lui, e tristezza.

«Non sono pronto. Prima devo riuscire a camminare meglio» disse.

Mi tirai su. Camminare? Andavamo a fare una passeggiata?

«Ethan, non c'è motivo...»

«Non ne voglio parlare, mamma!» urlò il bambino.

Ethan non urlava mai con Mamma e sentii subito che era dispiaciuto, ma tutti tacquero.

Pochi giorni dopo, però, qualcuno bussò alla porta e, quando Ethan andò ad aprire, l'appartamento si riempì di ragazzini. Riconobbi l'odore di alcuni di loro: erano i ragazzi che giocavano nel grande prato insieme a lui. Molti mi chiamavano per nome. Lanciai un'occhiata a Felix per vedere come reagiva a quella dimostrazione della mia superiorità, ma finse di non essere invidiosa.

I ragazzi ridevano e gridavano. Restarono per circa un'ora e sentii il cuore di Ethan alleggerirsi. La sua felicità rendeva felice anche me, così andai a prendere una palla e la portai in giro per il soggiorno. Uno dei ragazzi la prese e la lanciò nel corridoio, e giocammo per qualche minuto.

Pochi giorni dopo la visita dei ragazzi, Ethan si alzò presto e uscì insieme a Mamma.

Scuola.

Il giorno in cui lasciammo l'appartamento, il bambino camminava aiutandosi con un legno tutto lucido. Lo chiamavano «bastone», ma era diverso dagli altri bastoni: non me lo tirava mai e d'istinto capii subito che non dovevo morderlo, neanche un pochino.

Mi emozionai sentendo entrare dal finestrino gli odori familiari del ruscello e della nostra strada. Appena mi fecero scendere dalla macchina, corsi su fino alla porta d'ingresso. C'era ancora odore di fumo, ma l'aria profumava anche dell'aroma di legno nuovo e di tappeti, e le finestre del soggiorno erano più grandi. Felix si muoveva con circospezione, mentre io mi lanciai subito fuori dalla gattaiola e corsi nel cortile sul retro. Abbaiai di gioia e Duchessa rispose. Casa!

Ci eravamo appena sistemati, quando facemmo un lungo

viaggio in macchina fino alla Fattoria. Finalmente la vita era tornata alla normalità, anche se il bambino non aveva tanta voglia di correre e preferiva camminare appoggiandosi al suo bastone.

Uno dei primi posti dove andammo fu casa di Hannah. Conoscevo bene la strada e corsi avanti a tutti, per essere io il primo a vederla. «Bailey! Ciao, Bailey!» mi chiamò. Andai da lei per farmi dare una bella grattata, poi il bambino, col fiatone, ci raggiunse sul vialetto. La bambina scese i gradini del portico e restò lì, sotto il sole, ad aspettarlo.

«Ciao» disse il bambino. Sembrava un po' insicuro.

«Ciao» rispose la bambina.

Sbadigliai, grattandomi il mento.

«Vuoi baciarmi o no?» chiese lei. Il bambino si avvicinò e le diede un lungo abbraccio.

Lasciò cadere il bastone.

Quell'estate, certe cose erano diverse. Ethan si svegliava molto prima dell'alba, prendeva il furgone di Nonno e andava su e giù per le stradine di campagna infilando fogli di carta nelle cassette della posta. Erano gli stessi fogli che una volta aveva disteso su tutti i tappeti della casa, ma in qualche modo sapevo che non avrebbe gradito se ci avessi fatto la pipì sopra, anche se c'era stato un tempo, quand'ero cucciolo, in cui orinando sui fogli di carta mi sarei guadagnato lodi sperticate.

Hannah e il bambino passavano un sacco di tempo per conto loro, seduti tranquilli. A volte, invece di parlare, facevano la lotta. Altre volte lei lo accompagnava nei suoi giri mattutini in macchina, ma di solito c'eravamo solo lui e io, Bailey, il cane del sedile davanti.

Chissà perché, Ethan si era portato il flip e passava ore a tagliarlo e a ricucirlo, rendendolo ancora più imbarazzante di quanto non fosse stato prima. Ma i momenti che preferivo erano quando nuotavamo insieme nello stagno. Solo allora sembrava che la gamba non gli facesse più tanto male. Giocavamo anche a «salvami», il gioco che ripetevamo da anni, e quando mi tuffavo per riprenderlo ero così felice che avrei voluto non finisse mai.

Ma sapevo che prima o poi doveva finire. Sentivo che le notti si allungavano e questo voleva dire che presto saremmo tornati a casa.

Una sera ero sdraiato sotto il tavolo mentre Mamma e Nonna parlavano. Ethan era andato a fare un giro in macchina con Hannah senza portarmi, quindi immaginavo che dovessero fare qualcosa di poco divertente.

«Vorrei parlarti di una cosa» disse Nonna a Mamma.

«Mamma» disse Mamma.

«No, ascoltami. Il ragazzo è completamente cambiato da quando siete arrivati. È felice, si sta rimettendo, ha una ragazza... Perché riportarlo in città? Può finire il liceo qui.»

«Da come lo dici, sembra che viviamo in un ghetto» si lamentò Mamma, ridendo.

«Non mi vuoi rispondere perché... Be', sappiamo tutt'e due perché. So che tuo marito sarebbe contrario. Ma ormai è quasi sempre in viaggio e l'hai detto anche tu che il lavoro a scuola ti sta uccidendo. Il ragazzo ha bisogno di avere una famiglia intorno mentre si rimette.»

«Sì, Gary viaggia molto, ma vuole vedere Ethan quando torna a casa. E io non posso mollare il lavoro così, da un giorno all'altro.»

«Non ti sto dicendo questo. Puoi venire quando vuoi e anche Gary potrebbe prendere un aereo fino all'aeroporto più vicino, nei fine settimana. Lo sai che voglio solo il meglio per te: non vi farebbe bene stare un po' da soli, in questo momento? Se tu e Gary volete risolvere i problemi tra di voi, non è meglio farlo senza Ethan?»

Drizzai le orecchie sentendo il nome del bambino. Era tornato? Voltai la testa, ma non sentivo la sua macchina.

Quando le notti si fecero più fresche e gli anatroccoli erano ormai grandi come mamma anatra, Mamma sistemò la roba in macchina. Io camminavo in su e in giù, nervoso, per paura che mi lasciassero lì. Appena ne ebbi l'occasione, saltai sul sedile di dietro. Chissà perché, tutti si misero a ridere. Seduto in macchina, guardai Mamma che abbracciava Nonno e Nonna e, stranamente, anche Ethan. Dopodiché il bambino venne ad aprire la portiera. «Bailey? Vuoi andare via con Mamma o resti qui con me?»

Non avevo capito una sillaba della sua domanda e mi limitai a guardarlo.

«Scendi, cane citrullo. Bailey! Vieni!»

Riluttante, scesi nel vialetto. Niente viaggio in macchina?

Mamma se ne andò, mentre Ethan, Nonna e Nonno agitavano le mani. Tutto questo non aveva alcun senso: io e il bambino restavamo alla Fattoria?

Per me era perfetto. Quasi tutti i giorni cominciavano con un lungo viaggio in macchina, al buio, durante il quale lasciavamo fogli di carta di casa in casa. Al nostro ritorno, Nonna stava preparando la colazione e Nonno di nascosto mi passava sempre qualcosa sotto il tavolo: pancetta, prosciutto, un pezzo di toast. Imparai a masticare senza far rumore, perché Nonna non dicesse: «Stai dando di nuovo da mangiare al cane?». Il tono della sua voce quando diceva «cane» mi fece capire che tutta l'operazione doveva svolgersi in silenzio.

La parola «scuola» era di nuovo in voga, ma non c'erano più pulmini: adesso Ethan se ne andava in macchina, oppure a volte veniva la bambina e partivano con la sua. Avevo capito che non c'era nulla di cui preoccuparsi, che Ethan a fine giornata sarebbe tornato a casa. Spesso anche la bambina si fermava per cena.

Mamma veniva a trovarci di frequente e per «Buon Natale» c'erano sia lei sia Papà. Le mani di Mamma, quando si chinava per accarezzarmi, avevano l'odore della gattina Felix, ma io cercavo di non farci caso.

Pensavo avessimo deciso di restare per sempre alla Fattoria, ma verso la fine di quell'estate sentii che stava arrivando un altro cambiamento. Il bambino cominciò a mettere le sue cose nelle scatole, un chiaro segnale che presto avremmo ripreso la strada di casa. Hannah stava quasi sempre da noi e sembrava un po' triste e spaventata. Quando abbracciava il bambino, c'era così tanto amore tra loro che non riuscivo a fare a meno di infilarmi nel mezzo, al che scoppiavano sempre a ridere.

Un mattino, capii che era arrivato il momento. Nonno caricava le scatole in macchina, Mamma e Nonna parlavano, Ethan e Hannah si abbracciavano. Io, da parte mia, giravo intorno alla macchina cercando un modo per salire, ma Nonno mi aveva bloccato ogni via d'accesso e non ero ancora riuscito a montare.

Il bambino venne da me e si mise in ginocchio. Un vago senso di tristezza aleggiava su di lui. «Fa' il bravo, Bailey» disse.

Scodinzolai per mostrargli che avevo capito: ero un bravo cane ed era arrivato il momento di fare un viaggio in macchina fino a casa.

«Torno per il Ringraziamento, va bene? Mi mancherai, cane citrullo.» Mi diede un lungo abbraccio pieno d'amore. Socchiusi gli occhi. Al mondo non c'era sensazione più bella che essere abbracciato dal mio bambino.

«È meglio se lo tenete, non capirà» disse Ethan. La bambina, facendo un passo avanti, mi prese per il collare. Trasmetteva ondate di tristezza: stava piangendo. Ero diviso tra il desiderio di consolarla e il bisogno di salire in macchina. A malincuore mi sedetti ai suoi piedi, in attesa che quello strano dramma terminasse, così avrei potuto mettermi sul sedile, col naso fuori dal finestrino.

«Scrivimi una mail tutti i giorni!» disse Hannah.

«Lo farò!» rispose Ethan.

Restai a fissarli incredulo, mentre lui e Mamma montavano in macchina e chiudevano le portiere. Tirai Hannah: non capiva che dovevo andare con loro! Ma lei mi teneva forte. «No, Bailey, va tutto bene. Tu resta qui.»

Resta? Come resta? La macchina con un colpo di clacson si allontanò per il vialetto. Nonno e Nonna agitavano le mani. Com'era possibile? Nessuno si era accorto che io ero ancora lì?

«Se la caverà benissimo. È un'ottima università» disse Nonno.

Si girarono tutti e risalirono verso casa. Hannah allentò appena la presa, quanto bastava perché riuscissi a liberarmi.

«Bailey!» gridò.

Anche se la macchina era scomparsa dalla visuale, la nuvola di polvere era ancora nell'aria, facile da seguire mentre correvo dietro al mio bambino.

17

Le macchine sono veloci. Non me n'ero mai reso conto. Ricordo che Marshmallow, prima di andarsene, inseguiva sempre le macchine giù per la strada, abbaiando. Di solito quelle si fermavano, oppure rallentavano abbastanza perché lei potesse raggiungerle, anche se a quel punto spesso cambiava direzione fingendo di non aver mai avuto nessuna voglia di inseguirle.

Mentre correvo dietro al bambino avevo la sensazione che fosse proprio la macchina a portarmelo via, lontano da me. La scia di polvere e gas di scarico era sempre più tenue e rarefatta, ma quando la strada diventò dura sotto le mie zampe, pur non sentendo più il suo odore, seppi che avevano svoltato a destra. Non potevo arrendermi: completamente in preda al panico mi buttai anima e corpo all'inseguimento.

Davanti a me sentivo il rombo vibrante di un treno che sferragliava. Mi arrampicai in cima a un pendio e quando vidi il treno avvicinarsi, finalmente sentii di nuovo l'odore del mio bambino. La macchina, con i finestrini abbassati, era ferma sulla strada davanti al passaggio a livello.

Ero esausto. Non avevo mai corso così tanto e così veloce in vita mia, ma corsi ancora più forte quando la portiera laterale si aprì e il bambino scese dalla macchina.

«Oh, Bailey» disse.

Avrei voluto con tutto me stesso saltargli addosso, farmi amare da lui, ma non potevo perdere quell'occasione: lo aggirai all'ultimo istante e m'infilai in macchina.

«Bailey!» esclamò Mamma, ridendo.

Li leccai tutti e due, per fargli capire che era ok, li perdonavo, anche se si erano scordati di me. Quando il treno passò, Mamma avviò il motore e fece inversione, ma si fermò subito perché nel frattempo era apparso Nonno sul suo furgone: forse sarebbe venuto a casa insieme a noi!

«È scappato via come un razzo» disse Nonno. «Non so come abbia fatto ad arrivare così lontano.»

«Fin dove saresti arrivato, eh, Bailey? Cane citrullo» mi disse Ethan in tono affettuoso.

Con grande diffidenza montai sul furgone di Nonno, ma... Avevo ragione a non fidarmi! Ethan e Mamma ripartirono, e Nonno tornò indietro per riportarmi alla Fattoria.

Di solito Nonno mi piaceva. Ogni tanto si metteva a fare quelli che lui chiamava «i lavoretti»: andavamo sul retro del granaio, dove era ammucchiato il fieno morbido, e ci sdraiavamo per un sonnellino. Quando era più freddo, si portava anche un paio di coperte pesanti, per ripararci. Ma nei primi giorni dopo la partenza del bambino, ogni volta che me lo trovavo davanti mettevo il broncio: volevo punirlo per avermi riportato alla Fattoria. Vedendo che non bastava, l'unica soluzione che trovai fu masticare un paio delle sue scarpe, ma neppure quello servì a far tornare il bambino.

Mi faceva diventare matto vederli tutti così tranquilli, come se non si fossero nemmeno accorti della catastrofe che si era abbattuta sulla famiglia. Ero così agitato che mi misi a frugare nel ripostiglio del bambino e ne tirai fuori il flip, poi corsi giù e lo lasciai cadere in grembo a Nonna.

«E questo che diavolo è?» esclamò.

«La grande invenzione di Ethan» disse Nonno.

Mi misi ad abbaiare. "Sì! Ethan!"

«Bailey, vuoi andare fuori a giocare?» mi chiese Nonna. «Perché non lo porti a fare una passeggiata?»

Passeggiata? E dove? Dal bambino?

«Veramente volevo guardarmi un po' la partita» rispose Nonno.

«Santo cielo» fece Nonna. Andò alla porta e lanciò il flip in giardino, mandandolo a meno di cinque metri. Corsi a prenderlo e poi restai lì a fissarla, senza capire più nulla, mentre chiudeva la porta lasciandomi fuori.

E va bene. Sputai il flip e trotterellai davanti a Fiamma, in direzione del vialetto. Andai fino a casa della bambina, come avevo già fatto diverse volte da quando il bambino se n'era andato. L'odore della bambina era dappertutto, ma quello del mio bambino si stava lentamente dissolvendo. Una macchina si fermò sul vialetto e Hannah scese. «Arrivederci!» disse. Voltandosi, mi vide. «Ehi! Ciao, Bailey!»

Corsi da lei scodinzolando. Sui suoi vestiti sentivo l'odore di altre persone, ma nemmeno una traccia del bambino. Fece una passeggiata con me fino a casa e quando bussò alla porta, Nonna la fece entrare e le offrì una fetta di torta, ma a me niente.

Spesso mi capitava di sognare il mio bambino. Nei miei sogni si tuffava nello stagno e io nuotavo giù, verso il fondo, per giocare a «salvami». Lo vedevo sul suo go kart, tutto felice ed eccitato. E a volte sognavo che si buttava dalla finestra, sentivo il grido di dolore lacerante che gli usciva dalle labbra mentre cadeva tra i cespugli in fiamme. Non mi piaceva rivedere quella scena e mi stavo giusto svegliando da un sogno del genere quando vidi il bambino in piedi sopra di me.

«Ciao, Bailey!» sussurrò, mentre il suo odore riempiva la stanza. Era tornato alla Fattoria! Saltai in piedi, mettendo le zampe sul suo petto per leccargli la faccia. «Shhh» mi fece. «È tardi, sono appena arrivato. Dormono tutti.»

Era il periodo di «Felice Ringraziamento» e la vita tornava alla normalità. C'era anche Mamma, ma niente Papà. Hannah veniva a trovarci tutti i giorni.

Il bambino sembrava felice, ma sentivo che aveva la testa da un'altra parte. Invece di giocare con me, passava un sacco di tempo a guardare dei fogli di carta, perfino quando gli portai quello stupido flip per cercare di distrarlo.

Non fui sorpreso quando mi lasciò di nuovo. Avevo capito che quella era la mia nuova vita. Abitavo alla Fattoria con Nonna e Nonno, e il bambino veniva solo ogni tanto a trovarci. Non era quello che volevo, ma sapendo che sarebbe tornato mi era più facile vederlo andare via.

Fu durante una di quelle visite, quando l'aria era calda e le foglie erano appena spuntate, che io e Ethan andammo a guardare Hannah che correva in cerchio in un grande prato. Fiutavo il suo odore, insieme a quello di altri ragazzi e ragazze, perché il vento soffiava e i loro corpi sudavano durante la corsa. Sembrava una cosa divertente, ma restai accanto a Ethan, perché sentivo che il dolore alla gamba si faceva più forte mentre eravamo lì, diffondendosi in tutto il suo corpo. In lui c'era un vortice di emozioni cupe e bizzarre mentre guardava Hannah e gli altri correre.

«Ehi!» Hannah venne da noi. Le leccai una gamba, tutta salata di sudore. «Che bella sorpresa. Ciao, Bailey!» disse.

«Ciao.»

«Sto migliorando il mio tempo nei 400 metri piani» disse la bambina.

«Chi era quel tipo?» chiese Ethan.

«Chi? Cosa vuoi dire?»

«Quello con cui parlavi, il tipo che ti abbracciava. Sembrava che ti conoscesse molto bene» fece Ethan. Il suo tono era teso. Mi guardai intorno, ma non vedevo pericoli.

«Ethan, è solo un amico» disse lei, secca. Dal modo in cui pronunciò il suo nome, sembrava che il bambino fosse stato cattivo.

«Com'è che si chiama, Brett? Certo va veloce.» Ethan ficcò il bastone in terra e annusai la zolla che aveva rivoltato.

«E con questo cosa vorresti dire?» chiese Hannah, puntando le mani sui fianchi.

«Dài, rimettiti a correre, il coach sta guardando da questa parte.»

Hannah girò la testa, poi si rivolse di nuovo a Ethan. «Sì, è meglio che torni...» disse, incerta.

«Va bene.» Lui si voltò e fece per allontanarsi.

«Ethan!» lo chiamò Hannah. Mi girai a guardarla, ma il bambino non si fermò. Quella miscela cupa e confusa di tristezza e rabbia era ancora lì, che aleggiava intorno a lui.

L'estate portò grandi cambiamenti. Mamma venne alla Fattoria seguita da un furgone da cui scesero degli uomini che scaricarono delle scatole e le portarono su in camera sua. Nonna e Mamma passavano un sacco di tempo a chiacchierare tra loro sottovoce e a volte Mamma piangeva. In quei momenti Nonno, a disagio, correva a fare i suoi lavoretti.

Ethan usciva sempre per andare a «lavorare», che era un po' come la scuola nel senso che non potevo andare con lui, ma quando tornava a casa aveva un odore delizioso, di carne e grasso. Mi faceva ripensare a quella volta, dopo che Fiamma ci aveva mollato da soli nei boschi, in cui Nonno mi aveva dato da mangiare sul sedile davanti del suo furgone.

A proposito di Fiamma: un giorno, all'inizio dell'estate, si era sdraiata nel campo, sotto un albero, e Nonna e Nonno si erano messi in ginocchio accanto a lei. All'inizio la cosa mi era parsa interessante e poi, proprio quando iniziavo ad annoiarmi, sentii un gran parlare e sulla paglia apparve un cavallino tutto nuovo! A differenza di Fiamma, questo era simpatico e vivace, e dava perfino qualche segno di vita: quando lo inseguivo, lui correva per tutto il recinto, e a volte si girava e cominciava a inseguire me. Nonna e Nonno lo chiamarono Jasper. Quando giocavo con Jasper, Fiamma si avvicinava e mi lanciava un'occhiataccia, ma Jasper sembrava non farci caso, quindi perché dovevo preoccuparmene io?

Il più grande cambiamento nelle nostre vite, però, fu quando la bambina smise di venire a trovarci. A volte, mentre facevamo un giro in macchina col bambino, passando davanti a casa di Hannah potevo sentire il suo odore, da cui capivo che non se n'era andata, ma Ethan non si fermava mai, non svoltava più nel suo vialetto. Mi accorsi che mi mancava: mi voleva bene e aveva un odore meraviglioso.

Anche al bambino mancava. Ogni volta che passavamo davanti a casa di Hannah, lui fissava la finestra laterale, rallentando appena, e io sentivo il suo cuore riempirsi di malinconia. Non capivo perché non potessimo andare fino a casa sua per vedere se aveva qualche biscotto, ma di fatto non ci andavamo mai.

Quell'estate, Mamma andò al laghetto e si mise a sedere sul molo. Era molto triste. Cercai di tirarla su di morale abbaiando alle anatre, ma non c'era niente da fare. Alla fine si tolse qualcosa dal dito: non era roba da mangiare, ma un piccolo oggetto rotondo di metallo. Lo buttò nell'acqua e quello affondò sotto la superficie con un leggero *plop*.

Mi chiesi se voleva che lo andassi a riprendere. La guardai.

Ero disposto a provarci, anche se sapevo che sarebbe stato impossibile. Invece mi disse: «Vieni», e tornammo insieme a casa.

Dopo quell'estate, la vita si adagiò in un placido tran tran. Anche Mamma aveva cominciato a lavorare. Ogni sera tornava a casa tutta profumata di oli dolci e fragranti. A volte andavo con lei: superato il ranch delle capre e il ponte degli scossoni, passavamo la giornata in una grande stanza piena di vestiti, di candele puzzolenti e di pezzi di metallo privi d'interesse, e la gente entrava per salutarmi e ogni tanto usciva con qualche oggetto in un sacchetto. Il bambino venne a trovarci per «Felice Ringraziamento», «Buon Natale», «Vacanze di primavera» e «Vacanze estive».

Una sera venne a cena un uomo di nome Rick. Percepivo sentimenti contrastanti: Mamma emanava felicità e imbarazzo; Nonno sembrava diffidente; Nonna era letteralmente in estasi. Rick e Mamma si sedettero sul portico come facevano un tempo Ethan e Hannah, ma non fecero la lotta. Da quel giorno, però, vidi sempre più spesso quel Rick, un omone grande e grosso, con le mani che sapevano di legno. Mi lanciava la palla più spesso di tutti gli altri, per cui mi piaceva molto, ma mai quanto il mio bambino.

Il momento della giornata che preferivo era quando facevamo i lavoretti con Nonno. A volte, se non c'erano lavoretti da fare, io andavo dietro al granaio e mi facevo lo stesso un sonnellino. Dormivo un sacco, non m'interessava più molto andare in giro in cerca di avventure. Se Mamma e Rick mi portavano a fare una passeggiata, al ritorno ero sempre stanco.

Gli unici momenti che ancora mi emozionavano erano quando il bambino veniva alla Fattoria a trovarci. Continuavo a ballonzolare, a dimenarmi e a guaire, lo accompagnavo allo stagno, nei boschi, dovunque volesse. Sarei stato perfino disposto a inseguire il flip, ma per fortuna sembrava che il bambino si fosse dimenticato della sua esistenza. A volte andavamo al parco per cani ma, anche se ero felice di vedere altri animali come me, trovavo che i più giovani fossero troppo immaturi, sempre a giocare e a fare la lotta senza un attimo di tregua.

Poi, una sera, accadde una cosa stranissima: Nonno mi mise davanti la ciotola piena, ma io non avevo nessuna voglia di mangiare. Avevo la bocca piena di saliva, così bevvi un po' d'acqua e tornai a sdraiarmi. Poco dopo sentii una fitta di dolore nel corpo che mi lasciò senza fiato.

Restai sdraiato tutta la notte accanto alla ciotola. Il mattino dopo, quando Nonna mi vide, chiamò subito Nonno. «Bailey ha qualcosa che non va!» disse. Sentii un tono allarmato nella sua voce mentre pronunciava il mio nome e scodinzolai per farle capire che stavo bene.

Arrivò Nonno e mi accarezzò. «Tutto bene, Bailey? Cos'hai?»

Dopo aver parlato un po', Mamma e Nonno mi fecero salire sul furgone e andammo a trovare il signore gentile nella stanza pulita e fresca: eravamo andati a trovarlo tante volte, sempre più spesso, negli ultimi anni. Lui mi tastò dappertutto e scodinzolai un po', ma non mi sentivo molto in forma e non provai nemmeno ad alzarmi.

Entrò Mamma, piangendo, e c'erano anche Nonno e Nonna, e poi arrivò Rick. Avrei voluto far capire loro che apprezzavo tutte quelle attenzioni, ma riuscii solo a girare gli occhi per guardarli.

Poi l'uomo gentile tirò fuori un ago. Aveva un odore familiare e pungente, e sentii una lieve puntura. Dopo qualche minuto non avevo più tanto dolore, ma mi sentivo così assonnato che avrei voluto soltanto tornare a casa e fare i lavoretti con Nonno. I miei ultimi pensieri, mentre scivolavo nel sonno, erano come sempre rivolti al bambino.

Quando mi svegliai, capii che stavo morendo. Dentro di me sentivo avanzare un senso di oscurità: avevo già provato quella sensazione tanto tempo prima, quando mi chiamavo Toby e mi avevano rinchiuso in una piccola stanza calda insieme a Spike e ad altri cani che abbaiavano.

Non ci avevo mai riflettuto, ma in fondo sapevo che prima o poi avrei fatto anch'io la fine della gatta Smokey. Mi tornò in mente quel giorno, quando avevano seppellito Smokey in giardino, e quanto piangeva il mio bambino. Sperai che non piangesse per la mia morte. Il mio scopo, il senso di tutta la mia vita era stato amarlo e stare con lui, renderlo felice. Non volevo che fosse infelice proprio adesso. Per questo pensai fosse meglio che non si trovasse lì a vedermi morire, anche se in quel momento mi mancava così tanto da star male, un dolore più forte delle strane fitte che sentivo alla pancia.

L'uomo gentile entrò nella stanza. «Ehi, Bailey, sei sveglio? Sei sveglio, bello? Poverino.»

Avrei voluto dirgli: "Non mi chiamo Bello".

Si chinò su di me, mormorando: «Adesso puoi andare, Bailey. Hai fatto un ottimo lavoro, ti sei preso cura del bambino. Era quello il tuo compito, Bailey, e sei stato bravissimo. Sei proprio un bravo cane».

Sapevo che stava parlando della morte. Quell'uomo irradiava dolcezza, un senso di pace definitiva. Poi entrarono Mamma, Nonno, Nonna e Rick, e mi abbracciarono dicendo che mi volevano bene e che ero un bravo cane.

Eppure c'era della tensione in Mamma, nell'aria c'era qualcosa... non proprio pericolo, ma qualcosa da cui dovevo difenderla. Le diedi una debole leccatina, cercando di allontanare l'oscurità che mi stava calando addosso. Dovevo restare in allerta, Mamma aveva bisogno di me.

Passò un'altra ora e la tensione non sembrava allentarsi, al contrario: anche Nonno e Nonna, e perfino Rick, adesso, erano dello stesso umore di Mamma. Proprio quando mi sentivo venir meno, la decisione di proteggere la mia famiglia da quella ignota minaccia mi diede nuova forza.

Fu allora che sentii la voce del bambino. «Bailey!» gridò. Ci volle tutta la forza che avevo in corpo per alzare la testa e leccarlo, per fargli capire che andava tutto bene. Non avevo paura.

Il mio respiro si fece affannoso e tutti rimasero lì con me ad abbracciarmi. Era bellissimo ricevere tante attenzioni, ma poi una fitta di dolore mi colpì allo stomaco, così intensa che non riuscii a fare a meno di guaire. A quel punto tornò l'uomo gentile, con un altro ago.

«È meglio se lo facciamo subito. Non è giusto che Bailey soffra così.»

«Ok» disse il bambino piangendo. Sentendo il mio nome, provai a scodinzolare, ma mi accorsi che non riuscivo più a muovere neanche un muscolo. Avvertii un'altra puntura al collo.

«Bailey, Bailey, Bailey, mi mancherai tanto, cane citrullo» mi sussurrò Ethan all'orecchio. Il suo alito era caldo e delizioso. Chiusi gli occhi per il piacere, il puro piacere del suo amore, di sentirmi amato dal bambino.

E in quel momento, com'era arrivato, il dolore scomparve. Mi sentivo di nuovo un cucciolo, pieno di vita e di gioia. Ricordavo che mi ero sentito proprio così, la prima volta che avevo visto il bambino uscire di casa e correre verso di me con le braccia spalancate. Mi fece ripensare a quando mi tuffavo dopo di lui per giocare a «salvami», la luce che svaniva mentre scendevo in profondità, la sensazione dell'acqua contro il mio corpo, proprio come adesso. Non sentivo più le mani del bambino che mi toccavano, solo l'acqua che mi avvolgeva: calda, dolce, buia.

18

Quando già da un pezzo avevo imparato a riconoscere l'odore di mia madre e a farmi largo fino alle sue mammelle per mangiare, arrivò la consapevolezza. Un giorno, mentre con gli occhi aperti iniziavo a mettere a fuoco le cose, a distinguere il muso marrone scuro di mia madre, sobbalzai rendendomi conto che ero di nuovo un cucciolo.

Ero veramente confuso. Mi ero sentito così completo, non c'era motivo di andare avanti: come poteva esistere una missione più importante che amare il mio bambino?

A volte la nostalgia di Ethan era così forte che attaccavo a guaire. I miei fratelli, prendendolo per un segno di debolezza, mi montavano addosso per fare la lotta. Erano sette, tutti marrone scuro, e non volevano proprio mettersi in testa che il capo ero io.

Per la maggior parte del tempo c'era una donna a prendersi cura di noi, anche se spesso un uomo scendeva in cantina per darci da mangiare. Fu lui, quando avevamo solo poche settimane, a infilarci tutti in una scatola di cartone per portarci in giardino. Lì, dentro una gabbia, c'era un cane maschio che ci fiutò quando corremmo verso di lui: l'istinto mi disse che era nostro padre. Non avevo mai conosciuto un padre prima di allora e mi chiedevo che cosa ci facesse lì.

«Sembra tranquillo con loro» disse l'uomo alla donna.

«Farai il bravo, Bernie? Vuoi uscire?» La donna aprì la gabbia di papà – che doveva chiamarsi Bernie – e il cane maschio saltò fuori, ci annusò e poi andò a fare pipì sulla staccionata.

Gli corremmo dietro cadendo a faccia in giù, malfermi sulle nostre zampette di cuccioli. Bernie abbassò il muso e uno dei miei fratelli gli saltò addosso, mordendogli le orecchie senza un briciolo di rispetto, ma Bernie sembrava non farci caso. Stette perfino un po' a giocare con noi, facendoci ruzzolare per terra, poi trotterellò fino alla porta di casa e grattò per entrare.

Poche settimane dopo, mentre ero in giardino e cercavo di far capire a uno dei miei fratelli chi era il capo, mi fermai e mi accovacciai per terra a fare i miei bisogni: solo allora mi accorsi che ero una femmina! Annusai stupefatto la mia urina, lanciando un ringhio di avvertimento quando mio fratello provò a montarmi addosso. Com'era possibile che io, Bailey, fossi una femmina?

Il fatto era proprio questo: non ero Bailey. Un giorno venne un uomo e fece un gioco strano. Batté le mani e mise dentro una scatola i cuccioli che non erano scappati sentendo quel rumore, me compreso. Poi ci portò in giardino uno alla volta: quando arrivò il mio turno, si voltò e fece per andarsene, come se si fosse dimenticato di me, così lo seguii. Tanto bastò per fargli dire che ero un bravo cane (evidentemente quel tizio si accontentava di poco). Aveva più o meno la stessa età di Mamma quando aveva rotto il finestrino e mi aveva dato dell'acqua, il giorno in cui avevo conosciuto il mio bambino.

Mi avvolse in una maglietta, dicendo: «Ehi, piccola, riesci a uscire di qui?». Immaginai che non volesse davvero tenermi infagottata nella maglietta, così saltai fuori e lo rincorsi per farmi dire ancora quant'ero brava.

La donna era uscita a guardare.

«Gli altri di solito ci mettono un po' a capire, ma questa sembra piuttosto sveglia» osservò l'uomo. Mi girò sul dorso e io cercai di divincolarmi, pensando tra me e me che non era giusto, visto che lui era tanto più grosso di me.

«Non le piace, Jakob» notò la donna.

«A nessuno piace. La domanda è se la smetterà di dibattersi quando capirà che sono io il capo, o se continuerà a opporsi. Mi serve un cane che capisca che sono io che comando» disse l'uomo.

Da come pronunciò la parola «cane», non sembrava arrabbiato: non mi stava punendo, cercava solo di farmi capire qual era il mio posto. Pensai che, non sapendo a quale gioco stavamo giocando, tanto valeva rilassarmi senza fare opposizione.

«Brava cagnolina!» disse di nuovo.

Poi prese una palla di carta e me la mostrò, rigirandosela tra le mani finché non fui del tutto ipnotizzata. Mi sentivo stupida e scoordinata, mentre cercavo con i miei dentini da cucciolo di mordere quell'affare che si spostava davanti ai miei occhi, ma non riuscivo a muovere la testa abbastanza velocemente. Quando la lanciò qualche metro più in là, la rincorsi e ci saltai sopra. Ah! Prova a prenderla, adesso!

In quel momento mi tornarono in mente Ethan e il suo stupido flip, e com'era felice tutte le volte che glielo riportavo. Mi girai e tornai dall'uomo trotterellando, lasciai cadere la palla ai suoi piedi e mi sedetti aspettando che la lanciasse di nuovo.

«Questa» disse l'uomo alla donna. «Prendo questa.»

Lanciai un guaito quando vidi che razza di viaggio mi aspettava: sul retro di un furgone, chiusa in una gabbia molto simile a quella in cui mi avevano portato nella stanza calda e rumorosa insieme a Spike, Coco e Fast. Come facevano a non accorgersi che ero un cane da sedile davanti?

La mia nuova casa mi ricordava l'appartamento dove ci eravamo trasferiti dopo l'incendio. Era piccola, con un balcone affacciato su un parcheggio, ma in fondo alla strada c'era un bel parco dove l'uomo mi portava diverse volte al giorno.

L'uomo si chiamava Jakob e decise di chiamarmi Elleya. «È una parola svedese, vuol dire alce. Non sei più un pastore tedesco, adesso sei un pastore svedese.» Scodinzolai, senza capire un accidenti.

Le sue mani odoravano di olio, della sua macchina, di carta e di persone.

Jakob portava vestiti scuri e dalla sua cintura penzolavano oggetti metallici, compresa una pistola, per cui immaginai che fosse un poliziotto. Di giorno, quando era via, ogni tanto veniva una donna di nome Georgia per giocare con me e portarmi fuori a passeggiare: mi faceva pensare a Chelsea, che abitava vicino a noi e aveva un cane di nome Marshmallow e poi un altro di nome Duchessa. Georgia mi chiamava con un sacco di nomi diversi, alcuni molto sciocchi, tipo «Ellie-wellie Coccolina». Era un po' come quando Ethan mi chiamava cane citrullo: sempre il mio nome, ma diverso, con una dose extra di affetto.

Facevo tutto il possibile per abituarmi alla mia nuova vita da Ellie, così diversa dalla vita da Bailey. Jakob mi diede una cuccia simile a quella che avevo in garage, ma in questo caso dovevo proprio dormirci dentro: ogni volta che provavo a infilarmi sotto le coperte con lui, Jakob mi scacciava, anche se avevo visto benissimo che c'era un sacco di spazio per tutti e due.

Con me Jakob era sempre molto calmo e paziente: quando la mia piccola vescica non ce la faceva più e si liberava tutta in un fiotto, lui non urlava mai, non mi portava fuori di corsa come faceva il bambino, ma quando la facevo fuori mi riempiva di così tanti elogi che decisi di fare il possibile per controllare le mie funzioni corporali. Jakob, a differenza del bambino, non sprizzava amore da tutti i pori. Mi guardava con quell'aria seria che aveva Ethan con Fiamma e da un certo punto di vista questo mi andava a genio, mi faceva sentire importante, anche se a volte morivo dalla voglia di sentire ancora le mani del bambino sul mio pelo e non vedevo l'ora che arrivasse Georgia perché mi chiamasse Ellie-wellie Coccolina.

Iniziavo a percepire che c'era una ferita, in Jakob. Non sapevo cosa fosse, ma sembrava prosciugare le sue emozioni, sentivo una cupa amarezza che mi ricordò quella che aveva Ethan quando tornò a casa dopo l'incendio. Qualunque cosa fosse, metteva un freno ai sentimenti di Jakob nei miei confronti: ogni volta che facevamo qualcosa insieme, lo vedevo che mi soppesava con sguardo freddo.

«Andiamo al lavoro» diceva, quindi mi faceva montare sul furgone e andavamo al parco a giocare. Avevo imparato che «terra» significava «sdraiato» e che, per Jakob, «fermo» voleva dire davvero «fermo»: quando me lo diceva, dovevo restare nello stesso posto finché non esclamava «vieni».

I nostri allenamenti mi aiutavano a distogliere la mente dal ricordo di Ethan. Spesso però, di notte, mi addormentavo pensando al bambino. Dovunque fosse, qualunque cosa stesse facendo, speravo che fosse felice.

Crescendo, le visite di Georgia si diradarono, ma mi accorsi che non mi mancava ed ero sempre più concentrato sul nostro lavoro. Un giorno andammo in un bosco e incontrammo un uomo di nome Wally, che mi accarezzò e poi scappò via. «Dove va, Ellie? Dove va?» mi chiese Jakob. Guardai Wally, girato verso di me, che agitava le mani tutto eccitato.

«Cercalo! Vai!» mi disse Jakob.

Incerta, cominciai a trotterellare dietro a Wally. Che razza di gioco era mai questo? Wally vide che lo inseguivo e cadde in ginocchio, battendo le mani verso di me. Quando lo raggiunsi mi mostrò un bastone e giocammo un po' con quello, poi si alzò. «Guarda, Ellie! Dove va? Cerca!» disse Wally.

Jakob si stava allontanando di corsa e lo inseguii. «Brava!» mi elogiò, quando lo raggiunsi.

In quanto a intelligenza, quel gioco mi sembrava più o meno allo stesso livello del flip, ma siccome Wally e Jakob sembravano divertirsi, decisi di adeguarmi, soprattutto perché dopo giocavamo a «tira il bastone», che secondo me era mille volte meglio di «cerca Wally».

Più o meno nello stesso periodo in cui imparai a giocare a «cerca», mi sentii afferrare da una strana sensazione di ansia costante, accompagnata da un odore imbarazzante che proveniva dal mio didietro. Mamma e Nonna si lamentavano sempre ogni volta che facevo uscire quei gas profumati da sotto la coda e così quando iniziai a emettere quello strano odore capii subito di essere un cane cattivo. (A Nonno i cattivi odori davano così tanto fastidio che mi diceva «Oh, Bailey!» anche quando il puzzo lo faceva lui.)

Jakob non si accorgeva di quell'odore, ma sembrava preoccupato per tutti i cani che venivano ad alzare la zampa sui cespugli intorno all'appartamento: l'istinto mi diceva che quei cani erano tutti lì per colpa mia.

La reazione di Jakob fu stranissima: mi mise delle mutande come quelle che indossava lui sotto i pantaloni, con la coda che usciva da un buco sul dietro. Mi avevano sempre fatto pena le bestie che portavano maglioni o altri vestiti e adesso eccomi qui, che giocavo alle sfilate davanti a tutti quei cani maschi.

Jakob disse: «Sarà l'ora di andare dal veterinario» e mi portò a fare un viaggio in macchina fino a un posto dall'aria molto familiare, una stanza fresca con le luci intense e un tavolo di metallo. Mi addormentarono e quando mi svegliai, come previsto, portavo uno stupido collare a cono.

Appena me lo tolsero tornammo al parco: nei mesi successivi ci andammo quasi tutti i giorni. Le giornate si stavano accorciando, anche se non faceva mai freddo e di neve non se ne vedeva neanche l'ombra. Cercare Wally diventava sempre più difficile, perché continuavano a cambiare le regole senza avvertirmi. A volte, al nostro arrivo, Wally non c'era nemmeno e dovevo girare un sacco per vedere dov'era andato a nascondersi. Spesso lo trovavo disteso, come Nonno quando faceva i lavoretti, e a quel punto imparai un altro trucco, quello del «dove», che voleva dire portare Jakob fino al punto in cui Wally stava spaparanzato sotto un albero. Non so come facesse, ma Jakob capiva sempre se avevo trovato qualcosa, anche se era solo un calzino di Wally abbandonato per terra: quell'uomo era un disastro, lasciava sempre i suoi vestiti in giro e io e Jakob dovevamo ritrovarli.

Quando tornavo di corsa da lui, Jakob scrutava la mia espressione. «Dove!» esclamava, ma solo quando avevo qualcosa da mostrargli.

Facevamo anche altri lavori. Jakob mi insegnò ad arrampicarmi su uno scivolo e a scendere la scaletta un gradino alla volta, invece di lanciarmi dalla cima come avrei preferito. Mi insegnò a strisciare in cunicoli stretti e a saltare giù da una catasta di tronchi, e un giorno mi obbligò a stare seduta mentre lui prendeva la pistola e sparava una serie di colpi che un paio di volte mi fecero trasalire.

«Brava, Ellie. Questa è una pistola, vedi? Non c'è motivo di aver paura. Fa molto rumore, ma tu non hai paura, vero, piccola?» disse, avvicinandomela al muso.

La annusai, ma fui molto felice perché non mi disse di andarla a prendere. Quell'affare mandava un cattivo odore e avevo l'impressione che lanciandola avrebbe volato persino peggio del flip.

«Cerca Wally» si trasformò in «cerca» e basta. Andavamo da qualche parte e a volte Jakob mi dava qualcosa da fiutare, una vecchia giacca, una scarpa, un guanto e io dovevo trovare la persona a cui appartenevano. Altre volte non c'era nulla da annusare e dovevo correre avanti e indietro per uno spazio enorme, avvertendolo ogni volta che fiutavo qualche odore interessante. Trovai un sacco di tizi che non erano Wally e chiaramente non erano stati informati del nostro gioco, perché mi chiamavano: «Qui, bello!», oppure si spaventavano vedendomi arrivare. Io ogni volta li mostravo a Jakob e lui mi elogiava sempre, anche se le persone che avevo trovato non erano abbastanza sveglie da capire cosa stesse succedendo. Avevo capito qual era il trucco: dovevo trovare una persona e poi farla vedere a Jakob, perché lui decidesse se era proprio quella che stavamo cercando. Era questo il mio scopo.

Quando stavo con Jakob ormai da un anno, iniziò a portarmi al lavoro con sé. C'era un sacco di gente vestita come lui ed erano quasi tutti amichevoli con me, e si fecero da parte con ammirazione quando Jakob mi disse di stare «al piede». Mi portò sul retro e mi fece entrare in una gabbia, dove c'erano altri due cani, Cammie e Gipsy.

Nonostante fossimo rinchiusi tutti e tre insieme, il mio rapporto con Cammie e Gipsy era diverso da quello che avevo avuto finora con gli altri cani. Stavamo lavorando e non mi sentivo libero di giocare molto, perché dovevamo sempre essere a disposizione dei nostri padroni. Per la maggior parte del tempo ci limitavamo a stare in allerta dietro alla grata.

Gipsy, che lavorava con un poliziotto di nome Paul, stava sempre fuori, e a volte li guardavo mentre giocavano in cortile. Non ne facevano una giusta: Gipsy stava tutto il tempo a fiutare tra scatole e mucchi di vestiti, abbaiando senza motivo, anche se Paul la elogiava sempre e tirava fuori dal mucchio un pacchetto dicendole che era un bravo cane.

Cammie era più vecchio e non perdeva tempo a guardare Gipsy, probabilmente perché quel povero cane gli faceva troppa pena. Cammie lavorava con una poliziotta di nome Amy e non usciva molto. Quando capitava, però, era sempre di fretta: Amy la veniva a prendere e se ne andavano via correndo. Non ho mai capito quale fosse il lavoro di Cammie, ma sospetto che non fosse importante come «cerca».

«Dove sei questa settimana?» chiese una volta Amy a Paul.

«All'aeroporto, finché Garcia non torna dalla malattia» le disse Paul. «Come va il lavoro con gli artificieri?»

«Tutto tranquillo. Ma sono preoccupata per Cammie. I suoi risultati sono in calo e mi chiedo se non stia perdendo l'olfatto.»

Cammie alzò il capo, sentendo pronunciare il suo nome, e lo guardai.

«Adesso quanti anni ha, dieci?» chiese Paul.

«Più o meno» disse Amy.

Mi alzai per darmi una scrollata, perché sentivo che stava arrivando Jakob e infatti pochi secondi dopo lo vidi girare l'angolo. Lui e i suoi amici stettero un po' lì a parlare, mentre noi cani li guardavamo chiedendoci perché non ci facessero uscire in cortile insieme a loro.

Tutt'a un tratto sentii che Jakob era eccitato. Sembrava che parlasse con la propria spalla. «Unità cinofila, conduttore 8, ricevuto» disse, mentre Amy correva verso il cancello. Cammie balzò in piedi. «Ellie!» ordinò Amy. «Vieni!»

Uscimmo in cortile e pochi secondi dopo ero sul furgone. Ansimavo, contagiata dall'eccitazione di Jakob.

Sentivo che qualunque cosa stesse per succedere era molto più importante di «cerca Wally».

19

Jakob ci portò sul suo furgone fino a un grande edificio piatto, dove diverse persone erano riunite in cerchio. Mentre parcheggiavamo avvertii tutta la loro tensione. Jakob venne dietro e mi accarezzò, ma mi lasciò sul furgone. «Brava, Ellie» disse, in tono assente.

Mi sedetti, guardandolo con ansia mentre si avvicinava al cerchio di persone. Alcuni si misero a parlare tutti insieme.

«Non ci siamo accorti che era scomparsa fino all'ora di pranzo, non sappiamo da quanto tempo se ne sia andata.»

«Marilyn soffre di Alzheimer.»

«Non capisco come abbia fatto ad allontanarsi senza che nessuno la vedesse.»

Me ne stavo seduta lì, mentre uno scoiattolo sceso dal tronco di un albero zampettava tutto indaffarato nell'erba, in cerca di cibo. Lo fissai, stupefatta dalla sua audacia: sembrava non far caso a me, un feroce predatore, ad appena due metri di distanza!

Jakob venne da me ad aprire lo sportello della gabbia. «Al piede!» ordinò, senza nemmeno darmi il tempo di inseguire lo scoiattolo. Me ne feci una ragione: c'era del lavoro da fare. Mi portò lontano da tutta quella gente, fino a un angolo del giardino davanti all'edificio. Mi porse due camicie coperte da un odore simile a quello di Nonna. Ficcai il naso nel morbido tessuto e inspirai profondamente. «Ellie! Cerca!»

Partii, superando il gruppetto di gente. «Non può essere andata da quella parte» disse qualcuno.

«Lasciatela fare» rispose Jakob.

Al lavoro. Con ancora nella mente l'aroma di quei vestiti, mi muovevo a naso in su, facendo avanti e indietro come mi avevano insegnato. C'erano un sacco di odori, di persone, cani, macchine, ma non riuscivo a trovarla. Frustrata, tornai da Jakob.

Lui capì il mio disappunto. «Va tutto bene, Ellie.» Iniziò a camminare lungo la strada e io corsi in avanti, perlustrando uno per uno tutti i giardini. Girato l'angolo, rallentai: eccolo lì, quell'odore stuzzicante, che veniva verso di me... Mi focalizzai sull'obiettivo e partii a corsa. Di fronte a me, a dieci metri, alla base di un cespuglio, il suo odore era inconfondibile. Mi voltai e corsi di nuovo da Jakob, che nel frattempo era stato raggiunto da altri agenti di polizia.

«Ellie! Dove!»

Lo condussi fino ai cespugli. Lui si mise in ginocchio e ci infilò dentro un bastone.

«Cos'è?» chiese un agente alle spalle di Jakob.

«Un fazzoletto. Brava, Ellie, brava!» Mi afferrò e facemmo la lotta per un po', ma sapevo che c'era altro lavoro da fare.

«E come facciamo a sapere che è suo? Chiunque potrebbe averlo lasciato qui» obiettò un poliziotto.

Jakob s'inginocchiò di nuovo, senza far caso agli uomini dietro di lui. «Brava, Ellie. Cerca!»

Adesso ero in grado di seguire la sua traccia, debole ma chiara. Andava avanti per altri due isolati, poi girava verso destra, sempre più netta. In un vialetto faceva una brusca svolta a destra e la fiutai oltre un cancello aperto: la donna era lì, seduta su un dondolo che oscillava piano. Emanava una sensazione di autentica felicità e sembrò contenta di vedermi.

«Ciao, cagnolino» disse.

Corsi da Jakob: dalla sua eccitazione capii che, ancor prima di vedermi, lui sapeva già che l'avevo trovata, ma aspettava che tornassi prima di prendere una decisione. «Ok, dove!» disse in tono concitato.

Lo portai dalla signora sul dondolo. Riconobbi il sollievo di Jakob nel vedere la donna. «Marilyn?» le chiese, tutto gentile.

Lo guardò, piegando la testa di lato. «Sei Warner?» rispose.

Jakob parlò col microfono che aveva sulla spalla e poco dopo arrivarono altri poliziotti. Mi prese da parte. «Brava, Ellie!» Tirò fuori un anello di gomma e lo lanciò sul prato, io ci saltai sopra e glielo riportai per giocare a «tira». Giocammo per cinque minuti, mentre io scodinzolavo a più non posso.

Quando Jakob mi richiuse nella gabbia sul retro del furgone, riuscivo a percepire tutto il suo orgoglio. «Brava, Ellie. Sei proprio un bravo cane.»

Pensai che era il massimo che potessi aspettarmi da Jakob, la cosa più vicina all'amore incondizionato di Ethan, e in quel momento capii qual era il mio scopo: non solo trovare, ma salvare. La preoccupazione che irradiava dal capannello di persone radunate davanti all'edificio non avrebbe potuto essere più chiara, così come il loro sollievo vedendo tornare la donna. La signora era stata in pericolo, non so bene quale, e noi l'avevamo salvata da quel pericolo. Era questo che io e Jakob facevamo insieme, era questo il nostro lavoro, la cosa più importante per lui: un po' come il gioco del «salvami» che facevo con Ethan.

Il giorno dopo, Jakob mi portò in un negozio e comprò dei fiori profumati, che lasciò nel furgone mentre eravamo a lavorare (Wally stavolta era nascosto in cima a un cassonetto dell'immondizia dall'odore forte, ma non mi lasciavo certo ingannare così facilmente). Poi facemmo un lungo giro in macchina, così lungo che a un certo punto, stanca di tenere il naso fuori dalle sbarre della gabbia, mi sdraiai per fare un pisolino.

Quando Jakob venne ad aprire la gabbia, era molto abbattuto: qualunque cosa lo facesse soffrire, in quel momento era più forte che mai. Eravamo in un grande giardino pieno di pietre. Prudente, senza saper bene cosa stessimo facendo, restai accanto a Jakob. Fece qualche metro, si mise in ginocchio e appoggiò i fiori vicino a una delle pietre, mentre il dolore dentro di lui lo assaliva così profondamente che vidi delle lacrime scendergli lungo il viso. Infilai il muso tra le sue mani, preoccupata.

«Va tutto bene, Ellie. Buona. Sta' giù.»

Mi sedetti, condividendo il dolore di Jakob.

Si schiarì la gola e mormorò, con la voce rotta: «Mi manchi tanto, tesoro. È solo che... a volte non credo di farcela ad arrivare in fondo alla giornata, sapendo che tu non ci sarai quando torno a casa».

Drizzai le orecchie sentendo la parola «casa». "Sì," pensai "torniamo a casa. Andiamocene da questo posto triste."

«Adesso sono nell'unità cinofila, ricerca e salvataggio. Non mi vogliono nelle unità regolari perché prendo gli antidepressivi. Ho un cane, si chiama Ellie, un pastore tedesco di un anno.»

Scodinzolai.

«Abbiamo appena ottenuto il brevetto. Sono felice di non stare più dietro a una scrivania, sarò ingrassato di almeno cinque chili a forza di starmene seduto.» Jakob rise, ma il suono della sua risata era strano, triste e angosciato, senza la minima traccia di gioia.

Restammo lì quasi immobili per circa dieci minuti, e piano piano le sensazioni di Jakob cambiarono, al posto del dolore lacerante si fece strada un sentimento simile a quello che percepivo in Ethan e Hannah ogni volta che si salutavano alla fine dell'estate: qualcosa di simile alla paura. «Ti amo» mormorò Jakob. Poi si voltò e se ne andò.

Dopo quel giorno, passai molto più tempo fuori dalla gabbia. A volte montavamo su aerei o elicotteri, che vibravano così forte da farmi venire sonno, nonostante il frastuono. «Sei un cane volante, Ellie!» mi diceva Jakob quando salivamo su un elicottero. Un giorno andammo al più grande stagno che avessi mai visto, un'enorme distesa d'acqua piena di odori esotici, e sulla spiaggia trovai una ragazzina in un parco giochi pieno di bambini, che si misero a urlare vedendomi arrivare.

«Vuoi giocare in acqua, Ellie?» mi chiese Jakob, dopo che avevo ritrovato la bambina, e suo padre e sua madre l'avevano portata a fare un viaggio in macchina. Andammo fino allo stagno e mi misi a correre, alzando grandi spruzzi: quando le gocce mi salirono fino al naso sentii che l'acqua era molto salata. «È l'oceano, Ellie, l'oceano!» rise Jakob. Mentre giocavamo nell'oceano, sentii che quel nodo che gli stringeva il cuore si stava sciogliendo almeno un po'.

Quando tornavo nella gabbia, spesso ci trovavo Cammie, ma Gipsy non c'era quasi mai. Una di quelle volte, mentre cercavo di interessare Cammie a un divertentissimo gioco chiamato «chi ce l'ha la palla?», venne a prendermi Jakob. «Ellie!» mi chiamò.

Non avevo mai sentito un simile tono d'urgenza nella sua voce.

Montammo sul furgone e partimmo a tutta velocità, con le ruote che stridevano a ogni curva, così forte che coprivano l'urlo della sirena. Mi distesi sul pavimento della gabbia per non sbattere di qua e di là.

Come sempre, arrivati sul posto, c'era un sacco di gente. Tra loro vidi una donna così spaventata che non riusciva a reggersi in piedi, era sorretta da due uomini. L'ansia che emanava Jakob mentre mi passava davanti per andare a parlare con quelle persone era così forte che mi fece rizzare i peli sul dorso.

Era un parcheggio davanti a un edificio con grandi porte a vetri, che non facevano che aprirsi e chiudersi al passaggio di persone che portavano sacchetti di plastica. La donna che non riusciva a stare in piedi infilò una mano nella borsa e ne tirò fuori un giocattolo.

«Abbiamo chiuso il centro commerciale» disse qualcuno.

Jakob venne verso la gabbia e l'aprì. Mi avvicinò il giocattolo al muso per farmelo annusare. «Va bene, Ellie? Sentito? Cerca, Ellie!»

Balzai giù dal furgone e tentai di selezionare gli odori per trovare quello che avevo sentito sul giocattolo. Ero così concentrata che, senza accorgermene, attraversai la strada mentre passava una macchina: l'auto sobbalzò bruscamente quando il conducente frenò.

Bene, l'avevo trovata. La traccia era stranamente mischiata a un aroma maschile, più forte. Sicura di me stessa, mi misi a seguirla.

L'odore conduceva, o meglio, *scompariva* davanti a una macchina, il che significava che le persone che stavamo cercando se n'erano andate su un veicolo, lasciando il posto libero per il nuovo arrivato. Avvertii Jakob e mi acquattai, sentendo in lui frustrazione e dispiacere.

«Va bene, Ellie. Brava, sei stata brava.» Ma lo diceva poco convinto e invece che brava mi sentii cattiva.

«Le tracce portano fin qui. A quanto pare è salita su una macchina che si è allontanata. Il parcheggio è sorvegliato da telecamere?»

«Stiamo controllando. Ma se è chi pensiamo, si tratta di un veicolo rubato» disse un uomo in giacca e cravatta.

«Dove potrebbe averla portata? Se davvero è lui, dove l'avrà portata?» chiese Jakob.

L'uomo in giacca e cravatta girò la testa, guardando le colline verdi alle nostre spalle. «Le ultime due le abbiamo trovate a Topanga Canyon. La prima era al Will Rogers State Park.»

«Andremo lì, allora» disse Jakob. «Per vedere se troviamo altre tracce.»

Restai di stucco quando Jakob mi fece montare sul sedile anteriore del furgone. Prima di allora non mi aveva mai permesso di stare davanti! Sentendo che era ancora teso, restai concentrata e non abbaiai quando passammo davanti a dei cani che ululavano verso di me, rosi dall'invidia. Uscimmo dal parcheggio. Jakob mi porse lo stesso giocattolo e lo annusai, ubbidiente. «Bene, piccola, so che ti sembrerà strano, ma voglio che adesso giochiamo a "cerca".»

Al suo comando, mi voltai e lo guardai confusa. Cerca? Nel furgone?

Gli odori che entravano dal finestrino attirarono il mio naso in quella direzione. «Brava!» mi elogiò Jakob. «Cerca! Cerca la bambina!»

Sentivo ancora l'odore del giocattolo e mi misi in allerta quando per caso una folata di vento mi portò il profumo della bambina, sempre mischiato a quello dell'uomo. «Brava!» disse Jakob. Fermò la macchina, guardandomi intensamente. Sentimmo dei clacson dietro di noi. «Hai trovato la traccia, bella?»

Non riuscivo più a sentirla. «Va bene, Ellie, va bene. Brava» disse.

In quel momento capii: stavamo lavorando da dentro il furgone. Lui guidava e io tenevo il naso fuori dal finestrino, sforzandomi di non far caso agli altri odori ma solo a quello della bambina. Il furgone si inclinò mentre risalivamo la collina e avvertivo ancora il senso di frustrazione di Jakob.

«Mi sa che l'abbiamo persa» borbottò. «Niente, Ellie?»

Sentendo il mio nome mi voltai, poi tornai al lavoro.

«Conduttore 8, dacci la tua posizione» fece una voce gracchiante dalla radio.

«Qui conduttore 8, stiamo risalendo Amalfi.»

«Trovato qualcosa?»

«Avevamo trovato una traccia su Sunset, poi più niente.»

«Ricevuto.»

Abbaiai.

Di solito non abbaio quando sento un odore, ma stavolta mi colpì forte e chiaro, trasportato da una folata di vento che riempiva tutta la cabina del furgone. «Qui conduttore 8, abbiamo qualcosa all'angolo tra Amalfi e Umeo.» Rallentò, ma io non persi la concentrazione. Riuscivo ancora a sentirla e l'odore dell'uomo era più forte che mai. Jakob inchiodò. «Ok, Ellie, adesso da che parte?» mi chiese.

Gli montai addosso, infilando il muso fuori dal suo finestrino. «A sinistra sulla Capri» urlò, tutto eccitato. Pochi minuti dopo il furgone iniziò a sobbalzare. «Siamo sulla strada antincendio!»

«Arriviamo» disse la radio.

Ero completamente concentrata sulla strada davanti a me, mentre Jakob cercava di tenere il furgone sul viottolo. Ci fermammo di colpo davanti a un cancello giallo.

«Avvertite i vigili del fuoco che mandino degli uomini, c'è un cancello.»

«D'accordo.»

Saltammo giù. Una macchina rossa era parcheggiata sul ciglio della strada e corsi subito lì, in allerta. Jakob stringeva la pistola in pugno. «Abbiamo una Toyota Camry rossa, vuota, secondo Ellie è del nostro uomo.» Jakob mi portò sul retro della macchina, guardandomi fisso. «Pare che nel bagagliaio non ci sia nessuno» affermò.

«Ricevuto.»

L'aroma che proveniva dalla macchina non era forte come quello che saliva dal canyon sotto di noi, trasportato dalle correnti d'aria. Una strada scendeva ripida, impregnata dell'odore dell'uomo, mentre quello della bambina era più tenue. L'aveva portata laggiù.

«Attenzione, il sospettato ha preso la strada che scende verso il campeggio. È a piedi.»

«Conduttore 8, fermati lì e aspetta rinforzi.»

«Ellie» mi disse Jakob, rimettendosi la pistola nella cintura. «Andiamo a salvare quella bambina.»

20

Scendendo giù per il canyon, la paura di Jakob era così forte che tornai più volte da lui per rassicurarlo. Poi, attirata dall'odore della bambina, corsi in avanti verso un gruppetto di edifici bassi.

Era seduta in silenzio su dei gradini che salivano fino a un grande portico, mentre l'uomo cercava di aprire la porta con un attrezzo di metallo. Sembrava triste e spaventata, ma si alzò in piedi quando mi vide, porgendomi la sua minuscola mano.

L'uomo si girò bruscamente e mi fissò. Quando i nostri sguardi si incrociarono, sentii rizzarsi il pelo sulla mia schiena: dentro di lui c'era lo stesso male oscuro che avevo percepito in Todd, ma più forte, più cattivo. Alzò la testa, guardando la strada alle mie spalle.

Corsi indietro da Jakob e mentre mi allontanavo la bambina urlò: «Cagnolino!».

«L'hai trovata» disse Jakob. «Brava, Ellie. Dove!»

Lo riportai alla casetta. La bambina era ancora seduta sul portico, ma l'uomo non si vedeva più.

«Qui conduttore 8, la vittima è al sicuro e illesa. Il sospettato è fuggito a piedi» disse Jakob.

«Resta con la vittima, conduttore 8.»

«Ricevuto.»

In lontananza udii il *flap-flap-flap* delle pale di un elicottero che fendevano l'aria e poi dei passi che scendevano per la strada alle nostre spalle. Comparvero due poliziotti, tutti sudati.

«Come stai, Emily? Sei ferita?» chiese uno di loro.

«No» rispose la bambina, togliendosi un fiore dal vestitino.

«Mio Dio, sta bene? Stai bene, piccola?» chiese un terzo poliziotto, senza fiato a forza di correre, mentre si appoggiava le mani sulle ginocchia. Era più grosso degli altri due, alti e muscolosi, e il suo alito sapeva di gelato.

«Si chiama Emily.»

«Posso accarezzare il cagnolino?» chiese la bambina, un po' intimidita.

«Sì, certo. Poi noi due dovremo rimetterci al lavoro» rispose Jakob in tono gentile.

Drizzai le orecchie alla parola «lavoro».

«Ok, allora... vengo con te» disse il poliziotto grosso. «Johnson, voi restate qui con la bambina, nel caso si rifacesse vivo.»

«Se si avvicinasse, Ellie ce lo direbbe» fece Jakob. Lo guardai. Eravamo pronti per rimetterci al lavoro?

«Cerca!» disse Jakob.

Il sottobosco si faceva più folto, la terra era sabbiosa e cedevole. Ma fu facile seguire le tracce dell'uomo: era sceso dritto giù per la collina. Quando trovai una sbarra di ferro ricoperta del suo odore, tornai di corsa da Jakob. «Dove!» esclamò.

Arrivati al punto dove si trovava la sbarra, aspettammo che il poliziotto grosso ci raggiungesse. «Sono caduto... un paio di volte» disse col respiro affannoso. Riuscivo a percepire il suo imbarazzo.

«Ellie dice che questo piede di porco era suo. A quanto pare l'ha mollato qui mentre scappava» osservò Jakob.

«Bene, e adesso?» chiese il poliziotto, ansimando.

«Cerca!» fece Jakob.

L'odore dell'uomo era sparso sui cespugli e impregnava l'aria. Pochi istanti più tardi lo sentii che si trascinava nella boscaglia davanti a noi. Lo raggiunsi sulle rive di un minuscolo ruscello, dove l'aria era umida e le foglie degli alberi, alte sopra le nostre teste, ombreggiavano la radura. Vedendomi, si acquattò dietro a un tronco, proprio come avrebbe fatto Wally. Corsi indietro da Jakob.

«Dove!» fece lui.

Restai al suo fianco mentre ci facevamo strada fino alla radura. Sapevo che l'uomo era nascosto, sentivo l'odore fetido della sua paura e del suo odio. Guidai Jakob dritto fino all'albero e quando vide quello saltar fuori lo sentii gridare: «Fermo, polizia!».

L'uomo sollevò una mano e nell'aria risuonò un colpo. Era solo una pistola: mi avevano garantito che le pistole non erano cattive, eppure sentii una raffica di dolore in Jakob mentre cadeva a terra, col sangue caldo che sgorgava dalla ferita. La sua pistola cadde al suolo con un tonfo metallico.

In quel momento capii, tutti i pezzi andarono al loro posto: rividi i fucili di Nonno e il modo in cui Ethan faceva saltare le lattine dalla staccionata; i petardi di Todd, e la fitta di dolore che avevo provato quando ne aveva lanciato uno accanto a me. L'uomo vicino all'albero stava usando la sua pistola per fare del male a Jakob.

Era ancora lì, immobile, con la pistola puntata contro di noi. La paura, la rabbia si erano trasformate in esaltazione.

Fui còlta dallo stesso istinto primitivo che avevo sentito mentre attaccavo Todd, la notte dell'incendio. Senza nemmeno un ringhio d'avvertimento, caricai a testa bassa e gli saltai addosso. Partirono due colpi e quando strinsi il suo polso tra i denti, la pistola cadde nella polvere. Urlò, ma non mollai la presa: mentre scuotevo il capo con violenza, sentii i denti affondare nel suo braccio. Mi tirò un calcio alle costole.

«Lasciami!» gridò.

«Fermo! Polizia!» urlò il poliziotto grosso, facendosi avanti.

«Liberatemi da questo cane!»

«Ellie, va bene. Giù, Ellie, giù!» comandò il poliziotto. Lasciai il braccio dell'uomo e lui cadde in ginocchio. Sentivo l'odore del suo sangue. Ringhiai, quando i nostri sguardi s'incrociarono. Soffriva, ma era scaltro ed era sicuro che avrebbe trovato un modo per cavarsela.

«Qui, Ellie» disse il poliziotto.

«Quel cane mi ha sbranato il braccio!» gridò l'uomo. Fece un cenno verso qualcosa alle spalle del poliziotto, sulla sinistra. «Sono qui!» urlò.

Nell'istante in cui il poliziotto girò la testa per vedere con chi stesse parlando, l'altro si lanciò in avanti e afferrò di nuovo la pistola. Abbaiai. Aprì il fuoco e anche il poliziotto sparò, un colpo, poi un altro, e ancora, e ogni volta sentivo che l'uomo era lacerato da una morsa di dolore. Adesso giaceva immobile nella polvere. Udii una specie di sibilo: era la vita che lo abbandonava, quel malessere nero e furioso che mollava la presa e lo lasciava scivolare via in pace.

«Come ho fatto a cascarci?» borbottò il poliziotto. Con l'arma ancora puntata sull'uomo ormai morto, avanzò prudente e con un calcio spinse via la sua pistola.

«Ellie, tutto bene?» chiese Jakob con un filo di voce.

«Sta bene, Jakob. Dove ti ha colpito?»

«Alla pancia.»

Piena di ansia, mi sdraiai accanto a Jakob, sfiorandogli col muso la mano inerte. Il dolore si faceva strada dentro di lui. Mi allarmai, sentendo forte l'odore del suo sangue.

«Il sospettato è a terra, anche un agente è stato colpito. Siamo...» L'uomo alzò lo sguardo al cielo. «Siamo in mezzo agli alberi, in fondo al canyon. Mandate un medico e una barella per l'agente. Il sospettato è morto.»

«Ci conferma che il sospettato è morto?»

Il poliziotto si avvicinò all'uomo e gli diede un calcio. «Sì, decisamente stecchito.»

«Chi è l'agente?»

«Il conduttore 8. Ci serve aiuto, e subito.»

Non sapevo cosa fare. Jakob non sembrava spaventato, mentre io ansimavo, tremando dalla paura. Mi fece ripensare alla notte in cui Ethan era rimasto intrappolato nell'incendio e non avevo potuto salvarlo, provavo la stessa sensazione d'impotenza. Tornò il poliziotto e si mise in ginocchio accanto a Jakob. «Stanno arrivando, amico. Devi resistere.»

Sentii una nota di preoccupazione nella sua voce. Quando aprì con cautela la camicia di Jakob per controllare la situazione, la sua paura crebbe a tal punto che lanciai un guaito.

Poco dopo udii un tramestio di gente che scendeva di corsa verso di noi. Facendomi da parte, si misero in ginocchio accanto a Jakob e cominciarono a versargli addosso sostanze chimiche e ad avvolgerlo con delle bende.

«Come sta Emily?» chiese con quel poco di voce che gli restava.

«Chi?»

«La bambina» spiegò il poliziotto grosso. «Sta bene, Jakob, non le è successo niente. L'hai trovata prima che quell'uomo potesse farle del male.»

Arrivarono altre persone e alla fine portarono via Jakob su una specie di letto. Nel punto in cui avevamo lasciato le macchine, adesso c'era un elicottero ad aspettarci.

Il poliziotto mi tenne ferma per il collare mentre facevano salire Jakob sull'elicottero, con un braccio che penzolava dal letto, immobile. Riuscii a liberarmi proprio mentre si alzava in volo e corsi sotto l'elicottero, abbaiando. Ero un cane volante, perché non mi facevano andare con lui? Dovevo stare con Jakob!

Quelle persone restarono a guardarmi mentre correvo in cerchio, impotente, sollevandomi sulle zampe posteriori.

Alla fine Amy mi prese e m'infilò in una gabbia su un altro furgone, impregnato dell'odore di Cammie. Dopo avermi riportato al canile, mi chiuse dentro e fece uscire Cammie, che mi passò davanti e saltò sul furgone con aria sostenuta: sembrava offeso perché gli avevo rubato il posto. Gipsy non si vedeva da nessuna parte.

«Manderò qualcuno per decidere a chi affidarti, Ellie. Brava, sei proprio un bravo cane» disse Amy.

Mi sdraiai nella cuccia, con la testa che mi girava. Non mi sentivo un bravo cane. Mordere l'uomo con la pistola non faceva parte di «cerca», lo sapevo. E dov'era Jakob? Ripensai all'odore del suo sangue e cominciai a ululare in preda all'angoscia.

Avevo raggiunto il mio scopo, avevo trovato la bambina e adesso stava bene. Ma Jakob era ferito, non sapevo dove fosse ed era la prima volta che dormivo nel canile. Non potevo fare a meno di pensare che in qualche modo mi stessero punendo.

I giorni successivi furono difficili e penosi per tutti. Io stavo sempre nel canile e mi facevano uscire in cortile solo un paio di volte al giorno: veniva a prendermi un poliziotto che trasmetteva un senso di disagio per quel nuovo e inaspettato compito. Amy mi parlava e ogni tanto giocava con me, ma lei e Cammie erano quasi sempre via.

Non c'era traccia di Jakob e gradualmente il suo odore stava svanendo: per quanto mi concentrassi, non riuscivo più a localizzarlo.

Un giorno io e Cammie eravamo in cortile. Cammie voleva solo dormire e non manifestò il minimo interesse nemmeno quando le mostrai l'osso di gomma che mi aveva dato un poliziotto. Non capivo proprio quale fosse il suo scopo: cosa se ne facevano di un cane che si limitava a sonnecchiare?

Amy si mise a mangiare a un tavolo in cortile e questo bastò per dare la sveglia a Cammie. Andò da lei e si buttò pesantemente ai suoi piedi, come se fosse carico di preoccupazioni curabili solo con un morso del panino al prosciutto di Amy. Arrivò un'altra donna e si avvicinò a Amy.

«Ciao, Maya» disse Amy.

Aveva i capelli e gli occhi scuri ed era piuttosto alta per essere una donna, con braccia forti. I suoi pantaloni puzzavano vagamente di gatti. Maya si mise a sedere, aprì un contenitore e cominciò a sgranocchiare qualcosa dall'odore piccante. «Ciao, Amy. Ehi, Ellie.»

Notai con piacere che non aveva salutato Cammie. Mi avvicinai e mi accarezzò con la sua mano profumata. Odorava di sapone e di pomodoro.

«Hai consegnato le scartoffie?» chiese Amy.

«Incrociamo le dita» rispose Maya.

Mi sdraiai a masticare il mio osso di gomma per far capire a Maya che mi stavo divertendo molto per conto mio, e mi sarei dedicata a lei solo se avesse cercato di attirare la mia attenzione con un po' del suo pranzo.

«Povera Ellie. Chissà come sarà confusa» disse Amy.

Alzai gli occhi. C'era da mangiare?

«Vuoi farlo davvero?» chiese Amy.

Maya sospirò. «So che sarà dura, ma non importa. Inizio a

stancarmi di fare tutti i giorni le stesse cose. Mi piacerebbe provare qualcosa di nuovo, fare un lavoro diverso per qualche anno. Ehi, vuoi un taco? Li ha fatti mia madre, sono buonissimi.»

«No, grazie.»

Mi tirai su a sedere. Un taco? *Io* volevo un taco!

Maya impacchettò il suo pranzo, come se io nemmeno esistessi. «Voi della squadra cinofila siete sempre così in forma. Alla mia età, perdere peso è difficile... Credi che ce la farò?»

«Ma cosa dici, vai benissimo! Non hai ottenuto l'idoneità fisica?»

«Certo» rispose Maya.

«E allora!» fece Amy. «Se vuoi venire con me, io di solito vado a correre dopo il lavoro. Ma sono sicura che te la caverai alla grande.»

Sentii una punta di ansia nella voce di Maya. «Lo spero proprio» disse. «Non voglio deludere Ellie.»

Capii che, per quanto non facessero che pronunciare il mio nome, quella conversazione non avrebbe portato a niente di commestibile. Con un sospiro, mi spaparanzai al sole, chiedendomi quanto avrei dovuto aspettare prima che Jakob tornasse da me.

21

Maya era felice ed emozionata il giorno in cui mi portò a fare un viaggio in macchina.

«Lavoreremo insieme, non è fantastico, Ellie? Non dovrai più stare nel canile. Ti ho comprato una cuccia e potrai dormire nella mia stanza.»

Cercai di analizzare la sua frase: Ellie, canile, cuccia, stanza. Niente che avesse il minimo senso, ma ero felice di tenere il naso fuori dal finestrino e di sentire altri odori oltre a quelli di Cammie e Gipsy.

Maya parcheggiò sul vialetto davanti a una piccola casa. Appena oltrepassata la soglia, capii che era lì che viveva: il suo odore era sparso dappertutto, insieme a un fastidioso lezzo di felino. Avevo appena iniziato a esaminare l'abitazione, più piccola dell'appartamento di Jakob, quando incontrai un gatto arancione, seduto su una sedia davanti al tavolo di cucina. Mi guardava con occhi freddi e quando mi avvicinai scodinzolando aprì la bocca emettendo un sibilo quasi impercettibile.

«Buona, Stella. Lei è Stella. Stella, questa è Ellie e d'ora in poi vivrà con noi.»

Stella sbadigliò, per nulla interessata. Con la coda dell'occhio vidi muoversi qualcosa di bianco e grigio.

«E quella è Campanellino, ma è timida.»

Un altro gatto? La seguii in camera da letto, dove gironzolava un terzo felino, un grosso maschio nero e marrone che mi alitò addosso col suo fiato che sapeva di pesce. «E lui è Emmet.»

Stella, Campanellino ed Emmet. Che diavolo ci faceva una donna con tre – dico tre – gatti?

Campanellino si era nascosta sotto il letto, pensando che lì non l'avrei fiutata. Emmet mi seguì in cucina e guardò incuriosito la ciotola che Maya stava riempiendo di cibo, poi alzò la testa e se ne andò come se non gli importasse un accidenti che io mangiassi e lui no. Stella mi osservava dalla sua postazione sulla sedia.

Dopo mangiato, Maya mi fece uscire nel minuscolo giardino, in cui nessun cane aveva ancora marcato il territorio. Feci i miei bisogni cercando di darmi un tono, consapevole che almeno un rappresentante della popolazione felina di quella casa mi stava tenendo d'occhio. «Brava, Ellie» si entusiasmò Maya. Evidentemente anche lei era della scuola del «vado in brodo di giuggiole quando fai pipì in giardino».

Maya si preparò la cena, che aveva un odore niente male, e fece un cenno a Stella, che saltò sul tavolo, andandosene in giro come un gatto cattivo! Maya non le disse nulla: evidentemente pensava che i gatti fossero animali inutili, che non valeva la pena di addomesticare.

Dopo cena mi mise il guinzaglio e andammo a fare una passeggiata. Fuori nei giardini c'era un sacco di gente, tra cui tanti bambini, e fui còlta da un senso di irrequietezza: erano settimane ormai che non lavoravo e sentivo i muscoli tesi. Volevo correre, cercare, salvare le persone.

Come se avesse intuito il mio stato d'animo, Maya cominciò a trotterellare. «Ti va di fare una corsetta, piccola?» chiese. Aumentai il passo per restarle al fianco, come mi aveva insegnato

Jakob. Dopo appena qualche minuto, Maya aveva il fiatone e sentivo il sudore che usciva dai suoi pori. Il marciapiede era caldo sotto le mie zampe e ogni volta che passavamo davanti a una casa un cane si metteva ad abbaiare per l'invidia.

A un tratto Maya si fermò. «Accidenti!» disse col respiro affannato. «Mi sa proprio che dovrò allenarmi ancora sul tapis roulant.»

Fino a quella sera non avevo ben capito che cosa stesse succedendo. Ero distesa sul tappeto mentre Maya faceva il bagno e si cambiava d'abito, poi mi chiamò in camera sua. «Va bene, Ellie, vieni qui. Da brava» disse, dando colpetti su una cuccia. Obbediente, mi rannicchiai all'interno, ma ero confusa: era quella la mia nuova casa, adesso? E Jakob? E il mio lavoro?

Il giorno dopo andammo a lavorare, ma era tutto un po' strano. Rividi Wally, che mi salutò come si saluta un vecchio amico, insieme a una donna che era già venuta qualche volta a fare «cerca» insieme a noi. Si chiamava Belinda e aveva l'odore di Wally sparso dappertutto: ebbi il sospetto che, quando non c'eravamo, Wally e Belinda giocassero a «cerca» tra di loro.

Wally restò con noi, mentre Belinda s'infilava tra gli alberi. Lui parlò con Maya, insegnandole i segnali con le mani e i comandi che usavamo durante il lavoro. Poi Maya disse: «Ellie, cerca!» e io mi misi a correre. Belinda era seduta dentro una macchina, ma io non mi feci ingannare e tornai dritta da Maya per avvisarla.

«Vedi come ti guarda?» disse Wally. «Ha trovato Belinda, puoi capirlo dalla sua espressione.»

Aspettai impaziente che Maya mi dicesse «dove», ma lei e Wally erano troppo presi a parlare.

«Non so, non mi pare molto diversa dalle altre volte» fece Maya.

«Guardale gli occhi, il modo in cui stringe la bocca. Non tiene la lingua fuori. Vedi? È in allerta, ha capito dove si trova.»

Sentendo la parola «dove» mi irrigidii, pronta a partire, ma non era stato un vero e proprio comando.

«Quindi adesso dovrei dirle "dove"?» chiese Maya.

"Smettila di fare giochetti!" pensai. "Stiamo lavorando o no?"

«Dove!» esclamò finalmente.

Quando la trovammo, Belinda scese dalla macchina, ridendo. «Sei proprio brava, Ellie» mi disse.

«Ora gioca con Ellie. È importante, è il suo premio dopo il lavoro.»

Quando Maya giocava con me, non era come con Jakob. Lei sembrava divertirsi veramente, non era solo una cosa da fare alla fine di «cerca». Aveva portato con sé l'osso di gomma dal canile e puntai le zampe stringendolo tra i denti mentre lei cercava di strapparmelo.

Maya aveva una vita diversa da tutti quelli che avevo conosciuto. Non solo aveva la casa piena di troppi gatti, ma la sera mi portava sempre in una casa più grande, dove c'era un sacco di gente e una donna dall'odore meraviglioso di nome Mama. Mama era come Nonna, stava sempre a cucinare, e ogni volta che andavamo a trovarla c'erano un sacco di bambini che le correvano intorno giocando tra loro. I più piccoli si divertivano a montarmi in groppa, almeno finché Maya non diceva loro di smetterla, e poi i maschi mi tiravano la palla (che mi piaceva molto) mentre le femmine mi mettevano un sacco di cappellini (che sopportavo a fatica).

Maya aveva un vicino di nome Al, che veniva sempre da noi a chiederle se aveva bisogno di «una mano». «Hai bisogno di una mano per portare quelle scatole, Maya?» le chiedeva. «No, grazie» rispondeva lei. «Vuoi una mano per aggiustare la porta?» «No, no» diceva Maya. Sembrava ansiosa, la sua pelle si riscaldava e le sudavano le mani ogni volta che appariva Al. Ma non era spaventata. Quando Al se ne andava, l'umore di Maya si mutava in tristezza.

«Hai un nuovo cane?» le chiese Al. Si abbassò per grattarmi le orecchie, in un modo che me lo fece amare fin da subito. Odorava di carta, di inchiostro e di caffè.

«Sì, è dell'unità cinofila, del dipartimento ricerca e salvataggio.»

Sapevo che stavano parlando di me e scodinzolai in segno di amicizia.

«Ti serve una mano per addestrarlo?» chiese Al.

«No, no» fece Maya. «Ellie è già addestrata. Dobbiamo solo imparare a lavorare insieme come una vera squadra.»

Scodinzolai sentendo le parole «Ellie» e «lavorare».

Al smise di grattarmi e si alzò. «Maya, sei...» cominciò. Sembrava nervoso.

«Forse è meglio che vada» disse Maya.

«Oggi hai dei capelli molto belli» sbottò Al.

Si fissarono, tutti e due così in ansia che sembrava ci fosse un pericolo in agguato. Mi guardai intorno, ma non vidi nulla di minaccioso, a parte Emmet che ci osservava dalla finestra.

«Grazie, Al» disse Maya. «Ti andrebbe di...»

«Ti lascio andare.»

«Ah» fece Maya.

«A meno che...» balbettò Al.

«A meno che?» gli fece eco Maya.

«Ti... ti serve una mano per qualcosa?»

«No... no.»

Lavoravamo quasi tutti i giorni. Maya mi diceva «cerca» e ci infilavamo nei boschi, a volte per dare la caccia a Wally e

Belinda, oppure a uno dei ragazzi che stavano a casa di Mama.

Maya era molto più lenta di Jakob, non avevamo nemmeno iniziato a lavorare che già sudava, con il fiato grosso. Spesso sentivo che aveva delle vere e proprie fitte di dolore e capii che non dovevo essere impaziente quando tornavo da lei e per qualche istante riusciva solo a starsene lì, ferma, con le mani sulle ginocchia. A volte veniva còlta da un senso di impotenza e frustrazione e cominciava a piangere, ma si asciugava sempre il viso prima di tornare da Wally.

Un pomeriggio, mentre lei e Wally erano seduti a un tavolo da picnic a bere qualcosa di fresco, io me ne stavo sdraiata all'ombra di un albero. Percepivo chiaramente la preoccupazione di Maya, ma avevo imparato a conviverci e a non lasciare che interferisse col nostro lavoro.

«Non siamo abbastanza brave, non ci daranno mai il brevetto per andare in missione» disse Maya.

«Ellie è il cane migliore che abbia mai visto» rispose Wally. Nella sua voce sentii un tono di allarme e di prudenza, e lo guardai incuriosita.

«No, lo so, è colpa mia. Sono sempre stata grossa.»

«Cosa? No, volevo dire...» fece lui, sempre più allarmato. Mi alzai a sedere, chiedendomi dove fosse il pericolo.

«No, va bene. In realtà sono anche dimagrita un paio di chili.»

«Davvero? Ma è fantastico! Insomma, non che prima fossi grassa» balbettò Wally. Sentii l'odore del sudore che gli imperlava la fronte. «Non lo so, forse dovresti andare in palestra, magari ti servirebbe.»

«Ma ci vado!»

«Giusto! Certo!» A quel punto Wally emanava puro terrore e l'ansia mi fece sbadigliare. «Be', forse è meglio che vada, ora.»

«Non so, non mi ero resa conto che si dovesse correre tanto. È molto più dura di quanto mi ero aspettata. Forse dovrei rinunciare all'incarico, lasciare il posto a qualcuno più in forma di me.»

«Senti, perché non ne parli con Belinda?» fece Wally, disperato.

Maya sospirò e Wally, risollevato, si alzò per andarsene. Mi rimisi giù. Qualunque fosse stato il pericolo in agguato, ormai evidentemente non era più una minaccia.

Il giorno dopo non andammo a lavorare. Maya indossò un paio di morbide scarpe nuove, mi mise il guinzaglio e mi portò su una strada parallela alla sabbia, lungo quel grande stagno chiamato oceano. C'erano cani dappertutto: non stavamo lavorando, ma Maya era ugualmente molto determinata, e li ignorai mentre correvamo sotto il sole che brillava alto nel cielo. Fu la corsa più lunga che avessimo mai fatto insieme, non finiva più. Solo quando sentii che il suo corpo era provato dal dolore e dalla stanchezza, si girò per tornare indietro. Si fermò più volte per farmi bere alle fontanelle che spuntavano dall'asfalto vicino a certe costruzioni dall'odore forte. Nel viaggio di ritorno, per quanto più lenta, la sentivo altrettanto determinata. Quando arrivammo al furgone, zoppicava. «Oh, Gesù» fece.

Avevamo tutte e due il fiatone. Bevve dell'acqua e lasciò ciondolare il capo tra le gambe piegate. La guardai con tristezza mentre vomitava nel parcheggio.

«Tutto bene?» le chiese una ragazza in tono comprensivo. Maya agitò una mano senza nemmeno alzare lo sguardo.

Il giorno dopo tornammo a lavorare. Il mio compito era trovare Belinda. Maya si muoveva a fatica e con dolore, tanto che giocando a «cerca» io andavo più piano, rallentando il passo ogni volta che non mi vedeva. Tornavo da lei a farmi dare indicazioni solo per vedere se stava bene e, quando finalmente trovai Belinda, si era addormentata, seduta sotto un albero.

«Brava, Ellie, sei stata bravissima» mi sussurrò Maya. Svegliammo Belinda, che guardandosi il polso ebbe un breve moto di sorpresa.

«È... è stata una giornata no» disse Maya. Belinda non rispose.

Quella sera, Maya mi chiamò dalla vasca da bagno. Fiutai le bolle incuriosita e diedi una leccata all'acqua, chiedendomi che gusto c'era a nuotare in uno spazio così piccolo. I gatti chiaramente non erano interessati. Campanellino come al solito si nascondeva dal mondo, Stella stava conducendo un'ispezione non autorizzata della mia cuccia – dall'odore mi accorsi che aveva perfino provato a dormirci dentro! –, mentre Emmet era in bagno con me che si leccava, aspettando che succedesse qualcosa per fregarsene come al solito.

Maya era triste. Allungò la mano bagnata e mi accarezzò la testa. «Mi dispiace, Ellie, ma non sono abbastanza brava. Non riesco a starti dietro. Tu sei un cane eccezionale, hai bisogno di qualcuno al tuo livello.»

Mi chiesi se sarebbe stata più contenta con me nella vasca insieme a lei. Misi le zampe sul bordo, giusto per vedere se avevo ragione. Emmet smise di leccarsi e mi guardò senza una traccia del dovuto rispetto, poi alzò la coda e se ne andò con disinvoltura, come per sfidarmi a inseguirlo e a ridurre la popolazione felina della casa.

«Domani ti farò una sorpresa, Ellie» disse, sempre triste.

Be', già che c'ero... M'infilai nella vasca, affondando tra le bolle lievi come l'aria.

«Ellie!» Maya rise e, come si spegne una candela, l'allegria soffiò via la sua tristezza.

22

Il mattino dopo ero tutta eccitata all'idea di fare un viaggio in macchina, perché... be', era pur sempre un viaggio in macchina! E poi percepivo in Maya un felice senso di attesa, da cui intuii che non stavamo andando al lavoro, perché ultimamente il lavoro non le procurava sensazioni granché gioiose. Ma fu solo quando fermò la macchina che capii dov'eravamo.

A casa di Jakob.

Corsi avanti balzando su per le scale e abbaiai alla porta, cosa che non avrei mai fatto quando abitavo lì. Sentii dall'odore che Jakob era dentro e udii i suoi passi venire verso l'ingresso. Non fece in tempo ad aprire che mi ero lanciata addosso a lui, cominciando a saltare e a ballonzolare tutta allegra. «Ellie! Come stai piccola? Seduta» ordinò.

Appoggiai il sedere per terra, ma non avevo nessuna voglia di restare ferma.

«Ciao, Jakob» fece Maya dalla porta.

«Vieni, entra pure, Maya» disse lui.

Ero così eccitata nel rivederlo: mi sedetti accanto a lui mentre si accomodava su una poltrona. Avrei voluto saltargli in grembo e se fosse stato Ethan lo avrei anche fatto, ma con Jakob non c'era mai tempo per sciocchezze del genere.

Mentre loro parlavano, me ne andai in ricognizione ad annusare l'appartamento. Notai che la cuccia era scomparsa, ma sentii che in camera c'era ancora il mio odore e non mi sarei fatta nessun problema a dormire sul tappeto o nel letto di Jakob, se lui avesse voluto.

Poi tornai in soggiorno per stare con Jakob. Mentre passavo accanto a Maya, lei allungò una mano e mi accarezzò il dorso con dolcezza, e fu allora che me ne resi conto: tornare a vivere con Jakob voleva dire lasciare Maya.

Sul lavoro, Jakob era molto meglio di Maya. Ma lei non aveva dentro quel groppo di tristezza, emanava autentica gioia ogni volta che andavamo a casa di Mama, dove c'erano tutti quei bambini con cui giocare. D'altro canto, Jakob non aveva gatti.

Il mio scopo era chiaro: «cerca», «dove», «salva». Sia Maya sia Jakob erano concentrati sul loro lavoro e non avrebbero mai potuto amarmi con il trasporto totale che aveva Ethan. Ma Maya mi abbracciava con affetto incondizionato, un sentimento che Jakob non si sarebbe mai concesso di provare.

Cominciai a camminare su e giù, in ansia.

«Devi uscire, piccola?» mi chiese Maya. Compresi la parola «uscire», ma pronunciata senza il minimo entusiasmo, e così non reagii.

«No, quando ha bisogno si mette davanti alla porta» fece Jakob.

«Ah, è vero, gliel'ho visto fare» disse Maya. «Io di solito lascio aperta la porta sul retro, così può entrare e uscire quando vuole.»

Ci fu un attimo di silenzio. Mi infilai in cucina, ma come al solito il pavimento sembrava sterilizzato, privo com'era di qualunque cosa di commestibile.

«Ho saputo che hai chiesto la pensione d'invalidità» disse Maya.

«Be', mi hanno sparato due volte in cinque anni, direi che può bastare» rispose lui con una risata amara.

«Si sentirà la tua mancanza.»

«Resterò in città, mi sono iscritto all'Università della California. Se frequento, mi manca solo un anno e mezzo per prendere la laurea in legge.»

Un altro silenzio. Maya mandò un impercettibile segnale di difficoltà, che avevo già notato in altre persone di fronte a Jakob, quando provavano a parlargli e invece restavano sedute lì senza dir niente. C'era qualcosa in lui che metteva a disagio la gente.

«Allora, tra quanto pensi di prendere il brevetto?» chiese Jakob.

Trovai un posto neutrale in mezzo a loro due e mi sdraiai per terra con un sospiro, senza capire cosa stesse succedendo.

«Due settimane, ma...» provò a dire Maya, poi si zittì.

«Ma?» la incalzò Jakob.

«Sto pensando di lasciare il programma» confessò Maya tutto d'un fiato. «Non ce la faccio. Non mi ero resa conto... Insomma, sarebbe meglio se lo facesse qualcuno di più giovane.»

«Non puoi farlo» disse Jakob. Alzai la testa e lo guardai, incuriosita, chiedendomi il perché di quell'improvvisa sensazione di rabbia. «Ellie non può passare da un conduttore all'altro in questo modo. Se la molli così, potresti rovinarla. Wally dice che tra voi due c'è un vero rapporto.»

Agitai appena la coda sentendo il mio nome e quello di Wally, ma il tono di Jakob era molto severo.

«È che non sono fisicamente tagliata per questo incarico, Jakob» disse Maya. Sentii la rabbia montare anche dentro di lei. «Non sono un ex marine, sono solo un'agente della stradale che a malapena è riuscita a ottenere l'idoneità fisica. Ci ho provato, ma è troppo dura.»

«Troppo dura.» Jakob la fissò finché Maya non distolse lo sguardo, alzando le spalle. La sua rabbia si tramutò in vergogna e andai da lei per strofinarle il naso sulla mano.

«Hai una vaga idea di cosa significhi beccarsi una pallottola nella spalla? E dover fare la fisioterapia mentre tua moglie è in chemio? E poi tornare al lavoro dopo un mese dal suo funerale? E questo credi che non sia stato duro?»

«Jakob...» mormorò Maya.

Era sempre lo stesso dolore oscuro che si agitava dentro Jakob come una tempesta: la rabbia lo abbandonò, come spazzata via da una folata di vento.

In quel momento compresi che restare con lui non sarebbe mai stato possibile. La gelida angoscia che intrappolava il suo cuore si era trasformata in un senso di sconfitta che aveva contagiato anche il resto del corpo e capii che «cerca» non gli interessava più.

Anche Maya emanava un senso di tristezza, ma mi bastò ascoltare meglio per capire che una nuova determinazione si stava rafforzando dentro di lei, come quando mi aveva portato a correre sull'oceano.

«Va bene, hai ragione» disse.

Mentre uscivamo, Jakob mi diede una pacca sulla testa dicendomi addio, senza tristezza né rimpianti.

Quel giorno salimmo in macchina su per le colline. Maya corse ore e ore, e la sera era così stanca che non riusciva nemmeno a camminare. Il giorno successivo, dopo il lavoro, tornammo a correre. Era uno spasso incredibile, se non fosse stato che Maya, verso la fine, era sempre piena di dolore e disperazione.

Qualche sera dopo, quando tornammo a casa, era così distrutta che non riusciva nemmeno a scendere dalla macchina. Restammo seduti lì, col vento che entrava dai finestrini aperti, mentre il sudore le scorreva lungo il viso. «Non ce la farò, Ellie. Mi dispiace» disse Maya, con tristezza.

Emmet e Stella ci guardavano dalla finestra. Probabilmente nemmeno sapevano cosa fosse una macchina. Immaginai che Campanellino si fosse spaventata per il rumore sentendoci arrivare e fosse andata a infilarsi sotto qualche mobile.

«Tutto bene, Maya?» chiese Al, piano. Era controvento e non l'avevo fiutato. Misi la testa fuori dal finestrino per farmi accarezzare.

«Oh, ciao, Al.» Maya scese dalla macchina. «Sì, stavo solo... pensando.»

«Ti ho vista arrivare.»

«Già.»

«Ero venuto a vedere se ti serviva una mano.»

«No, no. Sono stata a correre col cane.»

Scesi dal sedile anteriore e, mentre mi accucciavo in giardino per fare i miei bisogni, fissai di proposito Emmet e Stella, che distolsero gli occhi, schifati.

«Ok.» Al fece un respiro profondo. «Sei dimagrita, Maya.»

«Cosa?» Lo fissò.

Al indietreggiò, terrorizzato. «Non che prima fossi grassa, ho solo notato che, con i pantaloncini, le tue gambe sembrano molto magre.» Emanava zaffate di sofferenza e fece per andarsene. «Meglio che vada.»

«Grazie, sei stato molto carino» disse Maya.

Al interruppe la sua ritirata e drizzò la schiena. «Secondo me, non hai più bisogno di fare esercizio, sei perfetta così come sei.»

Maya rise, e poi anche Al. Scodinzolai per far credere ai gatti, seduti alla finestra, che io avevo capito la battuta e loro no.

Più o meno una settimana dopo facemmo una delle cose che

mi piacevano di più: andammo al parco, dove c'erano un sacco di altri cani, a lavorare con dei giocattoli. Appena Maya mi dava il comando, io strisciavo dentro un cunicolo e poi facevo su e giù sopra un'asse, che oscillava. Mi arrampicavo lentamente su una scala e le facevo vedere che ero capace di star seduta paziente su una trave stretta a mezzo metro da terra, sempre senza far caso agli altri cani.

Il nostro «cerca» consisteva nel trovare un uomo che aveva perso i calzini mentre vagabondava tra gli alberi. Maya sembrava impaziente, così mi lanciai a gran velocità e continuai a correre anche quando la vidi tutta coperta di sudore. Ancora prima di trovarlo, capii che l'uomo era in cima a un albero, perché Wally aveva provato a fare lo stesso giochetto, ma ogni volta riuscivo a beccarlo sentendo il suo odore trasportato dalle correnti d'aria. Maya, però, era un po' confusa, vedendomi abbaiare alla base di un albero, dove non c'era traccia visibile dell'uomo. Mi sedetti paziente, alzando lo sguardo per fissare l'uomo che sorrideva dalla cima, finché anche lei non se ne accorse.

Quella sera ci fu una grande festa a casa di Mama. Tutti mi accarezzavano e mi chiamavano per nome.

«Ora che hai avuto il brevetto, hai bisogno di mangiare» disse Mama a Maya.

Suonò il campanello: non succedeva quasi mai in quella casa, di solito la gente si limitava a entrare. Seguii Mama fino alla porta e quando l'aprì sentii il suo cuore esultare. Era Al e porse dei fiori a Mama. Ricordavo che Ethan aveva dato dei fiori a Hannah ed ero un po' confuso perché ad Al piaceva Maya, non Mama, ma sapevo che non sarei mai riuscito a capire gli umani quando si trattava di certe cose.

Tutti fecero silenzio appena Al comparve nel giardino sul retro, dove erano sistemati i tavoli da picnic. Maya andò da Al:

sembravano tutti e due nervosi e Al posò per un attimo la sua bocca sul viso di lei. Poi Maya disse il nome di tutti, lui strinse le mani e ricominciarono a ridere e a chiacchierare.

Nei giorni successivi trovammo – e salvammo – due bambini che si erano allontanati dalle loro case, poi seguimmo le tracce di un cavallo per cercare una donna che era caduta e si era fatta male a una gamba. Mi tornò in mente Fiamma che aveva scaricato Ethan in mezzo al bosco, e mi chiesi perché la gente perdeva tanto tempo con i cavalli, visto che chiaramente erano delle bestie inaffidabili.

Nel bosco trovammo anche un uomo vecchio, ma era morto. Mi metteva tristezza annusare il suo corpo freddo adagiato per terra, perché questo non era salvare le persone: Maya mi disse che ero stata brava, ma nessuno dei due aveva molta voglia di giocare col bastone.

Andammo a casa di Al, che aveva preparato a Maya una cena a base di pollo, poi tutti e due scoppiarono a ridere e mangiarono la pizza portata da un ragazzo. Diedi un'annusata ai pezzi di pollo che Al aveva messo in terra per me e li mangiai più che altro per educazione, perché erano completamente incrostati di qualcosa che sapeva di fuliggine.

Più tardi, quella sera, capii che Maya gli stava raccontando dell'uomo morto, perché provava la stessa tristezza. Anche io e Jakob avevamo trovato delle persone morte, ma lui non era mai veramente triste, come non sembrava veramente felice quando salvavamo le persone vive. Per lui era solo lavoro, non c'era posto per i sentimenti.

Un giorno facemmo un viaggio in elicottero, diretti a sud. Ripensai a quando avevano portato via Jakob ed ero felice di essere di nuovo un cane volante. Durante il viaggio Maya era al tempo stesso eccitata e a disagio. Certo, volare non era divertente come fare un giro in macchina, perché il rumore dell'elicottero mi dava noia alle orecchie.

Il luogo dove atterrammo era diverso da qualunque posto avessi mai visto. C'erano un sacco di cani e di poliziotti, e l'aria era piena del frastuono delle sirene e dell'odore di fumo. Molti edifici erano cadenti, alcuni col tetto crollato. Maya, dopo avermi messo il guinzaglio, mi guidò per un labirinto di macerie. Ogni volta che arrivavamo davanti a una casa, degli uomini che ci avevano seguito la controllavano, poi Maya mi toglieva il guinzaglio ed entravo dentro, oppure mi teneva legata e facevamo «cerca» solo fuori dalla casa.

«Questa non è sicura, Ellie. Devo tenerti, così non ci entri» mi diceva.

Uno degli uomini si chiamava Vernon e odorava di capre, il che mi fece ripensare a quando andavamo in città con Ethan e Nonno. Fu una delle rare volte in cui pensai a Ethan mentre stavo lavorando: per fare «cerca» bisognava mettere da parte ogni altra cosa e concentrarsi solo sul lavoro.

Nelle ore che seguirono, trovammo quattro persone, tutte morte. Dopo la seconda, la mia eccitazione era completamente svanita: quando trovai la quarta persona, una giovane donna sdraiata sotto una catasta di mattoni, non avevo nemmeno voglia di avvertire Maya. Lei capì il mio stato d'animo e cercò di rassicurarmi, accarezzandomi e agitando l'osso di gomma, ma in quel momento me ne importava ben poco.

«Vernon, puoi farmi un piacere? Potresti nasconderti da qualche parte?» chiese. Io ero distesa, esausta, ai suoi piedi.

«Nascondermi?» fece lui, dubbioso.

«Ha bisogno di trovare una persona viva. Potresti nasconderti? In quella casa laggiù, quella che abbiamo appena controllato. E quando ti trova, devi sembrare emozionato.»

«Ehm, d'accordo.»

Vidi che Vernon si allontanava, ma non ci feci molto caso. «Ellie, sei pronta? Pronta a trovare qualcuno?»

Mi alzai, senza entusiasmo. «Andiamo, Ellie!» disse Maya. La sua eccitazione suonava falsa, ma trotterellai verso una casa che avevamo già ispezionato. «Cerca!» esclamò.

Entrai nella casa e mi fermai, confusa. Ci eravamo appena stati, ma in quel momento mi sembrò che l'odore di Vernon fosse più intenso. Incuriosita, m'incamminai verso il retro della casa. Sì! In un angolo c'era un mucchio di coperte da cui proveniva, forte, l'odore di Vernon, un misto di sudore, calore e capre. Corsi indietro da Maya. «Dove!» mi incalzò lei.

Mi seguì di corsa e, quando sollevò le coperte, Vernon saltò su ridendo.

«Mi hai trovato! Brava, Ellie!» esclamò, rotolandosi con me sulle coperte. Gli montai addosso leccandogli il viso e per un po' giocammo con l'osso di gomma.

Lavorammo tutta la notte e trovammo altre persone, oltre a Vernon, che erano sempre più brave a nascondersi: ma io avevo lavorato con Wally e nessuno poteva ingannarmi a lungo. Tutti gli altri che trovammo erano morti.

Al sorgere del sole arrivammo davanti a un edificio da cui usciva ancora un fumo acre e pungente. Mi avevano rimesso il guinzaglio. I miei occhi lacrimavano per via degli odori chimici che salivano dai muri crollati.

Trovai un uomo morto schiacciato sotto una parete e avvertii Maya.

«Sì, lo sappiamo,» disse un tizio a Maya «ma ancora non possiamo tirarlo fuori, qualunque cosa ci sia in quei barili è tossico. Abbiamo bisogno di una squadra che venga a bonificare l'area.»

C'erano dei fusti metallici da cui colava un liquido dall'odore penetrante che mi faceva bruciare il naso. Mi concentrai su «cerca», senza far caso a quel tanfo.

«Ok, da brava. Andiamo da qualche altra parte, Ellie.»

Trovato! Avevo sentito l'odore di un'altra persona e m'irrigidii, cercando di avvertirla. Era una donna e il suo odore era appena percettibile in mezzo al lezzo chimico che appestava l'aria.

«No, Ellie, dobbiamo lasciarlo qui. Su, vieni» fece Maya, tirando delicatamente il guinzaglio. «Dài, Ellie.»

La avvertii di nuovo, irrequieta. Non potevamo andarcene! Quella persona era viva.

23

«Sì, Ellie, l'abbiamo trovato, ma per adesso dobbiamo lasciarlo qui. Su, andiamo» disse Maya.

Intuii che voleva andarsene: forse pensava che la stessi avvertendo della presenza di una persona morta?

«Vuole cercarmi un'altra volta?» chiese Vernon.

Alzai lo sguardo su Maya e la fissai: come potevo farglielo capire?

Maya si guardò intorno. «Qui? No, troppo pericoloso, è tutto crollato. Però, sai che ti dico, magari le farebbe bene rincorrerti un po'. Allontanati e chiamala, io le tolgo il guinzaglio.»

Non feci caso a Vernon che si allontanava a passo svelto. Ero troppo concentrata sulla persona nascosta tra le macerie. Sentivo l'odore della sua paura, anche se il tanfo pungente delle sostanze chimiche mi faceva pizzicare il naso, come quella volta con la puzzola. Maya mi slacciò il guinzaglio. «Ellie? Dove va Vernon? Dove va?»

«Ehi, Ellie! Guarda!» urlò Vernon, correndo piano su per la strada. Lo guardai: mi sarebbe piaciuto giocare a rincorrerlo, ma avevo del lavoro da fare. Tornai verso l'edificio crollato.

«Ellie! No!» esclamò Maya.

Se fosse Stato Jakob a urlare «no», mi sarei bloccata all'istante, ma i comandi di Maya non avevano lo stesso tono severo. Mi lanciai a testa bassa in uno spazio stretto proprio accanto al cadavere e cominciai a scavare. Sentii un bruciore alle zampe: era il liquido versato dai fusti. Il puzzo delle sostanze chimiche era così intenso da cancellare tutto il resto. Ripensai a quando giocavamo a «salvami» con Ethan, a come riuscivo a ritrovarlo nelle profondità dello stagno seguendo solo la più tenue traccia del suo odore.

Mezza soffocata, continuai a scavare il mio tunnel. Una folata d'aria fresca mi accarezzò il muso e contorcendomi riuscii a infilarmi in un buco, che conduceva in uno stretto pozzo di ventilazione. In quel punto, una corrente ascensionale portava aria pulita, anche se le narici bruciavano ancora per l'acido che mi era caduto sul muso.

Dopo un istante vidi, in un angolo del pozzo, una donna rannicchiata che si premeva uno straccio sul viso. Mi guardò, spalancando gli occhi.

Abbaiai, perché non ero in grado di tornare da Maya per avvertirla.

«Ellie!» mi chiamò Maya, tossendo.

«Torna qui, Ellie» fece Vernon, in tono d'avvertimento.

Continuai ad abbaiare. «Ellie!» urlò di nuovo Maya: adesso sembrava più vicina. L'aveva sentita anche la donna e cominciò a gridare, con la voce strozzata dalla paura.

«C'è qualcuno laggiù! Vivo!» esclamò Maya.

Rimasi seduta accanto alla donna ad aspettare e la sua paura si trasformò in speranza quando dall'alto un uomo col casco e la mascherina sul viso illuminò il pozzo con una torcia, puntando con la luce verso di noi. Mi lacrimavano gli occhi, il naso mi colava, tutto il muso bruciava per quella roba che ci era finita sopra. Poco dopo, tutt'intorno echeggiò un rumore di gente che scavava e martellava, dopodiché sopra le nostre teste si aprì un quadrato di luce e un uomo si calò con una fune.

Evidentemente quella donna non era allenata a farsi sollevare con l'imbracatura: sembrava molto spaventata quando l'uomo, dopo averla legata, la tirò su per il pozzo.

Io invece, che avevo già fatto pratica parecchie volte, m'infilai nel cappio senza esitare. Mi issarono attraverso il buco e trovai Maya lassù che aspettava, ma quando mi vide il suo sollievo si tramutò in preoccupazione.

«Oddio, Ellie! Che cos'hai fatto al naso?»

Corremmo fino a un camion dei pompieri, dove Maya, con mio grande disappunto, convinse un vigile del fuoco a farmi il bagno! In realtà era più che altro un risciacquo: l'acqua fredda mi scorreva sul muso portando un po' di sollievo al mio naso bruciacchiato.

Facemmo un altro viaggio in elicottero per andare dall'uomo nella stanza fresca, il veterinario, che mi esaminò attentamente il naso e ci mise sopra della crema dall'odore terribile ma molto rinfrescante.

«Cos'è stato, una specie di acido?» le chiese il veterinario.

«Non lo so. Crede che si rimetterà?» Percepivo tutto il suo amore e la sua preoccupazione, e chiusi gli occhi mentre mi accarezzava il collo. Avrei voluto trovare un modo per farle capire che non mi faceva poi tanto male.

«Dovrò visitarla, per controllare che non ci siano segni d'infezione, ma non vedo perché non dovrebbe guarire» le disse.

Nelle due settimane che seguirono, ogni giorno Maya mi spalmava delicatamente la crema sul naso. Emmet e Stella, che sembravano trovare tutta la faccenda molto divertente, stavano seduti sul bancone a fissarmi. Campanellino invece *adorava* quell'odore. Emergendo dai suoi nascondigli veniva da me ad annusare la crema, poi strofinava il muso contro il mio, facendo le fusa.

Quando mi sdraiavo, lei si sedeva accanto a me e mi fiutava, facendo su e giù col suo nasino minuscolo. Prese addirittura l'abitudine di acciambellarsi addosso a me per dormire.

Fu un sollievo quando tornammo a lavorare: almeno non avrei più avuto quei gatti tra i piedi. Arrivati al parco, corsi incontro a Wally e Belinda, che erano tutti emozionati nel vedermi.

«Ho saputo che ormai sei un'eroina, Ellie! Brava!»

Scodinzolai per l'eccitazione: sì, un bravo cane! Poi Wally corse via, mentre Maya e Belinda sedevano a un tavolo da picnic.

«Allora, come va tra te e Wally?» chiese Maya. Mi sedetti, impaziente: se ci fossimo mossi subito, avrei trovato Wally in men che non si dica!

«Il quattro luglio mi porta a conoscere i suoi...» rispose Belinda.

«Fantastico!»

Emisi un borbottio sommesso, ascoltando tutte quelle chiacchiere. Gli umani sono in grado di fare cose stupefacenti, ma troppo spesso se ne stanno seduti lì con le mani in mano, a dire parole su parole. «Giù, Ellie» disse Maya. Mi sdraiai, riluttante, guardando di proposito nella direzione in cui era andato Wally.

Dopo quello che sembrò un secolo, finalmente andammo a cercare Wally. Partii tutta festosa, senza nemmeno dover rallentare perché ormai Maya riusciva benissimo a starmi dietro.

Wally era stato molto bravo a confondere le tracce! Alzai il naso, cercando di cogliere il suo odore. Nell'aria quel giorno c'erano poche fragranze a distrarmi, ma non riuscivo proprio a trovarlo. Corsi su e giù, tornando da Maya perché mi indicasse la direzione. Lei perlustrò attentamente tutta l'area, ma quando non trovai traccia di Wally si spostò in un altro punto e ricominciammo.

«Che ti succede, piccola? Ellie, stai bene?»

Stranamente, per quanto fosse sottovento, udii Wally ancora prima di fiutarlo. Camminava dritto verso di noi. Mi lanciai in avanti: quando il mio naso mi disse che era proprio lui tornai da Maya, che stava già parlando con Wally, quasi gridando.

«Mi sa che non è giornata» diceva.

«Pare anche a me. Non l'avevo mai vista sbagliare, prima. Ehi, Ellie, tutto bene?» mi disse Wally. Giocammo per un po' con un bastone.

«Maya, facciamo così. Cerca di distrarla. Io intanto vado su quella collinetta e mi nascondo. Dammi una decina di minuti» disse Wally.

«Sicuro?»

«Sono due settimane che non si allena, cominciamo con una cosa facile.»

Mi ero accorta che Wally se ne stava andando, ma Maya mi aveva dato un osso di gomma e adesso cercava di togliermelo. Capii che si stava nascondendo di nuovo. Ero felice. Quando finalmente Maya gridò «Cerca!», io partii, impaziente, nella direzione in cui l'avevo sentito andarsene.

Corsi in cima a una collinetta e mi fermai, incerta. Non capivo come facesse, ma in qualche modo Wally riusciva a cancellare ogni traccia del suo odore.

Tornai da Maya per farmi dare indicazioni e lei mi mandò a destra.

Perlustrai tutta la zona avanti e indietro, col naso a terra.

Niente Wally.

Poi mi indirizzò a sinistra. Anche lì, nessuna traccia. Mi fece andare ancora verso sinistra, guidandomi fino alle pendici della collina. Trovai Wally solo quando ce l'avevo praticamente davanti al muso: sentendo che si muoveva, mi girai per andare ad avvertire Maya, ma non ci fu nemmeno bisogno di correre, perché era già dietro di me.

«C'è qualcosa che non va» disse. «Secondo il veterinario, a questo punto avrebbe dovuto essersi rimessa del tutto.»

«Proviamo a darle un'altra settimana e vediamo se migliora» disse Wally. Sembrava triste, chissà perché, e gli feci una carezza col naso.

Nelle due settimane successive non lavorammo molto. Quando capitava, Wally continuava a ingannarmi, nascondendo il suo odore così bene che lo sentivo solo quando me lo trovavo davanti.

«Cosa vuol dire che hanno tolto il brevetto a Ellie? Perderai il lavoro?» chiese Al una sera. Non avevo una gran passione per i piedi, ma lasciai che Al si togliesse le scarpe e mi accarezzasse col ditone, perché quel giorno puzzavano meno del solito.

«No, ma mi daranno un nuovo incarico. Ho passato le ultime settimane dietro una scrivania, non ho proprio la stoffa per quel genere di lavoro. Probabilmente farò domanda per tornare di pattuglia» rispose Maya.

Al, senza farsi vedere, mi buttò un pezzo di carne. Era il motivo principale per cui mi piaceva stare di fronte a lui, all'ora di cena. Lo raccolsi in silenzio con una passata di lingua, mentre Stella mi faceva gli occhiacci dal divano.

«Non mi piace che tu vada di pattuglia. È pericoloso.»

«Albert» mormorò Maya.

«E che ne sarà di Ellie?»

Alzai gli occhi, ma non arrivò altra carne.

«Non lo so. Non può più lavorare, il suo olfatto è troppo danneggiato. Deve andare in pensione. Resterà con me. Vero, Ellie?»

Scodinzolai, felice nel sentirla pronunciare il mio nome con tanto affetto.

Dopo cena facemmo un viaggio in macchina fino all'oceano! Il sole stava tramontando: Al e Maya stesero una coperta tra due alberi e restarono lì a parlare mentre le onde andavano e venivano sulla spiaggia.

«È meraviglioso» disse Maya.

Immaginai che volessero giocare col bastone, la palla o qualcos'altro, ma ero legata e non potevo muovermi. Mi sembrava brutto lasciarli così, senza niente da fare.

Mi girai verso Al: sembrava spaventato. Il suo cuore cominciò a battere sempre più forte, c'era in lui una sorta di energia nervosa, mentre continuava ad asciugarsi le mani sui pantaloni.

«Maya, dopo che ti sei trasferita qui... Per tanti mesi ho cercato delle scuse per parlarti. Sei così bella.»

Maya si mise a ridere. «Dài, Al, smettila. Macché bella!»

Dei ragazzi correvano nell'acqua lanciandosi un disco. Li guardai drizzando le orecchie, e ripensai a Ethan e al suo stupido flip. Mi chiedevo se Ethan avesse mai visto l'oceano, se avesse mai lanciato il flip tra le onde dove, con un pizzico di fortuna, sarebbe andato a fondo per non ricomparire mai più.

Ethan. Quando aveva la stessa età dei ragazzi che giocavano nell'acqua, non faceva mai niente senza di me, se non andare a scuola. Mi piaceva lavorare, sentivo di avere uno scopo, ma c'erano dei giorni, come questo, in cui ripensavo a Ethan e avrei voluto soltanto essere di nuovo il suo cane citrullo.

Al era ancora spaventato e gli lanciai un'occhiata incuriosita: quella persistente sensazione di allarme mi fece distogliere lo sguardo dai ragazzi. Che pericolo c'era? Io non ne vedevo: eravamo completamente soli da quella parte del parco.

«Sei la donna più bella del mondo» disse. «Io... io ti amo, Maya.»

A quel punto anche Maya sembrava in ansia. Cosa stava succedendo? Mi alzai a sedere.

«Anch'io ti amo, Al.»

«So di non essere ricco, e neanche un bell'uomo...» fece lui.

«Oddio» sospirò Maya.

«Ma ti amerò per tutta la vita, se me lo permetterai.» Al si girò, mettendosi in ginocchio sulla coperta.

«Oddio, oddio...» fece Maya.

«Vuoi sposarmi, Maya?» le chiese.

24

Un giorno Maya, Mama, tutti i fratelli e le sorelle e gli altri membri della famiglia si radunarono in un grande edificio e rimasero in silenzio mentre io mostravo loro il nuovo trucco che avevo imparato: camminavo a passo lento e solenne lungo un percorso stretto, in mezzo a file di panche di legno, salivo dei gradini coperti da un tappeto e poi aspettavo pazientemente che Al togliesse qualcosa da una scatolina che portavo sul dorso. Quindi tutti si sedettero ad ammirarmi, mentre Maya e Al chiacchieravano di non so cosa. Maya indossava un vestito bianco tutto vaporoso: intuii che dopo non saremmo andati al parco a giocare, ma mi stava bene perché tutti sembravano felici vedendo quant'ero stata brava. Mama addirittura pianse dalla contentezza.

Poi andammo a casa di Mama. I bambini correvano da tutte le parti e mi diedero da mangiare un pezzo di torta.

Qualche mese dopo, andammo a vivere tutti in una nuova casa, con un cortile decisamente più grande. C'era anche un garage, ma per fortuna a nessuno venne in mente di farmi dormire lì. Al e Maya dormivano insieme. Non sembravano far caso se saltavo sul letto per stare con loro, ma sinceramente non c'era abbastanza spazio per farsi un buon sonno e poi ci salivano anche i gatti, quindi alla fine decisi di sdraiarmi per terra vicino al lato di Maya. Così, se si alzava nel cuore della notte per andare da qualche parte, potevo seguirla.

Piano piano capii che non saremmo più andati a lavorare. L'unica spiegazione che mi venne in mente fu che ormai avevamo trovato tutte le persone che c'erano da trovare, e poi Wally e Belinda non sembravano più molto interessati a fare «cerca» con noi. Maya però mi portava ancora a correre e a volte veniva pure Al, anche se faceva fatica a starci dietro.

Perciò fui molto sorpresa quando Maya, tutta emozionata, mi fece salire sul furgone e mi portò a fare un viaggio in macchina. Pensavo che stessimo andando a lavorare, ma il suo umore era diverso, c'era meno urgenza.

Mi portò in un grande edificio e disse che era una scuola. Ero confusa: per me la scuola era quando Ethan andava via, non un luogo, significava solo stare senza il bambino. Restai accanto a Maya mentre entravamo in una grande stanza piena di confusione e di bambini, che ridevano eccitati. Sedetti accanto a lei, osservando i bambini che facevano una gran fatica a restare fermi. Ripensavo a Ethan, a Chelsea e ai bambini del nostro quartiere, sempre pieni di energia.

Avevo una luce forte davanti agli occhi. Una donna disse qualcosa e trasalii quando tutti i bambini, maschi e femmine, batterono le mani. Scodinzolai, avvertendo la gioia collettiva dei piccoli.

Maya mi fece fare qualche passo in avanti e cominciò a parlare, ma con una voce così forte che sembrava venire da ogni angolo della stanza.

«Vi presento Ellie, è un cane da salvataggio in pensione. Come parte del programma extrascolastico volevo farvela conoscere e raccontarvi come ci ha aiutato a salvare tanti bambini che si erano smarriti. Voi sapete cosa fare se vi perdete?» disse

Maya. Io sbadigliai, chiedendomi cosa diavolo stesse succedendo.

Dopodiché restammo lì per mezz'ora a non far niente: Maya mi fece scendere dal palco e i bambini si misero in fila, avvicinandosi a piccoli gruppi per accarezzarmi. Alcuni mi abbracciavano con affetto, senza farsi problemi, altri restavano indietro un po' intimoriti. Scodinzolai per rassicurarli e quando una bambina mi porse esitante la mano, gliela leccai. La tirò via con un gridolino, ma non era più spaventata.

Non lavoravamo più, ma ci capitava sempre più spesso di fare scuola. A volte c'erano dei bambini molto piccoli, altre volte non erano affatto bambini ma persone vecchie, tipo Nonna e Nonno. Ogni tanto andavamo in posti pieni di odori chimici, dove c'erano persone sdraiate a letto che soffrivano, piene di dolore e di tristezza, e restavamo con loro finché la tristezza non svaniva almeno per un po'.

Capivo sempre quando stavamo per fare scuola, perché in quei giorni Maya passava un sacco di tempo a vestirsi. Quando non c'era scuola si vestiva in fretta e usciva tutta di corsa, mentre Al ridacchiava. Poi se ne andava anche lui e io restavo bloccata in casa con quegli stupidi gatti.

Anche se non avevo più la crema sul naso, Campanellino continuava a starmi sempre intorno e a raggomitolarsi addosso a me quando facevo il pisolino. Per fortuna Al non era lì per assistere a quelle scene: sarebbe stata un'umiliazione troppo grande. Al aveva molto affetto per me, ma i gatti non gli piacevano molto. Campanellino si nascondeva sempre da lui, Stella si avvicinava solo quando lui aveva qualcosa da mangiare, mentre Emmet di quando in quando gli andava incontro tutto impettito e poi si strusciava addosso a lui con fare altezzoso, come se avere peli di gatto sparsi sui pantaloni fosse qualcosa di cui vantarsi.

Era ormai qualche anno che facevamo scuola, quando Maya cambiò la nostra routine. Eravamo in un posto chiamato «classe», più piccola delle altre stanze in cui ero stata, con bambini che sembravano tutti più o meno della stessa età. Erano molto piccoli e stavano seduti su delle coperte stese per terra. Mi sentivo un po' invidiosa: di solito a casa passavo il tempo a dormicchiare, non avevo più l'energia di un tempo, quindi decisi che, se i bambini mi avessero lasciata sdraiare su una coperta insieme a loro, sarei stata più che disposta ad accontentarli.

Maya chiamò una bambina, che si avvicinò tutta intimorita. Si chiamava Alyssa e mi abbracciò. Quando le leccai la faccia, gli altri risero. Era una cosa che non avevamo mai fatto, dedicarci a un solo un bambino, e non capivo bene il perché di quel cambiamento.

La donna seduta alla grande scrivania, la maestra, disse: «Alyssa non ha mai conosciuto Ellie, ma se non fosse stato per lei, Alyssa non sarebbe mai nata».

A quel punto tutti vennero ad accarezzarmi: finalmente facevamo scuola sul serio! A volte erano un po' violenti e un bambino mi tirò forte le orecchie, ma io lo lasciai fare.

Alla fine corsero tutti fuori, ma Alyssa restò indietro insieme alla maestra. Maya sembrava emozionata, così aspettai speranzosa, poi entrarono in classe un uomo e una donna e Alyssa corse loro incontro.

L'uomo era Jakob.

Gli saltellai incontro festosa e lui si chinò per grattarmi le orecchie.

«Ellie! Come stai? Guarda come sei invecchiata!»

La donna prese in braccio Alyssa. «Papà prima lavorava con Ellie, lo sapevi?»

«Sì» disse Alyssa.

Maya abbracciò Jakob e la donna, che rimise giù Alyssa perché mi accarezzasse un altro po'.

Mi sedetti, guardando Jakob. Era molto diverso dall'ultima volta che l'avevo visto: la sua freddezza sembrava scomparsa. Mi resi conto che quella bambina doveva essere sua figlia e la donna era la madre di Alyssa. Ora aveva una famiglia ed era felice.

Ecco cosa c'era di diverso. Quando lo conoscevo io, Jakob non era mai felice.

«Mi fa piacere che siate nel programma extrascolastico» disse a Maya. «Un cane come Ellie ha bisogno di lavorare.»

Sentii il mio nome e la parola «lavorare», ma non aveva senso: come facevo a trovare qualcuno, chiusa in quella stanza? Jakob era fatto così, parlava sempre di lavoro.

Ero contenta di stare lì vicino a lui e sentire tutto l'amore che irradiava guardando la sua famiglia. Mi sdraiai per terra, così felice che decisi di fare un sonnellino.

«Ora dobbiamo andare a casa» disse la donna ad Alyssa.

«Può venire anche Ellie?» chiese Alyssa. Tutti risero.

«Ellie» fece Jakob. Mi alzai a sedere. Lui si chinò di nuovo, tenendomi il muso tra le mani. «Sei proprio un bravo cane, Ellie. Brava.»

Sentire le sue mani ruvide sul pelo mi riportò indietro a quando ero ancora un cucciolo e iniziavo a imparare qual era il mio lavoro. Scodinzolai, piena d'amore per quell'uomo. Ma ero felice insieme a Maya, su questo non avevo dubbi, così quando ci salutammo nel corridoio io seguii lei senza pensarci un attimo, con le unghie che ticchettavano sul pavimento.

«Brava, Ellie» mormorò Maya. «Sei stata felice di rivedere Jakob?»

«Ciao, Ellie!» mi salutò Alyssa da lontano, con la vocina che rimbombava per i corridoi silenziosi. Maya si girò e io feci lo stesso: l'ultima volta che vidi Jakob, stava prendendo in braccio la sua bambina, sorridendomi.

Quell'anno morirono sia Stella sia Emmet. Maya pianse ed era molto triste, e anche Al sembrava un po' giù. La casa era vuota senza di loro, e Campanellino, essendo ormai l'unico gatto, aveva continuamente bisogno di rassicurazioni: spesso, quando mi svegliavo dai miei pisolini, me la trovavo schiacciata addosso oppure – cosa ancora più sconcertante – in piedi di fronte a me, che mi fissava. Non capivo tutto quell'attaccamento e sapevo bene che lo scopo della mia vita non era fare da madre a un felino, ma la cosa non mi creava troppi problemi e a volte le permettevo addirittura di leccarmi, solo perché si vedeva che le faceva piacere.

I giorni più belli erano quelli di pioggia, anche se non capitavano di frequente: gli odori sembravano sgorgare dal suolo tutti insieme, come quando ero un cucciolo. Di solito capivo in anticipo se le nuvole fitte annunciavano pioggia. La mia mente tornava alla Fattoria, dove invece pioveva un sacco.

Ultimamente mi capitava sempre più spesso di ripensare alla Fattoria e a Ethan. Ormai la vita nel Cortile sembrava tanto lontana, e con essa Svelto, Sorella e Coco, ma a volte mi svegliavo di soprassalto e alzavo la testa, credendo di aver sentito sbattere la portiera della macchina di Ethan, e aspettavo di vederlo entrare chiamando il mio nome.

Un giorno sembrava che stesse per piovere da un momento all'altro. Eravamo a scuola in una classe dove i bambini stavano seduti sulle sedie e non sulle coperte. All'improvviso un lampo squarciò le nubi e tutti fecero un salto ridendo, poi si voltarono verso la finestra per guardare il temporale che anneriva il cielo, mentre uno scroscio di pioggia iniziava a martellare l'edificio. Fiutai l'aria: quanto avrei voluto che aprissero le finestre per lasciar entrare quelle fragranze profumate!

«Seduti, bambini» disse la maestra.

Tutt'a un tratto la porta della classe si aprì ed entrarono un uomo e una donna, entrambi fradici di pioggia. «Abbiamo perso Geoffrey Hicks» disse l'uomo. Sentendo la tensione nella sua voce, li guardai tutti e due, in allerta. Conoscevo bene quel senso di preoccupazione, un'emozione in cui mi ero imbattuta più volte quando lavoravo. «Ha dieci anni» disse l'uomo a Maya.

I bambini cominciarono a parlare tutti insieme. «Silenzio!» ordinò secca la maestra.

«Stavano giocando a nascondino, quando ha iniziato a piovere» disse la donna. «Ho detto a tutti di tornare dentro, ma Geoffrey non c'era. Toccava a lui nascondersi.»

«Forse il cane...» prese a dire l'uomo.

Maya mi guardò e mi tirai su a sedere. «Meglio chiamare il 911» disse. «Ormai sono otto o nove anni che Ellie è in pensione.»

«La pioggia non laverà via il suo odore? Sta venendo giù forte, là fuori» disse la donna. «Ho paura che quando manderanno un altro cane...»

Maya si morse un labbro. «Vi daremo una mano a cercarlo. Ma è meglio se chiamate la polizia. Dove pensate che possa essere andato?»

«C'è un boschetto dietro al parco giochi. C'è una palizzata, ma i bambini riescono a passarci in mezzo» disse l'uomo.

«Questo è il suo zaino, può essere utile?» chiese la donna porgendo una borsa di tela.

Mentre correvamo per il corridoio, sentivo che Maya era tesa ed emozionata. Ma quando ci fermammo alla porta, fu còlta da un senso di sconfitta. «Guarda come piove» borbottò. «Ok, ci sei, Ellie?» Abbassò il viso per guardarmi negli occhi. «Ellie, piccola, sei pronta? Tieni, annusa questo.»

Fiutai per bene la borsa di tela. Odorava di burro d'arachidi, cioccolato, matite colorate e di... una persona. «Geoffrey, Geoffrey» disse Maya. «Ci sei?» Aprì la porta e la pioggia invase il corridoio. «Cerca!»

Balzai fuori sotto l'acqua. Di fronte a me c'era la grande distesa bagnata del marciapiede, e lo percorsi avanti e indietro, con le unghie che raspavano per terra. Sentivo vagamente l'odore di tanti bambini, anche se la pioggia stava confondendo tutto. Maya uscì correndo dalla scuola. «Qui, Ellie! Cerca qui!»

Battemmo tutta la strada fino alla palizzata: niente. Maya sembrava frustrata e spaventata mentre si trascinava sul terreno fangoso. In un punto la recinzione era piegata, ma non fiutai nessuna traccia del bambino. «Se fosse qui, lo sentiresti, vero? Geoffrey!» gridò. «Geoffrey, vieni fuori, va tutto bene!»

Tornammo verso la scuola seguendo la recinzione, senza mai perdere d'occhio l'altro lato del cortile. Arrivò una macchina della polizia con i lampeggianti accesi e Maya andò a parlare con l'uomo al volante.

Io continuavo a fare «cerca Geoffrey». Non sentivo granché, ma sapevo che se mi concentravo come mi avevano insegnato, se stavo ben attenta, sarei riuscita a distinguere l'odore che avevo sentito sullo zaino, bastava non smettere di...

Eccolo. Avevo fiutato qualcosa e voltai la testa di scatto. C'era una piccola apertura nella recinzione, due pali in mezzo ai quali nessun adulto sarebbe riuscito a passare, ma sentivo l'odore di Geoffrey... Si era infilato lì dentro.

Corsi da Maya per avvertirla. Tutta presa a parlare col poliziotto, all'inizio non fece caso a me, ma poi si voltò con aria preoccupata. «Ellie? Dove!»

Corremmo sotto la pioggia fino ai due pali. Maya guardò nella stretta apertura. «Venite!» gridò, correndo lungo la recinzione verso l'ingresso della scuola. «È uscito dal cortile della scuola! È dall'altra parte di questa palizzata!» urlò al poliziotto, che ci corse dietro.

Superata la recinzione, dopo aver fiutato Geoffrey sui due pali, riuscii a capire da che parte era andato. Sì, di qua!

Tutt'a un tratto l'odore svanì. Dopo appena due passi in quella direzione, persi ogni traccia, anche se un attimo prima era stata chiarissima.

«Che succede?» chiese il poliziotto.

«Forse è salito su una macchina» disse Maya. Il poliziotto emise un lamento.

Abbassai il naso e lì ritrovai la traccia. Tornai indietro, l'odore era sempre più forte. Sulla strada l'acqua scorreva a formare un torrente che si gettava gorgogliando in un canale di scolo sotterraneo. Ficcai il muso nel buco e ignorai gli altri odori trasportati dall'acqua che scorreva impetuosa nel canale, concentrandomi sul mio olfatto.

Alzai gli occhi verso Maya.

«Oddio, è lì! È nella fogna!» urlò Maya.

Il poliziotto tirò fuori una torcia e la puntò nel canale di scolo. Lo vedemmo tutti, nello stesso istante: il volto pallido di un bambino spaventato.

25

«Geoffrey! Sta' tranquillo, ti tireremo fuori da lì!» gli gridò Maya. Senza far caso alla pioggia, si mise in ginocchio e allungò un braccio verso di lui. L'acqua lo aveva spinto lontano dall'apertura stretta, era aggrappato al muro opposto: emanava un terrore così forte che mi sentii accecare. Alle spalle di Geoffrey l'acqua si gettava con un ruggito in un tunnel nero. Sbuffando per la fatica, Maya si spinse più avanti che poteva, ma non riuscì a raggiungere il bambino.

Nell'asfalto, proprio sopra la testa di Geoffrey, c'era una botola di ferro circolare. Il poliziotto cercò di sollevarla con le dita, borbottando qualcosa. «Qui ci vuole una chiave inglese!» urlò. Passò la torcia a Maya e corse via, schizzando l'acqua con i piedi.

Geoffrey tremava dal freddo e quando Maya lo illuminò con la torcia i suoi occhi sembravano spenti. Aveva il cappuccio della sottile cerata gialla tirato su, l'unica protezione dalla pioggia. «Geoffrey, resisti. Ti tireremo fuori da lì, mi hai capito?»

Geoffrey non rispose.

Sentimmo avvicinarsi la sirena della polizia e dopo meno di un minuto la volante girò l'angolo slittando a tutta velocità, poi si fermò accanto a noi. Il poliziotto saltò giù e corse ad aprire il bagagliaio.

«Stanno arrivando i pompieri!» urlò.

«Non c'è tempo!» rispose Maya, gridando. «Sta scivolando nell'acqua!»

Il poliziotto tirò fuori dal bagagliaio una sbarra di ferro piegata. «Geoffrey, resisti, non mollare la presa!» strillò Maya. Il poliziotto prese a trafficare con l'attrezzo sulla botola di ferro. Seguii Maya e mi affacciai a guardare, e in quel momento, mentre spostavano la botola, vidi uno scroscio di acqua mista a fango cadere sul viso di Geoffrey. Alzando una mano per asciugarsi la faccia, Geoffrey mollò la presa e cadde nell'acqua. Sollevò per un istante lo sguardo su di noi, prima di essere inghiottito nel tunnel.

«Geoffrey!» urlò Maya.

Dovevo salvarlo: senza un attimo di esitazione mi tuffai a testa bassa dietro di lui. Non feci in tempo a entrare nell'acqua che la forza violenta della corrente mi trascinò nel tunnel e mi misi a nuotare in quella direzione.

Lì dentro era buio pesto. Mentre andavo su e giù, trasportata dalla corrente, colpii con la testa il cemento sopra di me. Non ci feci caso: ero troppo concentrata su Geoffrey, nell'oscurità davanti a me, che lottava in silenzio per salvarsi. La sua traccia era debole, ma la sentivo scomparire e riaffiorare in quelle acque mortali.

A un tratto fui tirata verso il basso e cominciai a girare su me stessa nel buio più completo, sbattendo da tutte le parti: il tunnel confluiva in una grande galleria, dove l'acqua era più profonda e il rumore più fragoroso. Avendo individuato la traccia di Geoffrey, nuotai sempre più forte. Non riuscivo a vederlo, ma sapevo che era a pochi metri davanti a me.

Un attimo prima che finisse con la testa sott'acqua, capii cosa stava per succedere: quante volte Ethan aveva usato lo stesso trucco con me, aspettando che mi avvicinassi per tuffarsi nello stagno? E come allora sapevo sempre dove trovare il bambino nelle profondità oscure, così anche adesso percepivo chiaramente la presenza di Geoffrey, proprio sotto di me. Mi immersi, accecata e sballottata dalla forte corrente, e un attimo dopo stringevo il suo cappuccio tra i denti. Risalimmo insieme verso la superficie.

Non c'era modo di andare in un'altra direzione se non dove ci portava la corrente. L'importante era tenere la testa di Geoffrey fuori dall'acqua, stringendolo per il cappuccio. Era vivo, ma aveva smesso di dibattersi.

Sui muri di cemento balenò una debole luce che veniva dall'alto: il tunnel in cui ci trovavamo era quadrato e largo due metri, senza uscite laterali. Come avrei fatto a salvare Geoffrey?

Mentre la luce si faceva più forte, fui assordata da un forte rimbombo di fronte a noi. La corrente sembrava accelerare. Senza mollare mai il cappuccio di Geoffrey, sentii che stava per succedere qualcosa.

Ci ritrovammo fuori alla luce: ruzzolammo giù per un canale di cemento fino ad atterrare con un tonfo in un fiume dalle acque rapide. Sbattuta qua e là dalle onde, cercai di tenere entrambi in superficie. Gli argini del fiume erano di cemento e provai a trascinare Geoffrey verso la riva più vicina, ma la corrente si opponeva riportandoci indietro. Spossata, con la bocca e il collo che mi facevano male per lo sforzo, tirai Geoffrey verso l'argine, nuotando più forte che potevo.

In quel momento vidi dei lampi di luce e uomini in impermeabile che correvano verso valle. La corrente mi avrebbe trascinato oltre prima che riuscissi a portare Geoffrey in salvo.

Due uomini si tuffarono nel fiume. Erano legati insieme con una fune che arrivava fino a riva, dove altri tiravano facendo forza con le braccia. I due uomini, con l'acqua fino alla vita, si allungarono per afferrarci e io mi diressi verso di loro raccogliendo tutte le forze che mi rimanevano.

«Preso!» disse uno, quando io e Geoffrey andammo a sbattere contro di lui. Mi strinse per il collare mentre l'altro uomo sollevava Geoffrey fuori dall'acqua. La corda si tese e tutti insieme fummo trascinati in salvo, fuori dalla corrente.

Una volta a terra, l'uomo mi liberò e si mise in ginocchio accanto a Geoffrey. Schiacciarono il suo corpicino finché non vomitò un fiotto di acqua marrone, tossendo e piangendo. Mi avvicinai al bambino zoppicando: quando sentii la sua paura che si dissolveva, anche la mia scomparve. Era salvo.

Gli tolsero i vestiti e lo avvolsero nelle coperte. «Andrà tutto bene, figliolo. Andrà tutto bene. È il tuo cane? Ti ha appena salvato la vita.» Geoffrey, senza rispondere, mi guardò per un attimo negli occhi.

«Andiamo!» disse uno degli uomini. Trasportarono di corsa Geoffrey su per la collina, fino a un furgone che partì con le sirene accese.

Mi accasciai nel fango. Le mie zampe erano scosse da violenti spasmi e anch'io vomitai, straziata da fitte di dolore. Mi sentivo così debole che non ci vedevo più. Restai lì, immobile, sotto le raffiche di pioggia gelata.

Una macchina della polizia si fermò davanti a me e spense la sirena. Sentii chiudere le portiere. «Ellie!» gridò Maya dalla strada. Alzai la testa, troppo stanca perfino per scodinzolare. Corse disperata giù fino alla riva, asciugandosi le lacrime dal viso. Era bagnata fradicia, ma quando mi strinse al petto sentii tutto il suo amore e il suo calore. «Ellie, brava, hai salvato Geoffrey. Sei stata bravissima. Oddio, Ellie, credevo di averti perso.»

Passai la notte dal veterinario e nei giorni successivi ero così indolenzita che riuscivo a malapena a muovermi. Poi facemmo scuola, ma stavolta erano tutti adulti, dell'età di Maya. Ci mettemmo a sedere sotto a delle luci forti che ci accecavano mentre un uomo parlava, con la voce che rimbombava. Dopodiché venne da me e mi mise un assurdo collare intorno al collo. A quel punto delle luci ancora più forti, che sembravano lampi silenziosi, cominciarono a esplodere intorno a noi. L'uomo appuntò qualcosa sull'uniforme di Maya e tutti batterono le mani. Percepivo amore e orgoglio da parte di Maya e quando mi sussurrò che anch'io ero brava fui orgogliosa.

Non molto tempo dopo, la casa fu scossa da nuove sensazioni. Maya e Al erano eccitati e nervosi, e passavano un sacco di tempo a tavola a parlare.

«Se è un maschio, potrebbe essere Albert, no?» chiese Al. «È un bel nome.»

«È un nome fantastico, amore, ma poi come lo chiameremmo? Sei tu il mio Albert, il mio Al.»

«Potremmo chiamarlo Bert.»

«Tesoro...»

«E allora come vuoi chiamarlo? Nella tua famiglia siete così tanti che i nomi saranno già tutti presi. Non possiamo chiamarlo né David, né Michael, né John, né Richard...»

«Che ne dici di Troy?»

«Troy? Vuoi chiamare mio figlio Troy? Forse non dovrei far scegliere il nome a una donna che ha chiamato il suo gatto Campanellino.»

Il gatto, che stava dormendo accanto a me, non alzò nemmeno la testa quando dissero il suo nome. I gatti sono fatti così: non puoi avere la loro attenzione, a meno che non siano loro a concedertela.

Maya rise. «Che ne dici di Charles?»

«Charley? No, il mio primo capo si chiamava Charley» obiettò Al.

«Anthony?»

«Non hai un cugino di nome Anthony?»

«Si chiama Antonio» lo corresse Maya.

«Be', non mi piace. Ha dei baffi assurdi.»

Maya rideva a crepapelle. Agitai appena la coda, per partecipare alla loro allegria.

«George?»

«No.»

«Max?»

«No.»

«Ethan?»

Saltai su. Al e Maya mi guardarono, sorpresi. «Mi sa che a Ellie piace» disse Al.

Li osservai reclinando il capo, dubbiosa. Campanellino mi lanciò uno sguardo contrariato. Trotterellai verso la porta, alzando il naso.

«Che succede, Ellie?» chiese Maya.

Non c'era traccia del bambino e mi chiesi se avevo sentito bene. Fuori passarono dei ragazzini in bicicletta, ma nessuno di loro era Ethan. Cosa avevo creduto, che Ethan sarebbe ricomparso all'improvviso nella mia vita, come Jakob? L'istinto mi diceva che ai cani cose del genere non succedevano. Eppure avevano detto il suo nome, o no? Perché?

Andai da Maya per farmi rassicurare e mi rimisi a terra sospirando. Campanellino si acciambellò su di me e io, un po' imbarazzata, cercai di evitare lo sguardo comprensivo di Al.

Qualche tempo dopo arrivò una persona nuova a casa: la piccola Gabriella, che odorava di latte andato a male e sembrava ancora più inutile del gatto. Quando portò la bambina a casa,

Maya mi avvicinò Gabriella con cautela per farmela annusare, ma non restai molto impressionata. Da quel momento, Maya si alzava più volte ogni notte e io la seguivo, e poi si stringeva Gabriella al petto mentre ero sdraiata ai suoi piedi. In quei momenti, l'amore sconfinato che sentivo in Maya mi cullava in un sonno profondo e sereno.

Ormai conoscevo bene i dolori alle ossa, ci ero già passata quand'ero Bailey e trascorrevo la maggior parte del tempo con Nonno a fare i lavoretti. Iniziavo a perdere la vista, i suoni si facevano attutiti: anche questo l'avevo già provato.

Mi chiedevo se Maya sapesse che presto sarebbe arrivato il giorno in cui avrei dovuto lasciarli. Era ragionevole pensare che sarei morta, proprio com'erano morti Emmet e Stella, perché così andavano le cose.

Mentre sonnecchiavo sotto il sole riflettendo su quell'eventualità, mi resi conto che avevo trascorso una vita da bravo cane. Quello che avevo imparato dalla mia prima madre mi aveva portato a Ethan e ciò che avevo imparato da Ethan mi aveva permesso di tuffarmi nelle acque scure per salvare Geoffrey. Nel frattempo, Jakob mi aveva insegnato a fare «cerca» e io mi ero impegnata per salvare molte persone.

Doveva essere per questo che, dopo aver lasciato Ethan, ero rinata come Ellie: tutto quello che avevo fatto, tutto ciò che avevo imparato mi aveva portato a diventare un bravo cane che salvava la gente. Non era divertente come essere un cane citrullo, ma adesso sapevo perché quelle creature, gli esseri umani, mi avevano tanto affascinato dal primo momento in cui li avevo visti. La mia vita era indissolubilmente legata a loro. Soprattutto a Ethan: quello era stato il legame più forte della mia esistenza.

Ora che avevo raggiunto il mio scopo, sapevo di essere giunta al termine, dopo questa non ci sarebbero state altre rinascite e mi sentivo in pace. Per quanto potesse essere meravigliosa la vita da cucciolo, non volevo condividerla con nessun altro che non fosse il mio bambino. Maya e Al avevano la piccola Gabriella a cui badare e ormai in famiglia ero diventata una sorta di pensiero secondario. Tranne che per Campanellino, ovviamente, per cui la famiglia ero io.

Per un istante mi chiesi se anche ai gatti capitasse di tornare dalla morte, ma poi capii che non era possibile: da quel che avevo visto, i gatti non avevano alcuno scopo nella vita.

Successe una cosa imbarazzante: non riuscivo più a trattenere i miei bisogni e sempre più spesso mi capitava di farli in casa. La cosa peggiore era che anche Gabriella sembrava avere lo stesso problema e così spesso il bidone della spazzatura era pieno dei nostri escrementi.

Facemmo molti viaggi in macchina – io, ovviamente, seduta davanti – per andare dal veterinario, che mi accarezzava dappertutto mentre io mugolavo di piacere. «Sei brava, stai solo invecchiando» mi diceva Al. Io scodinzolavo, sentendomi dire che ero brava. Dal momento che Maya era sempre indaffarata con Gabriella, adesso passavo più tempo con Al, ma mi stava bene. Ogni volta che mi aiutava a montare in macchina percepivo tutto il suo tenero affetto.

Un giorno Al dovette portarmi in giardino per fare i miei bisogni. Sentivo che era triste, perché aveva capito cosa significava tutto questo e per rassicurarlo gli leccai la faccia e gli appoggiai la testa in grembo quando si sedette sul portico a piangere.

Maya, tornata a casa, portò fuori la bambina e ci mettemmo tutti insieme sul portico. «Sei stata proprio un bravo cane, Ellie» non faceva che dirmi. «Sei un'eroina. Hai salvato tante vite. Hai salvato Geoffrey.»

Venne una vicina a prendere Gabriella. Maya si chinò sulla

sua bambina con amore, sussurrandole qualcosa nell'orecchio.
«Ciao ciao, Ellie» disse Gabriella. Mi porse la manina e la signora si abbassò perché gliela potessi leccare.

«Fai ciao» disse la donna.

«Ciao ciao» fece di nuovo Gabriella e la signora la portò dentro casa.

«È così difficile, Al» sospirò Maya.

«Lo so. Se vuoi, posso farlo io per te, Maya» le disse Al.

«No, no, voglio esserci, per Ellie.»

Al mi sollevò con attenzione e mi portò in macchina. Maya salì sul sedile posteriore insieme a me.

Avevo capito dove stavamo andando. Con un lamento, piena di dolori in tutto il corpo, mi lasciai cadere sul sedile, la testa sulle gambe di Maya. Sapevo dove mi stavano portando e non vedevo l'ora di raggiungere quella pace. Chiusi gli occhi, mentre Maya mi accarezzava. Mi chiesi se c'era qualcosa che avrei voluto fare un'ultima volta: giocare a «cerca»? Nuotare nell'oceano? Mettere la testa fuori dal finestrino? Erano tutte cose meravigliose, ma le avevo fatte, ormai, e questo bastava.

Scodinzolai quando mi adagiarono sul familiare tavolo d'acciaio. Maya, piangendo, mormorava ancora e ancora: «Sei un bravo cane». Furono le sue parole, insieme alla percezione del suo amore, che portai con me quando, dopo aver sentito una lieve puntura al collo, sprofondai nelle calde, meravigliose acque dell'oceano.

26

Mia madre aveva il muso largo e nero, la lingua calda e rosa. La fissai inebetito, quando mi resi conto che era successo di nuovo: mi sembrava impossibile, non dopo Ellie.

Avevo otto fratelli, tra maschi e femmine, tutti giocosi e pieni di vita. Per la maggior parte del tempo, però, preferivo gironzolare da solo, chiedendomi perché ero di nuovo un cucciolo.

Stavamo tutti insieme in un canile ben tenuto, col suolo di cemento. Un uomo veniva a pulirlo due volte al giorno e ci lasciava uscire in cortile a scorrazzare nell'erba. Altri uomini e donne stavano con noi ogni tanto e ci prendevano in braccio per guardarci le zampe. Per quanto fossero allegri e gentili, nessuno emanava quella sensazione d'amore speciale che avevo provato con Ethan, Maya e Al.

«Complimenti, proprio una bella cucciolata, colonnello» disse uno di loro, sollevandomi per aria. «Ci farà un sacco di soldi.»

«Sono un po' preoccupato per quello lì che ha in mano» rispose l'altro. Odorava di fumo e, dal modo in cui mia madre lo accolse quando entrò nella gabbia, capii che doveva essere il padrone. «Mi sembra un po' deboluccio.»

«L'ha portato dal veterinario per fargli dare un'occhiata?» L'uomo che mi teneva mi girò sulla schiena e mi infilò le dita in bocca per scoprirmi i denti. Glielo lasciai fare senza opporre resistenza: volevo solo che mi lasciassero in pace.

«Sembra non abbia niente che non va. È solo che sta sempre per conto suo e non fa che dormire» rispose l'uomo chiamato Colonnello.

«Be', non possono essere tutti dei campioni» disse il primo tizio rimettendomi a terra.

Sentii che il Colonnello era scontento, mentre mi guardava trotterellare via. Non avevo idea di cosa potessi aver fatto di male, ma immaginavo che non sarei rimasto a lungo in quel posto. Se le esperienze passate mi avevano insegnato qualcosa, era che la gente che aveva una cucciolata di cani in genere non li amava abbastanza per tenerli con sé.

E invece mi sbagliavo. Qualche settimana dopo, la maggior parte dei miei fratelli e sorelle erano stati portati via ed eravamo rimasti solo in tre. Percepivo la rassegnata tristezza della mia nuova madre che, pur avendo smesso di allattarci, abbassava ancora il naso con affetto quando uno di noi si avvicinava per leccarle il muso. Evidentemente doveva esserci già passata.

Vennero altre persone, nei giorni che seguirono, per guardarci e giocare con noi: ci mettevano dentro cassette imbottite, ci agitavano delle chiavi davanti al naso oppure lanciavano delle palline per vedere cosa avremmo fatto. Non mi pareva un modo molto intelligente di comportarsi con dei cuccioli, ma sembravano tutti molto seri.

«Sono parecchi soldi, per una bestia così piccola» fece notare un uomo al Colonnello.

«Il padre è stato due volte campione nazionale, la madre si è classificata per sei volte di fila ai primi posti nelle competizioni statali e ha vinto due volte. Credo che li valga tutti» disse il Colonnello.

Si strinsero la mano. A quel punto restavamo solo io, mia madre e una sorella, che avevo ribattezzato Saltarella perché mi balzava sempre addosso credendo che non me l'aspettassi. Ora che anche l'altro fratello se n'era andato, Saltarella non mi dava un attimo di tregua e mi trovai costretto a fare la lotta, quantomeno per difendermi. Il Colonnello si accorse del mio atteggiamento più energico e sembrò in qualche modo sollevato.

Poi anche Saltarella se ne andò, portata via da una donna che odorava di cavalli. Restai solo, ma devo ammettere che mi trovavo meglio così.

«Mi sa che dovrò abbassare il prezzo» osservò il Colonnello qualche giorno dopo. «Maledizione.» Non alzai neppure la testa né corsi da lui per convincerlo a non essere deluso da me: lo era, si capiva fin troppo bene.

Per dirla tutta, ero scoraggiato. Non riuscivo proprio a capire cosa mi stesse succedendo, perché ero di nuovo un cucciolo? La sola idea di dover passare un'altra volta attraverso tutta la fase dell'addestramento, di dover imparare a fare «cerca» con qualcun altro che non fosse Maya né Jakob mi faceva disperare. Mi sentivo un cane cattivo.

Quando delle persone venivano a trovarmi non correvo da loro, nemmeno quando c'erano dei bambini: non volevo altri bambini. Ethan era l'unico che mi sarebbe mai interessato.

«Cos'ha che non va, è malato?» sentii un uomo chiedere, un giorno.

«No, gli piace stare per conto suo, tutto qui» rispose il Colonnello.

L'uomo entrò nella gabbia e mi prese in braccio. Aveva gli occhi azzurro chiaro e mi guardava con dolcezza. «Sei un tipo tranquillo, eh?» mi chiese. Sentivo una certa premura in lui e non so come capii che quel giorno avrei lasciato il canile. Mi avvicinai alla mia ultima madre e le diedi una leccata d'addio sul muso. Anche lei sembrava averlo capito e ricambiò con una strofinata di naso.

«Le do centocinquanta» disse l'uomo con gli occhi azzurri. Il Colonnello sembrava sorpreso.

«Cosa? Ma questo cane ha un pedigree...»

«Sì, ho letto l'annuncio. Senta, è per la mia ragazza. Non lo porterà a caccia, vuole soltanto un cane. Prima ha detto che era disposto a trattare. Allora, mi faccia capire: se lei ha un cucciolo di quattro mesi e di mestiere fa l'allevatore di cani, ci sarà un motivo se questo non lo vuole nessuno. E credo che nemmeno lei lo voglia. Potrei benissimo andare al negozio di animali e prendermi un Labrador per quaranta dollari. Visto che questo ha il pedigree e tutto, posso arrivare a centocinquanta. Non mi pare che facciano la fila per comprarlo.»

Poco dopo l'uomo mi fece salire sul sedile anteriore della sua macchina. Strinse la mano al Colonnello, che mi lasciò andare senza nemmeno una carezza. L'uomo porse al Colonnello un piccolo pezzo di carta. «Se cerca una macchina di lusso a un prezzo abbordabile, mi faccia uno squillo» disse con tono allegro.

Esaminai il mio nuovo padrone. Mi piaceva che mi facesse stare sul sedile davanti, ma quando mi guardò non vidi alcun affetto in lui, solo completa indifferenza.

Presto scoprii il perché: non sarei vissuto con quell'uomo che, venni a sapere, si chiamava Derek. La mia nuova casa era con una donna di nome Wendi, che iniziò a saltare e a strillare appena Derek mi portò dentro. Wendi e Derek cominciarono subito a fare la lotta e così ebbi modo di esplorare il mio nuovo appartamento. C'erano un sacco di scarpe e vestiti sparsi dappertutto, e scatole piene di cibo rinsecchito appoggiate su un tavolino davanti al divano. Le ripulii tutte con la lingua.

Non percepivo alcun affetto per Wendi da parte di Derek, nemmeno quando la abbracciò prima di andarsene. Ogni volta che Al usciva di casa, sentivo in lui un'ondata d'amore per Maya che mi faceva scodinzolare, ma quest'uomo era diverso.

L'amore di Wendi per me fu istantaneo ma confuso, un guazzabuglio di emozioni che non riuscivo a decifrare. Nei giorni successivi mi chiamò con un sacco di nomi: Orsetto Pooh, Google, Snoopy, Leno e Pistacchio. Poi di nuovo Orsetto Pooh, finché alla fine non si decise per Orsetto, con tutte le varianti del caso: Orsetto Barry, Orsetto Cosetto, Orso Coccoloso, Tenerorso e Magicorso. Mi prendeva in braccio e mi baciava dappertutto, mi strizzava come se non ne avesse mai abbastanza, finché non suonava il telefono: allora mi mollava per andare a rispondere.

Ogni mattina rovistava tra le sue cose, in preda all'ansia, dicendo: «Sono in ritardo, sono in ritardo!», dopodiché usciva di corsa e mi lasciava tutto il giorno da solo ad annoiarmi a morte.

Metteva dei giornali per terra, ma non ricordavo bene se avrei dovuto farci la pipì sopra o scansarli: nell'incertezza, facevo un po' tutt'e due le cose. I denti mi facevano così male che avevo la bava alla bocca, così mi misi a masticare un paio di scarpe: quando Wendi le vide cominciò a strillare come un'aquila. Certe volte si dimenticava di lasciarmi da mangiare e allora non avevo altra scelta che infilarmi nella spazzatura, e questo provocava altre urla.

Da quel che potevo vedere, la vita con Wendi non aveva il minimo scopo. Non facevamo addestramento, non andavamo neppure a passeggio: si limitava ad aprire la porta per lasciarmi correre in giardino di notte, quasi mai di giorno, e ogni volta sembrava spaventata, come se stessimo facendo qualcosa di sbagliato. Ero così frustrato e pieno di energia repressa che iniziavo ad abbaiare, a volte per ore intere, mentre i miei latrati rimbombavano sui muri.

Un giorno bussarono forte alla porta. «Orsetto, vieni qui!» sibilò Wendi. Mi chiuse in camera sua, ma sentii che di là c'era un uomo e dalla voce sembrava arrabbiato.

«Non è permesso tenere cani! C'è scritto nel contratto!» Drizzai il capo alla parola «cane», chiedendomi se fossi io la causa della sua ira. Per quanto ne sapevo, non avevo fatto niente di male, ma in quella casa di matti le regole erano tutte diverse, quindi chi poteva dirlo?

La mattina dopo, quando Wendi uscì per andare al lavoro, contrariamente alle sue abitudini mi chiamò e mi fece sedere. Non sembrò per nulla impressionata vedendo che ero capace di sedere a comando senza che nessuno me l'avesse insegnato. «Senti, Orsetto Cosetto, non devi abbaiare mentre sono via, capito? O mi metterai nei guai con i vicini. Non si abbaia, chiaro?»

Sentivo una vaga tristezza aleggiare intorno a lei. Mi chiesi perché. Forse anche lei si annoiava, tutto il giorno da sola. Perché non mi portava con sé? Io adoravo fare viaggi in macchina. Abbaiai tutto il pomeriggio per sfogare l'energia repressa, ma non masticai nemmeno una scarpa.

Uno o due giorni più tardi, Wendi aprì con una mano, mentre con l'altra strappava un foglio di carta attaccato alla porta. Corsi da lei, con la vescica che mi scoppiava, ma non mi lasciò uscire. Guardò il foglio di carta e cominciò a urlare, infuriata. Non restandomi altra scelta, feci i miei bisogni sul pavimento della cucina, e lei mi picchiò sul didietro col palmo della mano e aprì la porta.

«A questo punto puoi anche uscire, tanto lo sanno tutti che sei qui» borbottò. Terminai di fare i miei bisogni in giardino. Mi dispiaceva di aver sporcato in cucina, ma proprio non sapevo cos'altro fare.

Il giorno dopo, Wendi dormì fino a tardi, poi montammo in macchina e facemmo un viaggio lungo lungo. Dovevo stare dietro, per via di tutte le cose ammucchiate sul sedile davanti, ma abbassò il finestrino per farmi mettere il naso fuori. Ci fermammo nel vialetto di una piccola casa, con il cortile pieno di veicoli di vario genere. Dall'odore capii che erano fermi lì da un sacco di tempo. Alzai la gamba per marcare il territorio.

Una signora anziana aprì la porta.

«Ciao, mamma» disse Wendi.

«Questo? Ma è enorme. Avevi detto che era un cucciolo.»

«Ci sarà un motivo se l'ho chiamato Orsetto.»

«Non è possibile.»

«Mamma! Non ho altra scelta. Mi hanno dato un avviso di sfratto!» strillò Wendi, arrabbiata.

«E perché l'hai preso, allora?»

«Era un regalo di Derek! Cosa avrei dovuto fare, ridargliela?»

«Perché ti ha regalato un cane, se in casa tua non puoi tenerlo?»

«Perché gli avevo detto che lo volevo, va bene? Contenta? Ho detto che volevo un cane. Dio santo.»

I sentimenti che le due donne nutrivano l'una per l'altra erano così complicati che non riuscivo proprio a decifrarli. Passammo la notte in quella minuscola casa, entrambi un po' spaventati: un uomo di nome Victor tornò quando era già buio, così pieno di rabbia da sembrare pazzo. Mentre io e Wendi dormivamo in un letto stretto stretto, in una stanzetta cadente sul retro, sentii Victor dall'altra parte della casa che urlava.

«Non ce lo voglio un cane, qui!»

«È casa mia e faccio come mi pare!»

«E cosa ce ne facciamo di un cane?»

«Che domanda imbecille! Cosa se ne fa uno di un cane?»

«Zitta, Lisa. Sta' zitta.»

«Andrà tutto bene, Orsettolo. Non lascerò che ti succeda niente» mi sussurrò Wendi. Era così triste che le leccai il viso per rassicurarla, ma servì solo a farla piangere.

Il mattino dopo, le due donne erano fuori e parlavano davanti alla macchina. Annusai il bordo della portiera, aspettando che mi facessero montare. Prima ce ne andavamo da quel posto e meglio era.

«Dio, mamma, come fai a sopportarlo?» disse Wendi.

«Non è così male. Sempre meglio di tuo padre.»

«Non cominciare.»

Restarono in silenzio per un minuto, mentre io fiutavo l'aria che portava con sé l'aroma acre della spazzatura accatastata vicino a casa: un profumo delizioso. Un giorno o l'altro non mi sarebbe dispiaciuto andare a razzolare un po' da quelle parti.

«Chiamami, quando arrivi a casa» disse infine la donna più anziana.

«Sì, mamma. E tu prenditi cura di Orsetto.»

«Sì.» La donna si mise una sigaretta in bocca e l'accese, sbuffando fuori il fumo.

Wendi si inginocchiò accanto a me. La sua tristezza era così forte e familiare che capii subito cosa stava per succedere. Mi accarezzò il muso dicendo che ero un bravo cane, poi aprì la portiera e s'infilò dentro senza farmi salire. Guardai la macchina andarsene: me l'aspettavo, ma non capivo che cosa avevo fatto. Se ero davvero un bravo cane, perché la mia padrona mi abbandonava?

«E adesso, come facciamo?» borbottò la donna accanto a me, facendo un tiro di sigaretta.

27

Nelle settimane successive, imparai a stare alla larga da Victor. Di solito era facile, perché mi tenevano legato con una catena a un palo nel cortile sul retro e Victor non si avvicinava mai. Lo vedevo spesso, seduto vicino alla finestra di cucina, che fumava e beveva. A volte, di notte, usciva in cortile per fare pipì, e quelle erano le uniche occasioni in cui mi rivolgeva la parola. «Cos'hai da guardare, cane?» mi gridava. Non c'era mai allegria nelle sue risate.

Le giornate si facevano più calde e per avere un po' di ombra tirai su un monticello di terra tra la palizzata mezza marcia e una macchina ferma sotto il sole.

«Quel cane mi ha insozzato tutto lo spazzaneve!» urlò Victor vedendo cosa avevo fatto.

«Ma se quell'affare è fermo lì da due anni!» gli gridò in risposta la donna di nome Lisa. Non facevano che urlare quei due. Mi ricordavano un po' Mamma e Papà quando si arrabbiavano e strillavano, ma nella nuova casa a volte sentivo anche dei colpi, e poi grida di dolore, seguite da un rumore di bottiglie che cadevano per terra.

Nella casa al di là della palizzata cadente viveva una vecchia signora gentile e dopo un po' cominciò a venire da me per parlarmi dalle fessure tra i pali. «Ma che bel cagnolino. Ti hanno dato da bere, oggi?» mi sussurrò il primo mattino veramente caldo. Se ne andò e ricomparve poco dopo con una caraffa, da cui versò un getto d'acqua fresca in una ciotola sudicia. Bevvi pieno di gratitudine e poi leccai la mano esile e tremante che aveva infilato attraverso lo spazio nella recinzione.

Diventavo pazzo con tutte quelle mosche che volavano intorno al palo e mi si poggiavano sulle labbra e sugli occhi, ma era sempre meglio stare legato in cortile che avere a che fare con Victor. Mi faceva paura: irradiava malevolenza da tutti i pori, un autentico senso di minaccia.

Quando Victor non c'era, io abbaiavo e Lisa usciva per darmi da mangiare e togliermi per un po' la catena, ma non abbaiavo mai quando lui era a casa.

La signora dall'altra parte della palizzata mi portava dei pezzetti di carne che faceva scivolare attraverso la fessura. Addentavo al volo la carne e lei si metteva a ridere, deliziata, come se avessi fatto chissà quale acrobazia. Sembrava che il mio unico scopo fosse portare un po' di gioia nella vita di quella donna misteriosa di cui non riuscivo nemmeno a vedere il volto.

«È una vergogna, proprio una vergogna. Non si trattano così gli animali. Farò venire qualcuno» diceva. Sentivo che ci teneva a me, anche se era strano perché non veniva mai a giocare in cortile.

Un giorno, un furgone si fermò sul vialetto e ne scese una donna vestita proprio come Maya, quindi capii subito che era un'agente di polizia. Per un attimo pensai che fosse venuta a prendermi per fare «cerca», perché stava davanti alla recinzione e mi guardava, scrivendo qualcosa. Ma non aveva senso e quando Lisa uscì con le mani sui fianchi, mi rimisi a terra. La poliziotta porse a Lisa un foglio di carta.

«Il cane sta benissimo!» le urlò Lisa, infuriata. Sentivo la vecchia signora dietro di me, proprio dall'altra parte della palizzata. Respirava piano mentre Lisa sbraitava.

Quella sera Victor urlò più del solito, parlando di me: lo sapevo perché ogni tre secondi veniva fuori la parola «cane».

«Perché non gli spariamo, a quel cane maledetto?» gridò. «Cinquanta dollari? E per cosa? Non abbiamo fatto niente di male!» Mi rannicchiai a terra sentendo uno schianto violento dentro casa.

«Dobbiamo prendere una catena più lunga e pulire tutta la merda in cortile. Leggi la multa» gli urlò Lisa.

«E che la leggo a fare? Non possono obbligarci a fare niente! È casa nostra!»

Quella sera, quando venne fuori a fare pipì, Victor allungò una mano per appoggiarsi alla casa, ma mancò il muro e cadde pesantemente a terra. «Cos'hai da fissare, stupido bastardo?» mi borbottò. «Te la faccio pagare. Io non li sborso cinquanta dollari.»

Mi rannicchiai contro la recinzione senza osare guardarlo.

Il giorno dopo ero così distratto da una farfalla che mi svolazzava davanti al muso, che per poco non feci un salto quando Victor mi si parò davanti.

«Ti va di fare un giro in macchina?» mi fece, quasi canticchiando. Non scodinzolai: in qualche modo lo faceva sembrare una minaccia anziché una cosa divertente. "No," pensai "non voglio fare nessun giro in macchina."

«Sarà divertente, vedrai il mondo» disse, mentre la sua risata si trasformava in un accesso di tosse che lo costrinse a girarsi e a sputare per terra. Mi tolse la catena e mi portò alla sua macchina. Mi fermai davanti alla portiera, ma lui mi tirò verso il retro con uno strattone. Infilò la chiave e aprì il bagagliaio. «Monta» fece. Mi stava dicendo di fare qualcosa, ma rimasi in attesa di un comando che riuscissi a capire. «Come ti pare» fece. Si abbassò e mi prese per la pelle dietro le spalle e sopra la coda. Sentii una fitta di dolore e un attimo dopo mi ritrovai nel bagagliaio, scivolando su dei fogli di carta unta. Mi tolse il guinzaglio, buttandolo per terra davanti a me. Poi chiuse il bagagliaio e mi lasciò al buio.

Sdraiato su quegli stracci unti, il cui odore mi ricordava la notte dell'incendio, quando Ethan si era fatto male alla gamba, era difficile trovare una posizione comoda, anche perché lì dentro era pieno di freddi attrezzi metallici. Uno lo riconobbi subito dall'inconfondibile odore acre: era una pistola. Mi voltai dall'altra parte, cercando di non far caso a quegli aromi pungenti.

Stavo rannicchiato, nel disperato tentativo di aggrapparmi con le unghie a qualcosa per non ruzzolare di qua e di là mentre la macchina sobbalzava.

Fu il viaggio in macchina più strano che avessi mai fatto, l'unico in cui non mi divertii neanche un po'. Ma i viaggi in macchina portavano sempre in posti nuovi e i posti nuovi erano divertenti da esplorare. Forse ci sarebbero stati altri cani, o magari sarei tornato a vivere con Wendi.

Quello spazio stretto e buio diventava sempre più caldo e mi ritrovai a pensare alla stanza in cui mi avevano messo con Spike, quando ero ancora Toby e mi avevano portato via da Señora. Era da tempo che non ripensavo a quel momento spaventoso. Da allora erano successe un sacco di cose. Adesso ero un cane completamente diverso, un bravo cane che aveva salvato tante persone.

Dopo lungo tempo passato a soffrire nel bagagliaio, la macchina cominciò a vibrare e a fischiare e si alzò una densa nuvola di polvere soffocante. Starnutii, scuotendo il capo. Poi la macchina frenò di schianto e fui sballottato contro la parete opposta. Il motore però non si spense. Restammo fermi così, per un minuto buono.

Stranamente, poco dopo che ci eravamo fermati, percepii la presenza di Victor nella macchina. Avevo la netta sensazione che stesse cercando di prendere una decisione: sembrava incerto. Poi disse qualcosa in tono secco, ma le sue parole erano attutite, e sentii la portiera davanti che veniva aperta. I piedi di Victor scricchiolarono sulla ghiaia mentre girava intorno all'auto per venire da me, che mi feci piccolo per la paura. Fiutai il suo odore ancor prima che aprisse il bagagliaio, facendo entrare l'aria fresca che mi diede un po' di sollievo.

Mi fissò. Ancora mezzo accecato, alzai lo sguardo su di lui, poi distolsi gli occhi perché non pensasse che volevo sfidarlo.

«Bene.» Abbassò la mano e mi tirò per il collare. Pensavo che mi avrebbe messo il guinzaglio, così fui sorpreso quando invece mi tolse anche il collare: mi pareva di avercelo ancora, ma era come se fosse diventato leggero come l'aria. «Scendi, forza.»

Mi alzai, con le zampe ancora indolenzite. Capii il significato dei suoi gesti e saltai giù dalla macchina, un po' incerto. Ci trovavamo su una strada sterrata, su entrambi i lati l'erba verde e alta ondeggiava al sole. La polvere mi entrava nelle narici e mi allappava la bocca. Lo guardai, alzando la zampa. E ora?

Victor rientrò in macchina e il motore mandò un rumore forte. Lo fissai, confuso, mentre le gomme raschiavano sulla strada sparando sassi di qua e di là. Girò la macchina per tornare indietro, poi abbassò il finestrino.

«Ti sto facendo un favore. Adesso sei libero. Va' a caccia di conigli o di quello che ti pare.» Mi sorrise e partì, mentre la macchina alzava un'enorme nuvola di polvere.

Perplesso, lo guardai allontanarsi. Che razza di gioco era

questo? Esitai un attimo prima di andargli dietro. Era facile seguire la scia della nuvola di polvere sospesa per aria.

Dopo anni passati a fare «cerca», capii che stavo perdendo le sue tracce molto in fretta: Victor guidava veloce. Mi feci coraggio e accelerai il passo, seguendo non più la nuvola di polvere, ma concentrandomi sull'odore del retro della macchina, dov'ero stato rinchiuso tutto quel tempo.

Riuscii a fiutarlo quando girò in una strada asfaltata ma poi, quando un'altra svolta mi portò su una statale, dove le auto correvano a incredibile velocità, capii di averlo perso. C'erano un sacco di macchine che passavano sfrecciando e ognuna aveva un odore simile a quella di Victor, anche se non proprio lo stesso. Era impossibile trovare quella che cercavo.

Era una strada che faceva paura, così decisi di allontanarmi e tornare nella direzione da cui ero arrivato. In mancanza di meglio, ripercorsi le tracce che avevo lasciato, ormai mezze svanite nel vento del tardo pomeriggio. Quando alla fine ritrovai l'incrocio con il sentiero sterrato, lo superai, continuando senza meta lungo la strada asfaltata.

Ricordavo i trucchi che mi aveva insegnato la mia prima madre, gli stessi che avevo usato nella mia seconda vita da cucciolo per scappare dal canile: allora mi piaceva correre libero all'aria aperta, tutto sembrava un'avventura, mi sentivo pieno di vita. Poi mi aveva preso quell'uomo che mi chiamava Bello e alla fine avevo trovato Mamma, che mi aveva portato da Ethan.

Stavolta era tutto diverso. Non mi sentivo libero, né pieno di vita. Mi sentivo triste e in colpa. Non avevo scopo né direzione. Non sarei mai riuscito a ritrovare la strada di casa. Era come quando l'uomo chiamato Colonnello mi aveva lasciato andare senza nemmeno uno sguardo, il giorno in cui Derek mi aveva portato da Wendi. Anche se non avvertivo nessun sentimento da parte sua, era stato comunque un addio. Victor aveva fatto la stessa cosa, solo che lui non mi aveva affidato a nessuno.

Avevo il fiatone per il caldo e la polvere, la sete mi seccava la gola. Quando fiutai un vago odore di acqua, seguii quella direzione senza pensarci un attimo: lasciai la strada e avanzai tra l'erba alta che oscillava al vento.

L'odore dell'acqua si faceva più forte e stuzzicante, mi attirava: superai un filare di alberi e poi discesi sulle rive di un fiume. Affondai fino al petto, mordendo l'acqua, leccandola. Che sensazione meravigliosa.

Adesso che avevo placato la sete, potevo permettermi di aprire i miei sensi all'ambiente circostante. Il fiume mi riempiva il naso col suo delizioso aroma di umidità e, in mezzo al gorgoglio delle acque, sentii in lontananza lo starnazzare risentito di un'anatra. Andai su e giù lungo la riva, con le zampe che affondavano nel terreno fangoso.

E poi, quando me ne resi conto, provai una tale scossa che alzai la testa sorpreso, con gli occhi spalancati.

Sapevo dove mi trovavo.

28

Tanto tempo prima ero stato proprio lì, sulle rive di quel fiume, magari esattamente nello stesso punto, quando io e Ethan avevamo fatto un lungo giro dopo che Fiamma, il cavallo scemo, ci aveva abbandonati. L'odore era inconfondibile: tutti quegli anni di «cerca» mi avevano insegnato a distinguere gli aromi, le fragranze, a immagazzinarli nella mia memoria divisi in categorie. Così ero riuscito immediatamente a riconoscere quel posto. Ad aiutarmi c'era poi il fatto che era estate, lo stesso periodo dell'anno, che ero giovane e con l'olfatto pronto.

Non riuscivo a spiegarmi come avesse fatto Victor a saperlo, né perché mi avesse liberato per farmi trovare proprio quel luogo. Chissà cosa voleva che facessi. In mancanza di un'idea migliore, mi diressi verso valle trotterellando. Ritrovai tutti i punti in cui eravamo passati io e Ethan tanti anni prima.

A fine giornata avevo fame come mai nella mia vita, così tanta che sentivo i crampi allo stomaco. Ripensai con nostalgia alla mano pallida della vecchia signora che si insinuava nella fessura della palizzata per buttarmi pezzetti di carne da addentare al volo. L'argine del fiume era ricoperto di vegetazione e fui costretto a rallentare il passo. Mi sembrava che la fame, aumentando, m'impedisse di ragionare lucidamente. Era davvero questo che dovevo fare? Seguire il corso del fiume? E perché?

Ero un cane che aveva imparato a vivere tra gli umani: aiutarli era il mio unico scopo nella vita. Ora, senza neanche un uomo intorno a me, mi sentivo smarrito. Non avevo scopo, non avevo un destino, nessuna speranza. Chiunque mi avesse visto in quel momento, mentre sgattaiolavo lungo le rive, avrebbe potuto scambiarmi per la mia prima madre, così timida e furtiva: essere abbandonato da Victor mi aveva fatto rituffare indietro nel tempo.

Un albero gigantesco, spezzatosi nel corso dell'inverno, era caduto vicino all'acqua, formando una sorta di caverna davanti alla riva. Mentre il sole cominciava a perdere la sua lucentezza, mi infilai lì dentro. Ero stanco, dolorante e confuso da tutti quei cambiamenti nella mia vita.

Il mattino dopo fu la fame a svegliarmi, ma rizzando il naso non sentii altro che l'odore dell'acqua e del bosco alle mie spalle. Seguii il corso del fiume verso valle perché non avevo nulla di meglio da fare, ma mi muovevo più lentamente del giorno prima, affaticato dal vuoto che mi attanagliava lo stomaco. Ripensai ai pesci morti che a volte arrivavano sulla riva dello stagno sospinti dalla corrente: perché mi ci rotolavo sopra senza mangiarli, quando ne avevo avuta la possibilità? In quel momento un pesce morto sarebbe stato una manna dal cielo, ma il fiume non offriva niente di commestibile.

Ero così disperato che, quando incrociai un sentiero cosparso di odori umani, quasi non me ne accorsi. Lo imboccai lemme lemme, come un sonnambulo, fermandomi solo nel punto in cui il viottolo, dopo una salita scoscesa, incrociò una strada.

La strada portava fino a un ponte che oltrepassava il fiume. Alzai la testa, mentre la nebbia si dissipava dalla mia mente. Fiutando l'aria eccitato, mi resi conto che ero già stato lì. Proprio in quel punto io e Ethan avevamo incontrato il poliziotto che ci aveva riportati in macchina fino alla Fattoria!

Erano passati molti anni: i piccoli alberi che ricordavo alla fine del ponte adesso torreggiavano enormi sopra la mia testa, così pensai bene di marcarli di nuovo. E le assi mezze marce erano state sostituite. Ma per il resto gli odori erano esattamente gli stessi di un tempo.

Mentre ero lì, un'auto percorse rumorosamente il ponte. Suonò il clacson e io indietreggiai spaventato. Però un istante dopo, pur con qualche esitazione, decisi di seguirla e mi allontanai dal fiume.

Non avevo la più pallida idea di dove andare, ma qualcosa mi diceva che continuando in quella direzione prima o poi sarei arrivato in città. Dove c'era la città, c'erano persone e dove c'erano persone c'era da mangiare.

Quando la strada ne incrociò un'altra, la stessa voce dentro di me mi disse di girare a destra e così feci, anche se quando sentii arrivare una macchina corsi a nascondermi con aria colpevole nell'erba alta. Mi sentivo un cane cattivo e la mia fame non faceva che rafforzare quella sensazione.

Passai di fronte a molte case, la maggior parte delle quali lontane dalla strada, e spesso i cani mi abbaiavano contro, turbati dal mio passaggio. Verso il tramonto, mentre mi muovevo furtivo davanti a una casa che odorava di cane, vidi aprirsi la porta laterale e uscire un uomo. «La cena è pronta. Cleo? Ti va di mangiare?» chiese, nella voce quel tono eccitato che gli uomini usano per far capire a un cane che sta per arrivare qualcosa di buono. Una ciotola atterrò con rumore metallico sul primo gradino di una scaletta.

Sentendo la parola «cena» mi bloccai sui miei passi. Restai lì immobile, mentre un cane tarchiato con delle enormi fauci e il corpo tozzo scendeva i gradini per andare a fare i suoi bisogni in giardino. Da come si muoveva capii che era vecchio e non mi fiutò. Tornato indietro, diede un'annusata alla ciotola, poi risalì la scaletta per grattare alla porta. Un minuto e quella si aprì di nuovo.

«Sei sicura, Cleo? Non vuoi mangiare proprio niente?» chiese l'uomo. C'era tristezza nella sua voce e mi fece ripensare a quando Al piangeva in giardino, l'ultimo giorno che avevo passato con lui e Maya. «Va bene. Vieni dentro, Cleo.»

Il cane mandò un lamento: sembrava che non riuscisse a sollevare le zampe posteriori per salire l'ultimo gradino. L'uomo si chinò e con dolcezza tirò su il cane per portarlo dentro.

Mi sentivo fortemente attratto da quell'uomo e fui colpito da un pensiero improvviso: quella poteva essere la mia casa. Così come amava Cleo, avrebbe potuto amare me. Mi avrebbe dato da mangiare e quando fossi diventato vecchio e debole mi avrebbe preso in braccio e portato dentro casa. Senza bisogno di fare «cerca», né di andare a scuola. Anche se non avessi lavorato, mi sarebbe bastato essere fedele all'uomo della casa per avere un posto dove vivere. Quella vita assurda e senza scopo, la mia vita da Orsetto, sarebbe finita.

Mi avvicinai e feci l'unica cosa sensata: mangiai la cena di Cleo. Dopo settimane passate a sorbirmi il cibo insapore e granuloso a casa di Lisa e Victor, il pasto succulento e pieno di carne che offriva la ciotola di Cleo sembrava la cosa migliore che avessi mai assaggiato. Quando ebbi finito, leccai la ciotola e il suono del metallo contro gli scalini mise in allerta il cane, che dall'interno lanciò un latrato d'avvertimento. Sentii il respiro affannoso di Cleo che si avvicinava alla porta, poi cominciò a ringhiare, crescendo di volume quando fu certa della mia presenza.

A quanto pareva, non sarebbe stata molto felice di avermi in casa con sé.

Mi lanciai giù per la scaletta, così veloce che quando la luce sfrigolando illuminò il giardino ero già nascosto tra gli alberi. Il messaggio del ringhio ostile di Cleo era chiaro: dovevo trovarmi una casa tutta per me. Mi stava bene: ora che avevo placato la fame, anche il desiderio di abitare lì era svanito.

Dormii nell'erba alta, stanco ma molto più soddisfatto, con la pancia piena.

Quando finalmente arrivai in città, la fame era tornata da un pezzo, ma sapevo di essere nel posto giusto. All'inizio ero un po' disorientato: passai di fronte a tante case, su strade piene di macchine e bambini, dove la memoria mi diceva che un tempo c'erano solo campi. Ma poi mi ritrovai nel posto in cui Nonno andava sempre a sedersi con i suoi amici e a sputare liquidi puzzolenti. L'odore era lo stesso, ma ora le finestre erano sbarrate da vecchie assi di legno e l'edificio accanto era scomparso, e al suo posto c'era una voragine piena di fango. In fondo alla voragine, una strana macchina spostava grandi mucchi di terra.

Gli umani sanno fare anche questo: buttano giù gli edifici vecchi e ne tirano su di nuovi, come aveva fatto Nonno quando aveva costruito il granaio. Modificano l'ambiente per adattarlo alle proprie esigenze e l'unica cosa che possono fare i cani è stare loro accanto e, se sono fortunati, farsi qualche viaggio in macchina. I rumori assordanti e tutti quei nuovi odori mi dicevano che gli umani si erano dati un gran daffare per cambiare la loro città.

Diverse persone mi fissarono mentre trotterellavo per strada, facendomi sentire ogni volta un cane cattivo. Adesso che ero lì, non avevo un vero scopo. Un sacco dell'immondizia era caduto giù da un grande cassonetto metallico e fu con enorme senso di colpa che lo aprii per tirarne fuori un pezzo di carne, ricoperto da una salsa dolce e appiccicosa. Ma non volevo mangiarlo lì, in mezzo alla strada, e mi nascosi dietro al cassonetto, come mi aveva insegnato la mia prima madre.

Alla fine il mio vagabondare mi portò al parco per cani. Mi misi a sedere vicino alla recinzione, sotto gli alberi, guardando con invidia le persone che lanciavano dischi ai loro cani perché li afferrassero a mezz'aria. Senza collare mi sentivo nudo e decisi che avrei fatto meglio ad allontanarmi, ma vedendo quei cani che facevano la lotta in mezzo al prato mi sentii attratto come da una calamita: prima che riuscissi a trattenermi, corsi in mezzo a loro, rotolandomi senza più pensare a niente, preso dalla pura gioia del gioco.

Certi cani non venivano a fare la lotta, restavano vicini al loro padrone o al massimo davano un'annusata nei dintorni, fingendo di non interessarsi ai nostri divertimenti. Altri giocavano a rincorrere le palle o i dischi lanciati dagli umani, ma alla fine furono tutti richiamati per andare a fare un viaggio in macchina. Tutti tranne me, ma nessuno sembrò accorgersi che ero solo, o forse non gliene importava.

Verso la fine della giornata arrivò una donna con un grosso cane giallo, una femmina, e appena entrata nel parco le tolse il guinzaglio. Io, esausto a forza di giocare, me ne stavo disteso per terra con la lingua di fuori, a guardare altri due cani che facevano la lotta. La cagna gialla, tutta eccitata, corse da noi. Gli altri cani interruppero i loro giochi e cominciarono tutti ad annusarsi, scodinzolando. Mi alzai, malfermo sulle zampe, per salutare la nuova arrivata, ma restai sconvolto sentendo l'odore sul suo pelo.

Era l'odore di Hannah. La bambina.

La cagna gialla sgusciava via, infastidita, mentre ispezionavo freneticamente il suo pelo. Era impaziente di giocare, ma io, ignorando il suo inchino d'invito, corsi emozionato verso la padrona.

La donna sulla panchina non era Hannah, per quanto anche lei avesse addosso il suo odore. «Ciao, cagnolino, come va?» esclamò quando mi avvicinai dimenando la coda. Il modo in cui stava seduta mi fece ripensare a Maya poco prima che arrivasse la bambina Gabriella. In lei c'erano stanchezza, eccitazione, impazienza e disagio, e quel miscuglio di sensazioni si concentrava tutto nella pancia, su cui teneva appoggiate le mani. Accostai il naso, inebriandomi del profumo di Hannah, che riuscivo a distinguere dall'odore della donna, da quello della cagna allegra, dalle decine di odori che le persone si portano addosso e che, per un cane non addestrato a fare «cerca», sarebbero solo un guazzabuglio confuso. Quella donna era stata molto di recente in compagnia della bambina, ne ero certo.

Arrivò la cagna gialla, amichevole ma un po' gelosa, e alla fine mi convinse a fare un po' di lotta.

Quella sera mi rannicchiai al buio, osservando in allerta le ultime macchine che uscivano dal posteggio e lasciavano il parco immerso nel silenzio. Ero bravo a muovermi nell'ombra: era come se fossi ancora nel canale di scolo con Sorella, Svelto e Affamato, a prendere lezioni dalla mia prima madre. Procurarsi il cibo era fin troppo facile: c'erano bidoni della spazzatura pieni fino all'orlo di sacchetti colmi di delizie. Evitavo in egual modo i fari delle macchine e la gente a piedi. Stavo nascosto, nel buio, di nuovo selvaggio.

Ma adesso avevo uno scopo, un senso, ancora più potente di quello che mi aveva portato in città.

Se, nonostante il tempo e i cambiamenti, la bambina Hannah era ancora qui, forse c'era anche il bambino.

E se Ethan era qui, avrei seguito le sue tracce. Avrei trovato Ethan.

29

Passò più di una settimana e vivevo ancora nel parco.

La donna con il profumo di Hannah veniva quasi tutti i giorni a portare il suo cane giallo e felice – Carly, così si chiamava. L'odore della bambina in qualche modo mi confortava, mi faceva sentire che Ethan era lì, da qualche parte, anche se Carly non aveva mai, nemmeno una volta, l'odore del bambino sul pelo. Appena vedevo arrivare la donna e Carly, correvo fuori dai cespugli pieno di gioia: erano la luce delle mie giornate.

Per il resto del tempo ero un cane cattivo. I frequentatori abituali del parco cominciarono a guardarmi con sospetto. Sembravano guardinghi e mi indicavano parlando tra loro. Non osavo più avvicinarmi ai cani per giocare.

«Ehi, bello, dove l'hai messo il collare? Con chi sei?» mi chiese un uomo, tendendo le mani con gentilezza. Indietreggiai, perché avevo capito che voleva afferrarmi e poi non mi fidavo di chi mi chiamava «Bello». Fu allora che sentii il sospetto farsi strada in lui. La mia prima madre aveva sempre avuto ragione, lo compresi in quel momento: se vuoi essere libero, devi stare alla larga dalla gente.

Il mio obiettivo era trovare la Fattoria, proprio come avevo ritrovato la città, ma si rivelò più difficile di quanto non avessi creduto. Ogni volta che andavamo a fare un viaggio in macchina in città con Ethan o con Nonno, io usavo come punto di riferimento il ranch delle capre, era come la luce di un faro per il mio naso. Ma ogni traccia delle capre sembrava essersi dissolta nell'aria. Così come era scomparso il ponte, là dove i sobbalzi segnavano il confine tra un semplice viaggio in macchina e un viaggio in città. Non riuscivo più a trovarlo, né con l'olfatto né con altri sensi. Ogni volta che credevo di aver individuato la strada giusta, aggirandomi dopo il tramonto per le vie deserte, un grande edificio mi sbarrava il passo e mi confondeva l'olfatto con gli odori di centinaia di persone e decine di macchine. Una fontanella d'acqua contribuiva alla confusione: gli spruzzi avevano un vago odore chimico, come quando Maya lavava i vestiti. Feci una pisciatina lì accanto, ma fu solo il sollievo di un momento.

Di notte il mio pelo nero sembrava offrirmi protezione. Mi confondevo nell'ombra, nascondendomi dalle macchine, concentrandomi, quando la notte fiutavo l'aria, sui ricordi della Fattoria e del suo odore. Ma la frustrazione era costante: non riuscivo a trovarne la minima traccia.

Per i pasti ricorrevo ai bidoni della spazzatura e ogni tanto mi capitava di trovare qualche animale morto sul ciglio della strada: i più buoni erano i conigli, mentre i corvi erano i peggiori. Ma avevo concorrenza: c'erano delle bestie, grosse come cani e dall'odore molto forte, con una grande coda pelosa e gli occhi neri neri, che si aggiravano tra i cassonetti, scalandoli con abilità. Ogni volta che ne incontravo una, mi ringhiava contro. Io mi tenevo alla larga: avevano tutte denti e unghie che non promettevano niente di buono. Qualunque cosa fossero, erano evidentemente troppo stupide per capire che io ero molto più grosso e che sarebbe toccato a loro aver paura di me.

A proposito di stupidità, i più idioti erano gli scoiattoli nel parco, che scendevano dai loro alberi e saltellavano nell'erba, facendo come se l'intera zona non fosse destinata ai cani! Un giorno ero quasi riuscito a prenderne uno, ma quello alla fine schizzò su un albero e si mise seduto su un ramo a squittire. Spesso Carly, il cane giallo, veniva a caccia con me, ma anche in coppia i nostri risultati non miglioravano. Sapevo che, se avessimo continuato a provare, un giorno ne avremmo preso uno, ma non ero sicuro di cosa avremmo fatto a quel punto.

«Piccolo, perché sei così pelle e ossa? Non ce l'hai, una casa?» mi chiese la padrona di Carly. Sentii una nota di preoccupazione nella sua voce e scodinzolai, sperando che mi portasse a fare un viaggio in macchina fino alla Fattoria. Quando si alzò a fatica dalla panchina, notai che esitava, come se volesse invitarmi per una passeggiata. Carly ne sarebbe stata contenta, ne ero certo, perché ogni volta che venivano al parco correvano subito a cercarmi, ma mi sottrassi alle magnetiche attenzioni della donna, fingendo che ci fosse qualcuno lì vicino che mi voleva bene e mi stava chiamando. Mi allontanai di qualche metro e girandomi vidi che guardava ancora verso di me, con una mano sul fianco e l'altra appoggiata sulla pancia.

Quel pomeriggio un furgone entrò nel parcheggio: l'odore di cani che mandava era così forte che lo sentii subito, mentre stavo sdraiato nell'erba in fondo al parco. Ne scese un poliziotto e parlò con alcuni padroni di cani, che gli indicarono vari punti. Il poliziotto tirò fuori un lungo bastone con un cappio in cima. Sentii un brivido correre lungo la schiena: sapevo benissimo a cosa serviva quell'affare.

Prese a camminare, frugando con attenzione tra i cespugli che segnavano i confini del parco, ma quando arrivò al mio nascondiglio io ero già andato a rifugiarmi nel bosco che sorgeva al di là del prato.

Corsi, spinto dal panico, finché non uscii dal bosco e mi ritrovai in un quartiere di casette piene di cani e bambini, ma evitai ogni contatto con gli umani e cercai finché possibile di restare nascosto nel fogliame. Quando ero ormai lontano dalla città, tornai sui miei passi, consolato dal fatto che stava calando la notte, mia alleata.

Sentendo l'odore di decine di cani portato dalla brezza, lo seguii incuriosito. Un coro di latrati saliva dal cortile dietro un grande edificio, dove due cani chiusi nelle loro gabbie ululavano l'uno contro l'altro. Poi cambiò il vento e dal tono capii che adesso stavano abbaiando *a me*.

Ero già stato lì: era il posto in cui l'uomo gentile, il veterinario, si era preso cura di me quand'ero Bailey. A dirla tutta, era lì che avevo visto Ethan per l'ultima volta. Decisi che era meglio tenersi alla larga da quell'edificio. Me la diedi a gambe e, mentre attraversavo il viale, mi bloccai, tremante.

Un giorno, quand'ero Bailey, nel recinto era arrivato un cavallo giovane, Jasper, a fare compagnia alla vecchia e inaffidabile Fiamma. Jasper cresceva a una velocità mai vista e dopo qualche tempo era grosso come Fiamma stessa. Avevo fatto naso-naso con Jasper, l'avevo annusato con cura mentre Nonno lo strigliava, avevo giocato con lui finché, crescendo, non era diventato tonto come sua madre. Conoscevo l'odore di Jasper come conoscevo la Fattoria e in quel momento, lì sul viale, avevo sentito proprio il suo odore, inconfondibile. Tornato verso l'edificio, trovai un punto preciso, vicino alla porta, in cui la traccia era particolarmente fresca e recente: c'era perfino un mucchietto di paglia e cacca, nella ghiaia del vialetto, completamente impregnato dell'odore di Jasper.

I cani continuavano ad abbaiarmi contro, offesi dal fatto che io fossi libero mentre loro dovevano stare rinchiusi, ma non ci facevo più caso. Fiutando il forte miscuglio di odori sparsi per terra, ripercorsi il vialetto fino alla strada.

Ero così concentrato a seguire la pista dell'odore di Jasper che fui preso alla sprovvista quando una macchina, arrivandomi alle spalle, cominciò a suonare il clacson accendendo e spegnendo i fari. Mentre mi superava, mi buttai nel fosso accanto alla strada, nascondendomi dallo strombazzare violento della macchina.

Da quel momento cercai di fare più attenzione. Pur continuando a seguire le tracce di Jasper, tenevo le orecchie ben tese per sentire i rumori delle automobili e me la svignavo furtivamente prima di essere illuminato dai fari.

La strada era lunga, ma seguirla era più facile di «cerca Wally»: per più di un'ora proseguii lungo una linea retta e alla fine svoltai a sinistra, e poi di nuovo a sinistra. La traccia lasciata da Jasper non perdeva di intensità, ma dopo una svolta a destra non ne ebbi più bisogno: sapevo dove mi trovavo. Era il punto in cui il treno attraversava la strada, dove avevo raggiunto Ethan il giorno in cui era partito per il college. Accelerai il passo e quando svoltai a destra mi bastò fiutare la scia lasciata da Jasper per capire che avevo preso la strada giusta. Poco dopo passai davanti a casa di Hannah, ma stranamente non sentii la minima traccia dell'odore della bambina, anche se gli alberi e il muro ricoperto di muschio che dava sulla strada erano sempre gli stessi.

Girai sul vialetto che portava alla Fattoria come fosse la cosa più naturale del mondo, come se fossi stato lì solo il giorno prima.

Le tracce di Jasper portavano dritte a un grande rimorchio bianco, con sotto un mucchio di sabbia e fieno, ma non finivano lì. Volendo, sapevo che l'avrei trovato nel granaio, il suo aroma era forte e chiaro. Ma a quel punto non m'importava più nulla dei cavalli. Ethan, sentivo l'odore di Ethan, era dappertutto. Il bambino viveva ancora alla Fattoria!

In casa, le luci erano accese. Girai intorno all'edificio, verso la porta laterale. Da una collinetta erbosa potevo guardare all'interno attraverso la finestra del soggiorno. C'era un uomo, dell'età di Nonno, seduto in poltrona a guardare la televisione, ma non sembrava Nonno. Ethan non c'era, l'uomo era solo.

La gattaiola era ancora lì, ricavata nell'antiporta di metallo, ma la grande porta di legno all'interno era chiusa. Frustrato, raspai sulla grata, poi mi misi ad abbaiare.

Sentii una vibrazione dentro la casa e qualcuno che si avvicinava. Scodinzolavo così forte che non riuscivo a stare seduto, dimenando il corpo avanti e indietro. La luce del portico si accese con uno sfrigolio e la porta di legno, aprendosi, grattò sul pavimento, un suono che conoscevo bene. L'uomo che avevo visto seduto in poltrona adesso era lì, sulla soglia, che mi fissava da dietro il vetro con sguardo perplesso.

Grattai di nuovo sul metallo: volevo che mi facesse entrare, per correre dal mio bambino.

«Ehi» disse con la voce attutita attraverso la porta chiusa. «Smettila.»

Sentendo il suo tono di rimprovero, provai a mettermi a sedere, ma il mio didietro non riusciva proprio a stare giù.

«Cosa vuoi?» fece. Capii che era una domanda e mi chiesi cosa volesse dire.

Poi mi resi conto che non dovevo aspettare che si decidesse a farmi entrare: ora che la porta interna era aperta, potevo infilarmi nella gattaiola. Abbassai la testa e spinsi la tendina di plastica, sgusciando dentro.

«Ehi!» gridò il vecchio, sorpreso.

Anch'io ero sorpreso. Entrando in casa, avevo sentito chiaramente l'odore della persona che mi sbarrava il passo. Sapevo chi era: avrei riconosciuto il suo profumo dappertutto.

Non c'era modo di sbagliarsi: era Ethan.

Avevo trovato il mio bambino.

30

Anche se Ethan era in piedi, provai a saltargli in grembo. Mi alzai sulle zampe di dietro, allungandomi per leccarlo, strofinarmi contro di lui, montargli addosso. Non riuscivo a fermare i guaiti che mi uscivano dalla gola, non potevo fare a meno di scodinzolare.

«Ehi!» disse e fece un passo indietro, sbattendo gli occhi. Provò a reggersi sul suo bastone, ma alla fine si sedette a terra con un tonfo. Gli saltai addosso leccandogli il viso, ma mi spinse via la bocca. «Va bene, va bene» brontolò. «Smettila. Basta!»

La sensazione delle sue mani sul mio muso era la più bella che avessi mai provato in vita mia. Socchiusi gli occhi per il piacere. «Sta' indietro, indietro» disse.

Il bambino si alzò a fatica. Gli strofinai il muso sulla mano e mi fece una breve carezza. «Oh santo cielo, chi diavolo sei?» Accese un'altra luce lanciandomi un'occhiata storta. «Sei pelle e ossa, non ti danno da mangiare? Eh? Ti sei perso?»

Sarei potuto restare lì tutta la notte ad ascoltare il suono della sua voce, a sentire il suo sguardo su di me, ma non me lo permise. «Senti, non puoi stare qui dentro.» Tornò alla porta e l'aprì. «Su, fuori.»

Era un comando che riconoscevo; così, con riluttanza, uscii.

Lui restò a guardarmi attraverso il vetro. Mi sedetti, speranzoso. «Adesso va' a casa» disse. Scodinzolai. Sapevo di essere già a «va' a casa». Finalmente, finalmente ero a «va' a casa», alla Fattoria, con Ethan: avevo ritrovato il mio posto nel mondo.

Chiuse la porta.

Aspettai ubbidiente finché, arrivato al limite della tensione, non esplosi in un latrato pieno di impazienza e frustrazione. Non ci fu risposta e allora guaii di nuovo, dando anche una bella raspata alla grata.

Quando ormai avevo perso il conto di tutti i miei lamenti, la porta si aprì di nuovo. Ethan aveva in mano una ciotola di metallo, da cui saliva un odorino invitante. «Tieni» borbottò. «Hai fame, eh, amico?»

Non fece in tempo a mettere la ciotola per terra che mi lanciai sulla cena e presi a divorarla a grandi bocconi.

«Sono più che altro lasagne. Non ho cibo per cani in casa. Ma tu non sembri un tipo difficile.»

Scodinzolai.

«Non puoi vivere qui. Non ho tempo per occuparmi di un cane. Devi tornare a casa tua.»

Scodinzolai di nuovo.

«Oh, santo cielo, quando hai mangiato l'ultima volta? Non ingoiare così in fretta, o ti sentirai male.»

Non la smettevo più di scodinzolare.

Quando ebbi finito, Ethan si chinò lentamente per raccogliere la ciotola. Gli leccai la faccia. «Che schifo, hai proprio un alito pestilenziale, lo sai?» Si pulì il viso con la manica della camicia e si rialzò. Lo guardai, pronto a fare tutto quello che voleva. Una passeggiata? Un giro in macchina? «Va bene, ora va' a casa, si vede che non sei un randagio. Qualcuno ti starà cercando. D'accordo? Buonanotte.»

Ethan richiuse la porta.

Restai seduto per qualche minuto. Quando abbaiai, la luce sopra la mia testa si spense con un *clic*.

Andai sulla collinetta erbosa per guardare dentro il soggiorno. Muovendosi lentamente, appoggiato al suo bastone, Ethan stava spegnendo una alla volta tutte le luci della casa.

Il mio bambino era così vecchio che non l'avrei mai riconosciuto. Ma ora che sapevo che era lui, rivedevo il suo passo, anche se era più affaticato. Nel modo in cui voltò la testa e guardò fuori verso il buio, prima di spegnere l'ultima luce, rividi l'Ethan che conoscevo.

Ero confuso per quella storia dello stare fuori, ma la stanchezza e la pancia piena ebbero la meglio. Mi accucciai sul posto, col naso infilato vicino alla coda, anche se era una nottata calda. Ero a casa.

Il mattino dopo, quando Ethan uscì, mi scrollai e corsi subito da lui, cercando di trattenermi dal riversargli addosso tutto il mio affetto. Mi fissò. «Perché sei ancora qui? Cosa vuoi?»

Lo seguii fino al granaio, dove prese Jasper e lo portò nel recinto. Ovviamente quella stupida bestia non mi riconobbe, si limitò a fissarmi proprio come avrebbe fatto Fiamma, senza capire un accidenti. "Sono un cane, imbecille!" Marcai il recinto con una pisciatina, mentre Ethan dava a Jasper dell'avena. «Come va l'ascesso? La zampa sta meglio, dopo che siamo stati dal dottore? Eh, Jasper, come stai?»

Ethan stava parlando col cavallo, ma io stesso avrei potuto dirgli che era una totale perdita di tempo.

Poche ore dopo, mentre annusavo il recinto in attesa che Ethan uscisse di casa, un furgone risalì il vialetto. Lo riconobbi appena si fermò: era lo stesso che avevo visto nel parcheggio del parco e l'uomo che scese dal sedile davanti era il poliziotto che avevo fiutato mentre controllava i cespugli col cappio in mano, che adesso stava tirando fuori dal retro.

«Non ce ne sarà bisogno» disse Ethan, affacciandosi alla porta. Corsi scodinzolando dal mio bambino. «È molto ubbidiente.»

«È arrivato qui la notte scorsa?» rispose il poliziotto.

«Esatto. Guardi, povera bestia, gli si vedono tutte le costole. Si capisce che è di razza, ma non devono averlo trattato molto bene.»

«Abbiamo avuto segnalazioni su un bel Labrador che correva libero nel parco, in città. Mi chiedo se sia lo stesso» disse il poliziotto.

«Non saprei. Mi sembra un po' lontano» rispose Ethan, dubbioso.

L'uomo aprì una gabbia sul retro del furgone. «Dice che ci salterà dentro così? Non ho molta voglia di inseguirlo.»

«Ehi, amico. Salta su. Ok? Salta.» Ethan batté la mano sull'interno della gabbia aperta. Lo guardai un attimo, incuriosito, poi entrai nella gabbia con un balzo. Se era questo che voleva il mio bambino, l'avrei fatto.

«La ringrazio» disse il poliziotto, richiudendo la gabbia.

«E adesso cosa ne farete?» chiese Ethan.

«Un cane come questo è facile darlo in adozione, direi.»

«Ecco... qualcuno mi chiamerà? Mi piace questo cane, vorrei sapere se sta bene.»

«Non glielo so dire. Dovrà telefonare al canile e chiedere notizie a loro. Io mi limito a prenderli.»

Il poliziotto e il bambino si strinsero la mano. Ethan si avvicinò alla gabbia mentre il poliziotto montava sul davanti. Misi il naso contro le sbarre, cercando di sfiorarlo, respirando il suo odore. «Stammi bene, d'accordo, amico?» disse Ethan con dolcezza. «Hai bisogno di una bella casa, con tanti bambini con cui giocare. Io sono solo un vecchio.»

Ero sconvolto quando vidi che ce ne stavamo andando, mentre Ethan, fermo lì, ci guardava partire. Non riuscii a trattenermi e cominciai ad abbaiare, continuando per tutto il vialetto e poi giù, sulla strada, anche dopo aver superato la casa di Hannah.

Ero confuso e disperato per quella svolta inaspettata. Perché mi stavano portando via da Ethan? E perché lui lasciava che me ne andassi così? Quando l'avrei rivisto? Volevo stare col mio bambino!

Mi portarono in un edificio pieno di cani, molti dei quali non facevano che abbaiare, terrorizzati. Mi misero in una gabbia da solo e lo stesso giorno mi ritrovai con il solito stupido collare di plastica intorno al collo e un dolore familiare all'inguine. Era per questo che mi trovavo lì? E quando sarebbe venuto Ethan per portarmi a fare un viaggio in macchina fino a casa?

Ogni volta che qualcuno passava davanti alla gabbia balzavo in piedi, sperando che fosse il mio bambino. I giorni passavano e ogni tanto, per sfogare la frustrazione, mi univo al coro ininterrotto di latrati che rimbombava sulle pareti. Dov'era Ethan? Dov'era il mio bambino?

Le persone che mi davano da mangiare e si prendevano cura di me erano gentili e premurose, e devo confessare che il contatto umano mi mancava così tanto che correvo da loro ogni volta che aprivano la gabbia, per farmi accarezzare la testa. Quando una famiglia con tre bambine piccole venne a farmi visita in una stanzetta, io montai loro in grembo e mi rotolai sulla schiena, perché morivo dalla voglia di sentire delle mani sul mio corpo.

«Possiamo tenerlo, papà?» chiese una delle bambine. Sentivo così tanto amore provenire dalle tre piccole che non riuscivo a stare fermo.

«È nero come il carbone» disse la madre.

«Potremmo chiamarlo Carbone» disse il padre. Mi tenne ferma la testa per guardarmi i denti, poi mi sollevò le zampe, una alla volta. Sapevo cosa significava, avevo già subìto quel genere di ispezioni. Sentii un nodo freddo di paura stringermi lo stomaco. "No" pensai. Non potevo andare ad abitare con quelle persone. Io appartenevo al bambino.

«Carbone, Carbone!» canticchiavano le bambine. Le guardai con occhi persi, senza più apprezzare la loro adorazione.

«Andiamo a pranzo» disse l'uomo.

«Papààà!»

«Poi torneremo a prendere Carbone e lo porteremo a fare un giro in macchina» terminò la frase l'uomo.

«Sììì!»

Avevo sentito le parole «giro in macchina», ma fui sollevato quando, dopo altri abbracci da parte delle bambine, la famiglia se ne andò. Mi riportarono in gabbia e mi accucciai per un sonnellino, un po' confuso. Ricordavo quando io e Maya facevamo scuola, dove il mio lavoro era stare seduto mentre i bambini mi accarezzavano. Forse qui era lo stesso, solo che adesso erano loro a venire da me.

Non m'interessava: l'importante era sapere che mi ero sbagliato, che quella famiglia non mi avrebbe portato via. Sarei rimasto lì, in attesa del mio bambino. Le motivazioni degli umani sono incomprensibili per un cane, quindi non potevo capire il perché della nostra separazione, ma sapevo che al momento giusto Ethan mi avrebbe ritrovato.

«Buone notizie, hai trovato una nuova casa» disse la donna che mi dava da mangiare, infilando una ciotola d'acqua fresca nella gabbia. «Torneranno tra poco, così potrai andartene. Sapevo che non ci sarebbe voluto molto.» Scodinzolai lasciando che mi grattasse le orecchie, e le leccai la mano contagiato dal suo buonumore. "Sì," pensavo "hai visto? Sono ancora qui."

Feci più volte il giro della gabbia prima di sdraiarmi per un pisolino, in attesa che arrivasse il mio bambino.

Mezz'ora dopo mi svegliai all'improvviso e saltai in piedi. Avevo sentito la voce di un uomo e sembrava arrabbiato.

Ethan.

Abbaiai.

«Il mio cane... di mia proprietà... ho cambiato idea...» lo sentivo gridare. Smisi di abbaiare e restai perfettamente immobile: percepivo la sua presenza al di là del muro, e fissai la porta sperando che si aprisse, per sentire il suo odore. E infatti un minuto dopo la porta si aprì e il bambino si affacciò nel corridoio, accompagnato dalla donna che mi aveva portato l'acqua. Alzai le zampe sulla gabbia, agitando la coda.

La donna era infuriata. «Quelle bambine ci resteranno tanto male» disse. Aprì la gabbia e saltai fuori, lanciandomi contro il bambino, leccandolo, scodinzolando, guaendo di gioia. La rabbia della donna, mentre ci guardava, si dissolse. «Be', se è così...» disse. «Perbacco.»

Ethan restò un po' di tempo al bancone a scrivere qualcosa, mentre io stavo seduto paziente ai suoi piedi cercando di trattenermi dal grattarlo con la zampa. Poi uscimmo e mi fece salire in macchina per andare a fare un viaggio: ero di nuovo un cane da sedile davanti!

Anche se era passato tanto tempo da quando avevo provato per l'ultima volta la splendida emozione di un viaggio in macchina col naso fuori dal finestrino, quello che desideravo di più era mettere la testa sulle gambe di Ethan e sentire le sue mani che mi accarezzavano, e così feci. «Mi perdoni, vero, amico?»

Lo guardai, attento.

«Ti ho spedito in gabbia e tu nemmeno ce l'hai con me.» Continuammo per un po', in un piacevole silenzio. Mi chiedevo se stavamo andando alla Fattoria. «Sei un bravo cane» disse infine il bambino. Scodinzolai di piacere. «Va bene, fermiamoci qui, così ti compriamo da mangiare.»

Alla fine tornammo alla Fattoria e stavolta, quando Ethan aprì la porta, mi lasciò entrare insieme a lui.

Quella sera, dopo cena, mi sdraiai ai suoi piedi, più soddisfatto di quanto non ricordassi di essere mai stato.

«Sam» mi disse. Alzai il capo, in attesa. «Max. No. Winston? Murphy?»

Avrei voluto farlo contento, ma non avevo idea di cosa mi stesse chiedendo. Speravo che mi ordinasse di fare «cerca». Mi sarebbe piaciuto fargli vedere quante cose avevo imparato.

«Bandito? Tucker? Eh, come ti chiami, amico?»

Questa parola la conoscevo! Abbaiai e lui sussultò, come preso alla sprovvista. «Wow, è così che ti chiami? "Amico"? Be', che nome strano ti avevano dato.»

Abbaiai di nuovo, scodinzolando.

«D'accordo, d'accordo. Allora, che Amico sia. D'ora in poi ti chiamerò Amico.»

Il giorno dopo capii che Amico era il mio nome. «Qui, Amico» mi chiamava. «Seduto, Amico! Ti hanno addestrato bene, a quanto pare. Chissà cosa ci facevi da queste parti. Ti avevano abbandonato?»

Non mi staccavo un attimo da Ethan, avevo troppa paura di perderlo. Restai sorpreso vedendo che andava a dormire in camera di Nonno e Nonna, ma non esitai neanche un secondo quando batté con la mano sul materasso: saltai sul letto morbido e mi stiracchiai con un mugolio di pura estasi.

Quella notte Ethan si alzò più volte per andare in bagno.

Io ogni volta lo seguivo con devozione e restavo sulla porta mentre faceva i suoi bisogni. «Non devi seguirmi tutte le volte, sai?» mi disse. Al mattino non dormì fino a tardi come faceva un tempo, ma si alzò col sorgere del sole e preparò la colazione per tutti e due.

«Vedi, ormai sono praticamente in pensione» disse Ethan. «Faccio ancora qualche consulenza, stamattina ho un appuntamento telefonico con un cliente, ma dopo sono libero. Stavo pensando che oggi potremmo lavorare un po' in giardino. Che ne dici, Amico?»

Scodinzolai. Avevo deciso che mi piaceva il nome Amico.

Dopo colazione (mangiai un toast!), mentre il bambino parlava al telefono io andai a esplorare la casa. Il piano di sopra sembrava disabitato: le stanze avevano un odore di muffa e solo una vaga traccia della presenza di Ethan. La sua stanza era sempre uguale, ma nella camera di Mamma non c'erano più mobili, solo un sacco di scatoloni.

Al piano di sotto c'era un ripostiglio chiuso, ma quando avvicinai il naso alla porta ne uscì un odore familiare.

Il flip.

31

C’era una tristezza nuova nel mio bambino, una ferita profonda e molto più radicata del dolore che gli aveva colpito la gamba.

«Ci vivo solo io qui, non so cosa stai cercando» mi disse Ethan mentre ispezionavo ogni angolo della casa. «Avrei sempre voluto sposarmi... anzi, un paio di volte ci sono andato vicino, ma poi non se n’è fatto niente. Per qualche anno ho perfino vissuto con una donna, a Chicago.» Il bambino si alzò, guardando fuori dalla finestra con gli occhi persi, e sentii la tristezza crescere in lui. Mi sedetti lì accanto, alzando una zampa per appoggiarla sulla sua gamba. Abbassò lo sguardo su di me e scodinzolai. «Amico, sarà l’ora di prenderti un collare.»

Andammo di sopra, in camera sua, e tirò giù una scatola da uno scaffale. «Vediamo un po’... eccolo.»

Mentre Ethan tirava fuori un collare dalla scatola, udii uno scampanellio. Quel suono era così familiare che mi fece rabbrividire. Quando ero Bailey, facevo lo stesso rumore di campanelli ogni volta che mi muovevo. «Questo era del mio vecchio cane, tanti anni fa. Bailey.»

Scodinzolai sentendo quel nome. Mi porse il collare e lo fiutai, ritrovando l’odore, per quanto vago, di un altro cane. Mi resi conto che ero proprio io. Stavo annusando me stesso, una sensazione stranissima.

Scosse più volte il collare. «Bailey era proprio un gran bravo cane» disse. Rimase seduto per qualche istante, perso nei suoi pensieri, poi mi guardò. «Mi sa che faremmo meglio a prenderti un collare nuovo, Amico. Non mi sembrerebbe giusto metterti a confronto con lui. Bailey era un cane molto speciale.»

Il giorno dopo, mentre facevamo un viaggio in macchina fino in città, ero molto teso: non volevo che mi rimettessero in gabbia, in quel posto pieno di cani che abbaiavano. Ma alla fine capii che dovevamo solo prendere il cibo per cani e un collare di pelle dura da mettermi al collo. Ethan, tornati a casa, ci attaccò delle targhette tintinnanti.

«C'è scritto: "Mi chiamo Amico e appartengo a Ethan Montgomery"» mi disse, stringendo una targhetta tra le dita. Agitai la coda.

Ci volle qualche altro viaggio in città prima che riuscissi ad abbassare la guardia, ma adesso non avevo più paura che Ethan mi abbandonasse. Smisi di stargli sempre appiccicato e cominciai ad andarmene in giro da solo, allargando il mio territorio fino a comprendere tutta la Fattoria, con particolare attenzione alla cassetta della posta e ad altri punti vicino alla strada dove erano già passati altri cani maschi.

Lo stagno era ancora al suo posto e c'erano delle stupide anatre che vivevano ancora sulle sue rive. Per quanto ne sapevo, potevano anche essere le stesse di tanto tempo fa, ma in fondo aveva poca importanza: quando mi videro si comportarono esattamente nello stesso modo, buttandosi nell'acqua tutte spaventate e poi girandosi per guardarmi. Sapevo che non aveva senso inseguirle, ma lo feci ugualmente, solo per il gusto di farlo.

Ethan passava la maggior parte delle sue giornate in ginocchio su un grande appezzamento di terra umida dietro casa e dopo un po' capii che non gli faceva piacere se alzavo la zampa per una pisciatina da quelle parti. Mi parlava mentre giocava con la terra e io lo ascoltavo scodinzolando.

«Una di queste domeniche andremo alla fiera agricola, è divertente. Vedrai, i miei pomodori vanno a ruba» mi disse.

Un pomeriggio, annoiato a forza di scavare per terra, andai a farmi un giro nel granaio. Il misterioso gatto nero doveva essersene andato da tempo, non restava la minima traccia del suo odore e, non so perché, ci rimasi un po' male. Era l'unico gatto che mi avesse fatto piacere conoscere.

No, non era del tutto vero. Anche se spesso mi dava sui nervi, l'incrollabile affetto di Campanellino era stato gratificante.

In fondo al granaio trovai un mucchio di vecchie coperte, ammuffite e mezze marce. Ma quando ci infilai il naso dentro per dare una bella annusata, fui confortato nel sentire la vaga traccia di un odore che conoscevo bene. Nonno. Era proprio qui che venivamo a fare i lavoretti insieme.

«Mi fa bene uscire ogni tanto per fare una passeggiata» disse Ethan. «Chissà perché non avevo pensato di prendermi un cane. Ho bisogno di tenermi in forma.» Certe volte, la sera, giravamo intorno alla Fattoria camminando su un sentiero di terra battuta, completamente impregnato dell'odore di Jasper, oppure passeggiavamo lungo la strada in una direzione o nell'altra. Ogni volta, passando davanti a casa di Hannah, avvertivo una strana sensazione nel mio bambino, ma non ci fermavamo mai, né salivamo per farle un saluto. Mi chiedevo perché non sentissi più il suo profumo, e ripensai a Carly, il cane conosciuto al parco, che portava forte su di sé l'odore di Hannah.

Una di quelle sere, mentre passavamo davanti a casa di Hannah, fui colpito da un pensiero che non mi era mai passato per la testa: il dolore che percepivo, sepolto in fondo al cuore del bambino, era molto simile a quello che avevo sentito in Jakob, tanto tempo prima. C'era un'angoscia solitaria, la sensazione di aver dovuto dire addio a qualcosa.

C'erano momenti in cui quel sentimento sembrava dissolversi del tutto. A Ethan piaceva prendere il bastone e colpire una palla in cortile, facendola volare giù sul vialetto perché io corressi a riprenderla. Facevamo spesso quel gioco e mi sarei consumato le zampe pur di farlo felice. Quando saltavo su per acchiappare la palla al volo, come un pezzo di carne lanciato attraverso un recinto, lui rideva tutto contento.

Altre volte, invece, un cupo vortice di tristezza lo inghiottiva. «Non avrei mai creduto che la mia vita sarebbe finita così» mi disse un pomeriggio, con la voce rotta. Gli feci una carezza col muso, cercando di confortarlo. «Sempre solo, senza nessuno con cui passare le giornate.» Corsi a prendere una palla e gliela misi in grembo, ma lui si girò dall'altra parte senza nemmeno farci caso, in preda a un dolore così acuto che avevo voglia di uggiolare. «Eh, Amico, non sempre le cose vanno come avresti pensato» sospirò. Spinsi col naso la palla tra le sue gambe e finalmente mi accontentò con un lancio fiacco. Corsi a fermarla con la zampa, ma si capiva che Ethan aveva il cuore da un'altra parte. «Bravo, Amico» disse con tono assente. «Scusa, non ho molta voglia di giocare.»

Mi sentivo frustrato. Ero stato un bravo cane, avevo fatto «cerca» e adesso ero tornato a stare col mio bambino. Ma non era felice. Eppure... Di solito – ricordavo – le persone ritrovate erano felici alla fine di «cerca», quando Jakob e Maya davano loro delle coperte e da mangiare, e poi li riportavano alle loro famiglie.

Fu allora che capii: il mio scopo in questo mondo non era mai stato «cerca», ma «salva». Ritrovare il bambino era stata solo la prima parte della mia missione.

Nel periodo in cui ero vissuto con Jakob, avevo sentito che nascondeva dentro di sé lo stesso oscuro sentimento. Ma quando l'avevo rivisto, al tempo in cui io e Maya facevamo «scuola», aveva una famiglia: una bambina e una compagna. E allora sì che era felice, felice com'era stato Ethan quando lui e Hannah erano seduti sul portico e ridevano tra loro.

Per salvarsi, Ethan aveva bisogno di una famiglia. Aveva bisogno di una donna e di fare un bambino insieme a lei. Solo allora sarebbe stato felice.

Il mattino dopo, mentre il mio bambino lavorava la terra, io trotterellai giù per il vialetto, fino alla strada. Anche se il ranch delle capre non c'era più, avevo trovato dei nuovi odori a indicarmi la direzione, e arrivare in città ormai era facile come fare il giro dei campi dietro la Fattoria. Una volta là, non ci volle molto per trovare il parco dei cani, anche se rimasi molto male vedendo che Carly non c'era. Feci la lotta con qualche cane, senza più paura di farmi vedere dai loro padroni: adesso ero il cane di Ethan, un bravo cane, avevo un collare e mi chiamavo Amico.

Più tardi, quel pomeriggio, arrivò anche Carly e corse festosa verso di me, emozionata nel vedere che ero tornato al parco. Mentre giocavamo, io annusavo deliziato l'odore di Hannah, fresco e forte sul pelo di Carly.

«Ehi, ciao, cagnolino. Era da un po' che non ti facevi vedere. Stai molto meglio ora, eh?» disse la donna sulla panchina. Si capiva che era stanca. Dopo una mezz'ora si alzò, tenendo le mani dietro la schiena. «Wow, manca proprio poco» disse, col fiato corto. S'incamminò lentamente lungo il marciapiede, mentre Carly correva avanti e indietro. Io seguii Carly, e gli scoiattoli scappavano terrorizzati al nostro passaggio.

Quando, dopo un paio di isolati, la donna risalì un vialetto e aprì la porta di una casa, decisi che avrei fatto meglio a non seguire Carly all'interno. Rimasi sulla veranda quando chiusero la porta, in attesa. Avevo già fatto quel gioco.

Qualche ora dopo, una macchina entrò nel vialetto e ne uscì una donna con i capelli bianchi. Scesi giù dal portico per andarle incontro. «Ciao, cagnolino, sei qui per giocare con Carly?» mi salutò, avvicinando una mano in segno di amicizia.

Ancora prima di sentirne l'odore, avevo riconosciuto la sua voce: era Hannah. Dimenando la coda, mi rotolai ai suoi piedi, implorandola di toccarmi, e così fece. La porta di casa si aprì.

«Ciao, mamma. Mi ha seguito dal parco» disse la donna sulla soglia. Carly corse fuori e fece per saltarmi addosso, ma io la scansai: adesso volevo attirare l'attenzione della bambina.

«Dove vivi, piccolo?» Hannah mi prese il collare tra le mani e io mi sedetti, mentre Carly cercava di infilarsi nel mezzo. «Aspetta, Carly» disse Hannah, spingendola via. «"Mi chiamo Amico..."» disse piano, stringendo la mia targhetta.

Scodinzolai.

«"E appartengo a..." Oh, santo cielo.»

«Cosa c'è, mamma?»

«Ethan Montgomery.»

«Chi?»

Hannah si alzò in piedi. «Ethan Montgomery. È un uomo... un uomo che conoscevo tanti anni fa. Quand'ero giovane.»

«Uomo nel senso di fidanzato?»

«Sì, una specie... sì.» Hannah rise piano.

«Davvero? E questo sarebbe il suo cane?»

«Si chiama... Amico.» Scodinzolai. Carly mi diede un morso sul muso.

«E adesso cosa facciamo?» chiese la donna dalla porta.

«Cosa facciamo? Oh, credo che dovremmo chiamarlo. Abita vicino a dove stavamo prima, in fondo alla strada. Sei ben lontano da casa, Amico.»

Carly iniziava a darmi sui nervi: chiaramente non aveva capito quanto fosse importante la faccenda e cercava continuamente di montarmi addosso. Le lanciai un ringhio e lei si mise a sedere per un attimo, con le orecchie abbassate, poi si gettò di nuovo su di me. Certi cani sono fatti così: pensano solo a se stessi.

Ero assolutamente certo che presto ci saremmo riuniti al mio bambino. Era complicato, ma stavo facendo una specie di «cerca/dove», solo che adesso erano Hannah e Ethan a dover mettere insieme i pezzi.

E così andò. Più o meno un'ora dopo, il furgone di Ethan risalì il vialetto. Io, che stavo bloccando Carly a terra, saltai su e corsi da lui. Hannah era seduta sulla veranda e si alzò con fare incerto mentre Ethan scendeva dalla macchina. «Amico, che diavolo ci fai qui?» mi chiese. «Monta su.»

Saltai sul sedile davanti. Carly appoggiò le zampe sulla portiera, allungandosi per sentire il mio odore, come se non fossimo stati naso-naso per quattro ore di fila!

«Carly, giù!» disse Hannah, secca. Carly mise le zampe a terra.

«Non c'è problema. Ciao, Hannah.»

«Ciao, Ethan.» Restarono per un minuto a fissarsi, poi Hannah rise. Un po' imbarazzati, si abbracciarono, avvicinando per un istante i volti.

«Non ho idea di come sia successo» disse il bambino.

«Be', il tuo cane era al parco. Mia figlia Rachel ci va tutti i pomeriggi: ha finito il tempo da una settimana e il dottore vuole che cammini un po' ogni giorno. Salterebbe anche la cavallina, se servisse.» Hannah mi sembrava nervosa, ma non era niente a confronto di quello che stava succedendo a Ethan: il cuore gli batteva così forte che riuscivo a sentirlo nei suoi respiri. Le emozioni che irradiava erano potenti e confuse.

«È proprio questo che non capisco. Io ero fuori città. Amico deve essere venuto fin quaggiù tutto da solo. Non ho idea del perché abbia fatto una cosa simile.»

«Be'...» fece Hannah.

Rimasero fermi, a guardarsi. «Ti va di entrare?» chiese alla fine.

«No, no, devo tornare a casa.»

«Ah, d'accordo.»

Nessuno si mosse. Carly si sedette per darsi una grattatina, senza accorgersi minimamente della tensione fra loro.

«Ti volevo chiamare quando ho saputo di... Matthew. Mi dispiace» disse Ethan.

«Grazie» rispose Hannah. «Sono passati quindici anni, Ethan. Un sacco di tempo.»

«Non mi ero reso conto che fosse passato così in fretta.»

«Già.»

«Sei venuta a trovare tua figlia per via del bambino?»

«Oh, no, adesso vivo qui.»

«Davvero?» Ethan sembrava stupito, ma guardandomi intorno non vidi nulla di sorprendente, a parte uno scoiattolo sceso da un albero che stava facendo buche nell'erba qualche casa più in là. Carly, ovviamente, guardava nella direzione sbagliata, notai infastidito.

«Il prossimo mese fanno due anni da quando sono tornata a vivere qui. Rachel e suo marito abitano con me mentre ristrutturano casa loro per aggiungere la camera del bambino.»

«Ah.»

«Sarà meglio che si sbrighino» disse Hannah, ridendo. «Ormai è... grossa!»

Risero entrambi. Ma stavolta, quando la risata si interruppe, Hannah mi sembrò triste. La paura di Ethan si era dissolta e anche lui sembrava còlto da una strana malinconia.

«Be', mi ha fatto piacere rivederti, Ethan.»

«Anche a me, Hannah.»

«Allora ciao.»

Si voltò, riavviandosi verso casa. Ethan tornò alla macchina. Era arrabbiato, impaurito, triste, combattuto. Carly non si era ancora accorta dello scoiattolo. La bambina era arrivata ormai all'ultimo gradino. Ethan aprì la portiera. «Hannah!» esclamò.

Lei si voltò. Ethan fece un respiro profondo, gli mancava il fiato. «Mi chiedevo se ti va di venire a cena da me, una di queste sere. Credo che ti piacerebbe, è da tanto che non vieni alla fattoria. Ho fatto l'orto. Pomodori...» La voce gli si spense in gola.

«Ti sei messo a cucinare, Ethan?»

«Insomma, ma sono molto bravo a riscaldare.»

Risero entrambi, e la tristezza fu spazzata via, come se non ci fosse mai stata.

32

Da allora, vidi Hannah e Carly un sacco di volte. Venivano sempre più spesso a giocare alla Fattoria e a me stava bene.

Carly aveva capito che quello era il mio territorio: sarebbe stato difficile non notarlo, dal momento che avevo alzato la zampa su tutti gli alberi dei dintorni. Ero io il capo e non osava sfidarmi, ma con mio grande fastidio non sembrava capire i ruoli che si erano stabiliti nel nostro seppur piccolo branco. Di solito si comportava come se fossimo solo compagni di giochi e niente più.

Ero arrivato a questa conclusione: Carly non era molto sveglia. Sembrava convinta che, per acchiappare le anatre, bastasse strisciare abbastanza lentamente – una dimostrazione di pura scemenza. Io la osservavo con totale disprezzo mentre si muoveva furtiva nell'erba a pochi centimetri da me, con la pancia che sfiorava per terra, sotto lo sguardo impassibile di mamma anatra. Poi, quando con un rapido scatto si gettava nello stagno alzando ondate di spruzzi, le anatre volavano via a pelo d'acqua per atterrare poco più in là. Continuava a nuotare per una quindicina di minuti, con un tale vigore che il suo corpo si sollevava quasi dall'acqua, e abbaiava di frustrazione ogni volta che sentiva di essere a distanza di morso, ma le anatre prendevano il volo con un frullio d'ali, planando a qualche metro da lei. Quando finalmente si arrendeva, quelle le nuotavano dietro starnazzando con aria decisa e a volte Carly si girava e ripartiva all'inseguimento, convinta di averle ingannate. Tutte quelle scene mi facevano perdere la pazienza.

Ogni tanto anche io e Ethan andavamo a casa di Carly, ma era meno divertente, perché lì potevamo solo giocare in giardino.

L'estate successiva, decine di persone si radunarono alla Fattoria. Stavano seduti sulle sedie pieghevoli, guardandomi mentre mostravo loro il trucco che avevo imparato con Maya: dovevo camminare tra le sedie a passo lento e sostenuto, fino a un piccolo podio di legno che Ethan aveva costruito apposta perché potessero ammirarmi. Il bambino mi tolse qualcosa dal dorso, lui e Hannah chiacchierarono un po' e si baciarono, dopodiché tutti si misero a ridere e mi fecero un grande applauso.

Da quel giorno, Hannah venne ad abitare alla Fattoria insieme a noi. Era diverso, adesso, sembrava di stare a casa di Mama, con gente che andava e veniva a tutte le ore. Ethan portò altri due cavalli per fare compagnia a Jasper nel recinto e i bambini che venivano a trovarci si divertivano un sacco a cavalcarli (anche se, per come la penso io, i cavalli sono bestie inaffidabili che possono mollarti in mezzo a un bosco appena vedono un serpente).

Poco tempo dopo comparve anche la padrona di Carly, Rachel, con un bambino piccolo piccolo di nome Chase, che mi montava sempre in groppa e rideva come un pazzo tirandomi il pelo. Io restavo fermo, senza fare una piega, come quando facevamo «scuola» con Maya. Ero un bravo cane, me lo dicevano tutti.

+C'era solo un aspetto meno piacevole in quella nuova situazione: da quando Hannah aveva cominciato a dormire con

Ethan, io ero stato scacciato dal letto senza tante cerimonie. Lì per lì pensai si trattasse di uno sbaglio: in fondo c'era un sacco di spazio per me in mezzo a loro, dove preferivo dormire. Ma Ethan mi aveva ordinato di scendere, anche se c'era un letto al piano di sopra che sarebbe potuto andare benissimo per la bambina. Anzi, il giorno in cui avevo sfilato in giardino davanti a tutta quella gente, Ethan aveva fatto mettere dei letti in tutte le stanze al piano di sopra, perfino nella stanza del cucito di Nonna, ma evidentemente nessuno andava bene per Hannah.

Tanto per provare, comunque, ogni sera mettevo le zampe sul letto e mi tiravo su lentamente, un po' come Carly quando faceva la posta alle anatre in mezzo all'erba. E tutte le sere Ethan e Hannah scoppiavano a ridere.

«No, Amico, giù» diceva Ethan.

«Lui ci prova, non puoi fargliene una colpa» rispondeva spesso Hannah.

Quando cadde la neve, Hannah e Ethan si misero una coperta sulle ginocchia e rimasero seduti a parlare davanti al fuoco. Per «Felice Ringraziamento» e «Buon Natale», la casa era così piena di gente che temevo mi calpestassero, ma almeno potevo scegliermi un letto, perché i bambini erano sempre contenti di farmi dormire con loro. Il mio preferito era Chase, il figlio di Rachel: i suoi abbracci pieni d'amore mi ricordavano un po' Ethan. Da quando aveva smesso di provare a camminare a quattro zampe come un cane e aveva deciso di correre su due gambe, si divertiva a esplorare la Fattoria insieme a me, mentre Carly portava avanti la sua vana caccia alle anatre.

Ero un bravo cane. Avevo realizzato il mio scopo. I miei giorni da randagio mi avevano insegnato a scappare e a nascondermi dalla gente quand'era necessario, cercando il cibo tra i bidoni dell'immondizia. Dal tempo passato con Ethan avevo imparato l'amore e avevo capito qual era il mio compito più importante: prendermi cura del bambino. Jakob e Maya mi avevano insegnato a fare «cerca» e «dove» e, soprattutto, a salvare le persone. Tutte le cose che avevo imparato come cane mi avevano permesso di ritrovare Ethan e Hannah e di riportarli insieme. Adesso capivo perché avevo vissuto tante vite. Dovevo imparare un sacco di lezioni, acquisire nuove capacità, così, al momento giusto, sarei stato in grado di salvare Ethan: non dal lago, ma dalla disperazione in cui stava annegando la sua esistenza.

Capitava ancora che io e il bambino facessimo le nostre passeggiate nei dintorni della Fattoria, di solito con Hannah, ma non sempre. Avevo una voglia tremenda di passare un po' di tempo da solo con Ethan, quando mi parlava camminando a passi lenti e misurati sul sentiero irregolare. «Ci siamo divertiti un sacco questa settimana, non è vero, Amico?» A volte, col bastone, tirava la palla giù per il vialetto e io la rincorrevo tutto felice, poi la masticavo un po' prima di lasciarla cadere ai suoi piedi per un altro lancio.

«Sei proprio un gran bravo cane, Amico, non so come farei senza di te» mi disse Ethan, una di quelle sere. Inspirando profondamente, girò la testa per guardare la Fattoria, poi salutò dei bambini, seduti a un tavolo da picnic, che risposero agitando le mani.

«Ciao, nonnino» gridavano.

La sua gioia semplice, il suo amore per la vita mi fecero abbaiare di piacere. Si voltò verso di me ridendo.

«Pronto per un'altra corsa, Amico?» mi chiese alzando il bastone, e colpì di nuovo la palla.

In una bella giornata di primavera ero da solo in casa con Ethan e sonnecchiavo mentre lui leggeva un libro sotto i raggi caldi del sole che entravano dalla grande finestra. Hannah era appena andata via in macchina e in quel momento la casa era insolitamente vuota di visitatori. All'improvviso spalancai gli occhi e mi girai a guardare Ethan, che si voltò incuriosito. «Che c'è, Amico?» mi chiese. «È arrivata gente?»

Sentivo che il mio bambino aveva qualcosa che non andava. Mi alzai, con un guaito appena accennato. Ero scosso dall'ansia. Si era rimesso a leggere, ma rise sorpreso quando appoggiai le zampe sul divano, come per montargli addosso. «Ehi, Amico, cosa stai facendo?»

Quella sensazione di disastro imminente non faceva che aumentare. Abbaiai, senza sapere cosa fare.

«Tutto bene? Devi uscire?» Indicò la gattaiola, poi si tolse gli occhiali e si strofinò gli occhi. «Oddio, mi gira un po' la testa.»

Mi sedetti. Batté le palpebre, guardando in lontananza. «Sai una cosa, vecchio mio? Perché non andiamo a farci un pisolino?» Alzandosi in piedi, vidi che barcollava. Lo seguii in camera, ansimando per il nervosismo. Si mise a sedere sul letto con un gemito. «Ah» fece.

Sentivo che qualcosa si era rotto, nella sua testa. Si buttò giù, respirando affannosamente. Saltai sul letto, ma non mi disse nulla, si limitò a guardarmi con occhi spenti.

Non c'era niente che potessi fare. Gli strofinai il muso sulla mano, spaventato dalle strane forze che avevano preso il controllo del mio bambino. Aveva il fiato corto, quasi un rantolo.

Dopo un'ora, si rialzò. C'era ancora qualcosa che non andava in lui, ma capii che stava raccogliendo tutte le energie nel tentativo di liberarsi da ciò che l'aveva afferrato, proprio come quella volta in cui io, stringendo il piccolo Geoffrey tra i denti, avevo cercato di risalire in superficie nelle fredde acque del canale di scolo.

«Oh» fece, col fiato grosso. «Oh, Hannah.»

Passò ancora del tempo. Io guaivo piano, sentendo la battaglia che aveva luogo dentro di lui. Poi aprì gli occhi. All'inizio sembravano persi, confusi, quindi li spalancò, mettendomi a fuoco.

«Ehi, ciao, Bailey» disse. Restai di sasso. «Dov'eri finito? Mi sei mancato, sai?» Allungò una mano, a tastoni, cercando di accarezzarmi. «Bravo, Bailey» fece.

Non era un errore. In qualche modo, lui sapeva. Quelle creature magnifiche, con la loro mente così complicata, sono capaci di fare molte più cose di un cane: il mio bambino aveva capito tutto, lo sentii dal tono convinto della sua voce. Guardandomi, era Bailey che vedeva.

«Ti ricordi quel giorno sul go kart, Bailey? Gliel'abbiamo proprio fatta vedere, eh?»

Volevo trovare un modo per fargli capire che sì, ero proprio Bailey, il solo e unico cane della sua vita, e sapevo che qualunque cosa stesse succedendo dentro di lui gli permetteva di vedermi per quello che ero realmente. Mi venne un'idea. Saltai giù dal letto e corsi per il corridoio. Alzandomi sulle zampe di dietro, strinsi il pomello del ripostiglio tra i denti, come mi aveva insegnato la mia prima madre. Non ci volle molto per far scattare la vecchia serratura, e la porta si aprì. Spalancandola con un colpo di naso, m'infilai nel mucchio di carabattole mezze ammuffite per terra e mi feci largo tra stivali e ombrelli finché non lo trovai: il flip.

Quando montai di nuovo sul letto e glielo lasciai cadere in mano, Ethan sobbalzò come se l'avessi appena svegliato. «Wow! Bailey, hai trovato il flip! Dove l'hai preso, eh?»

Gli diedi una leccata sul viso.

«Allora, vediamo un po'.»

Ciò che fece un attimo dopo era l'ultima cosa che volevo. Col corpo che tremava per lo sforzo, si trascinò fino alla finestra, socchiusa per far entrare un po' d'aria fresca. «Vai, Bailey, prendilo!» esclamò. In qualche modo, riuscì a spingere il flip giù dal davanzale.

Volevo restare al suo fianco, non lo avrei lasciato neanche per un secondo, ma non potevo nemmeno disobbedirgli, soprattutto dopo che ebbe ripetuto il comando per la seconda volta. Scivolando sul tappeto, corsi giù, mi lanciai per il soggiorno, fuori dalla gattaiola, sfrecciai come un pazzo intorno alla casa e raccolsi il flip dai cespugli in cui era caduto. Poi feci dietrofront e mi precipitai di nuovo dentro casa, pieno di risentimento per quello stupido flip che mi teneva lontano dal mio bambino.

Arrivato in camera, vidi subito che la situazione era peggiorata. Ethan era seduto per terra, nel punto in cui un attimo prima l'avevo lasciato in piedi, e aveva lo sguardo smarrito, il fiato grosso. Lasciai cadere il flip: ormai non era più tempo per quelle cose. Avvicinandomi con cautela per non rischiare di fargli male, appoggiai la testa sulle sue ginocchia.

Presto mi avrebbe lasciato, lo capivo dal suo respiro raschiante, sempre più debole. Il mio bambino stava morendo.

Non potevo accompagnarlo in quel viaggio, né sapevo dove l'avrebbe portato. Gli umani sono incredibilmente più complessi dei cani e hanno uno scopo nella vita molto più importante. In fin dei conti, il compito di un bravo cane è star loro vicino, restare al loro fianco, indipendentemente dalla strada che prendono. Potevo soltanto offrirgli un po' di conforto e la certezza di non essere solo, mentre lasciava questa vita: c'era il suo cane con lui, il cane che lo amava più di ogni altra cosa al mondo.

Con la mano debole e tremante mi accarezzò il pelo sopra il collo. «Mi mancherai, cane citrullo» disse Ethan.

Avvicinai il muso, sentendo il suo respiro su di me, e gli leccai il viso con dolcezza, mentre cercava sempre più a fatica di mettermi a fuoco. Alla fine lo sforzo fu troppo, e vidi i suoi occhi appannarsi. Non sapevo se adesso mi vedeva come Bailey o come Amico, ma non aveva importanza. Ero il suo cane e lui era il mio bambino.

Sentivo che stava perdendo conoscenza, piano piano, come la luce abbandona il cielo dopo il tramonto. Non c'era dolore né paura, solo la sensazione che il mio bambino coraggioso stava andando dove doveva andare. Sapevo che riusciva ancora a sentirmi, mentre tenevo la testa appoggiata sul suo grembo, finché, con un ultimo sussulto, ogni coscienza scomparve.

Mi sdraiai buono buono accanto a lui, nella calma di un pomeriggio di primavera, in quella casa vuota e silenziosa. Tra poco la bambina sarebbe tornata e, ricordandomi com'era stata dura per tutti dire addio a Bailey, a Ellie e perfino ai gatti, sapevo che avrebbe avuto bisogno del mio aiuto per affrontare la vita senza il bambino.

Io restai fedelmente al suo fianco, ripensando alla prima volta che lo avevo incontrato, al nostro ultimo saluto e a tutto quello che era successo nel frattempo. Presto mi avrebbe assalito un dolore profondo e straziante, ma adesso sentivo solo pace, la serena consapevolezza che ogni momento della mia vita, per come l'avevo vissuta, mi aveva portato a quell'istante preciso.

Avevo raggiunto lo scopo della mia esistenza.

Ringraziamenti

Moltissime persone mi hanno aiutato in vari modi ad arrivare dove sono adesso ed è difficile elencarle tutte e decidere quando smettere. Quindi lasciatemi almeno dire che so di essere, sia come scrittore sia come persona, *in fieri*, la somma di quello che ho imparato e vissuto finora, e che devo tutto alle persone che mi hanno insegnato, aiutato e sostenuto.

Inizio citando le opere che ho utilizzato nelle mie ricerche sulla mente dei cani: *Dogwatching* di Desmond Morris; *What The Dogs Have Taught Me* di Merrill Markoe; *The Hidden Life of Dogs* di Elizabeth Marshall Thomas; *Search and Rescue Dogs* a cura dell'American Rescue Dog Association; le opere di Cesar Millan, James Herriot, Marty Becker e Gina Spadafori.

Non sarei niente senza il sostegno della mia famiglia, in particolare dei miei genitori, che hanno sempre creduto nelle mie capacità nonostante due decenni di lettere di rifiuto.

Grande fiducia in me ha avuto il mio agente, Scott Miller, di Trident Media, che non ha mai mollato credendo sempre in questo libro e in me. L'impegno di Scott mi ha portato alla Tor/Forge e alla mia editor, Kristin Sevick, la cui fiducia in *Dalla parte di Bailey* insieme al suo occhio attento e al suo tocco esperto hanno perfezionato e migliorato questo romanzo. È stato un piacere lavorare con lei e con tutti i collaboratori della Tor/Forge.

Mentre scrivo queste parole, il libro non è ancora in stampa eppure ci sono già tantissime persone che stanno lavorando per sostenerlo. Sheryl Johnston, che è un grande ufficio stampa e un pericolo al volante. Lisa Nash, che si è rivolta alla sua rete di contatti per dar forza alla voce di questo libro. Buzz Yancey, che ha cercato di farne parlare. Hillary Carlip, che ha riprogettato wbrucecameron.com e ha creato adogspurpose.com con risultati straordinari. Amy Cameron, che ha sfruttato la sua esperienza di insegnante per scrivere una guida per chi desidera utilizzare *Dalla parte di Bailey* come libro di lettura a scuola. Geoffrey Jennings, eccellente libraio, per aver approvato una prima bozza. Lisa Zupan che ha accolto il libro.

Grazie a tutti i responsabili che pubblicano la mia rubrica sui loro quotidiani, nonostante il gran trambusto nell'ambiente. Grazie soprattutto al *Denver Post*, che mi ha accolto dopo la triste fine del *Rocky Mountain News*. Grazie a Anthony Zurcher per il modo eccellente in cui si è occupato della mia rubrica in tutti questi anni.

Grazie a Brad Rosenfeld e a Paul Weitzman della Preferred Artists per aver preferito me, e a Lauren Lloyd per essersi occupata di tutto.

Grazie a SteveYounger e Hayes Michael per l'assistenza legale – continuo a credere che dovremmo appellarci all'infermità mentale.

Grazie a Bob Bridges per la sua opera di volontariato sugli errori e i refusi della mia rubrica. Vorrei potermi permettere di pagarti cento volte il tuo attuale stipendio.

Grazie a Claire LaZebnik per avermi parlato di letteratura.

Grazie a Tom Rooker per quello che sta facendo, qualsiasi cosa sia.

Grazie a Big Al e Evie per aver investito nella mia carriera da «genio». Grazie a Ted, Maria, Jakob, Maya e Ethan per aver ammirato i miei pantaloni.

Grazie a tutta la National Society of Newspaper Columnists, per il tentativo di escluderci dalle specie in via di estinzione.

Grazie a Georgia Lee Cameron, che mi ha introdotto nel mondo dei cani da salavataggio.

Grazie a Bill Belsha per il lavoro che ha fatto sulla mia testa.

Grazie a Jennifer Altabef per esserci stata quando avevo bisogno di lei.

Grazie a Alberto Alejandro per avermi fatto diventare un autore bestseller.

Grazie a Kurt Hamilton per avermi incoraggiato ad accertarmi che non ci fosse davvero un problema serio con le tubature.

Grazie a Julie Cypher per avermi prestato tutto quello che aveva.

Grazie a Marcia Wallace, sei il mio personaggio preferito.

Grazie a Norma Vela per il suo buon senso.

Grazie a Molly per il passaggio e a Sierra per averlo reso possibile.

Grazie a Melissa Lawson per la versione definitiva.

Grazie a Betsy, Richard, Colin e Sharon per essersi fatti vivi così spesso e per aver cercato di insegnarmi la rumba.

La primissima persona a cui ho raccontato questa storia è stata Cathryn Michon. Grazie Cathryn, per aver insistito che scrivessi subito *Dalla parte di Bailey* e per tutte le altre cose.

Adesso capisco perché tante persone continuano a parlare sopra la musica alla cerimonia degli Oscar: la lista di coloro che vorrei ringraziare è semplicemente infinita. Quindi concluderò qui, con un ultimo ringraziamento per i sacrifici e il duro lavoro di tutti gli uomini e le donne impegnati nella protezione degli animali, che aiutano creature abbandonate e maltrattate a farsi una nuova vita in una famiglia che le ami. Siete angeli.

MISTO
Carta da fonti gestite
in maniera responsabile
FSC® C015216
FSC
www.fsc.org

Stampato presso
Nuovo Istituto Italiano d'Arti Grafiche – Bergamo